O SEGREDO
É O GERENTE

O SEGREDO É O GERENTE

POR QUE A QUALIDADE DOS LÍDERES
É O FATOR MAIS IMPORTANTE
PARA O SUCESSO DURADOURO
DE UMA ORGANIZAÇÃO

GALLUP

JIM CLIFTON E JIM HARTER

Traduzido por André Fontenelle

SEXTANTE

Título original: *It's The Manager – Moving From Boss to Coach*
Copyright © 2019 por Gallup, Inc.
Copyright da tradução © 2025 por GMT Editores Ltda.

Todos os direitos reservados. Nenhuma parte deste livro pode ser utilizada ou reproduzida sob quaisquer meios existentes sem autorização por escrito dos editores.

coordenação editorial: Juliana Souza
produção editorial: Carolina Vaz
preparo de originais: Cláudia Mello Belhassof
revisão: Hermínia Totti e Suelen Lopes
adaptação de capa e diagramação: Ana Paula Daudt Brandão
capa: Chin-Yee Lai e Samantha Allemang
impressão e acabamento: Lis Gráfica e Editora Ltda.

CIP-BRASIL. CATALOGAÇÃO NA PUBLICAÇÃO
SINDICATO NACIONAL DOS EDITORES DE LIVROS, RJ

C57s

Clifton, Jim
 O segredo é o gerente / Jim Clifton, Jim Harter ; tradução André Fontenelle. - 1. ed. - Rio de Janeiro : Sextante, 2025.
 320 p. ; 23 cm.

 Tradução de: It's the manager
 Apêndice
 ISBN 978-85-431-1091-2

 1. Liderança. 2. Sucesso nos negócios. 3. Administração de pessoal. I. Harter, Jim. II. Fontenelle, André. III. Título.

25-98099.0
CDD: 658.3
CDU: 005.95

Gabriela Faray Ferreira Lopes - Bibliotecária - CRB-7/6643

Todos os direitos reservados, no Brasil, por
GMT Editores Ltda.
Rua Voluntários da Pátria, 45 – 14º andar – Botafogo
22270-000 – Rio de Janeiro – RJ
Tel.: (21) 2538-4100
E-mail: atendimento@sextante.com.br
www.sextante.com.br

Para todos que acreditam que o objetivo
primordial das organizações
é maximizar o potencial humano

Como ler este livro

Este é um livro de referência para gestores, CEOs e diretores de recursos humanos. Não foi feito para ser lido de uma vez durante um voo doméstico, mas para ser uma fonte de consulta capaz de tirar toda e qualquer dúvida angustiante que surja na sua organização.

Você vai encontrar mais de 50 ideias revolucionárias, agrupadas em cinco seções: Estratégia, Cultura, A Marca Empregadora, De Chefe a Mentor e O Futuro do Trabalho.

As empresas se encontram em estágios diferentes entre si. Pode ser que sua organização já tenha lidado com alguns desses tópicos, mas ainda tenha dificuldade com outros. Portanto, vá direto aos capítulos que contenham as respostas para seus maiores problemas.

Ao ler este livro, tenha em mente que o fator isolado mais importante para o êxito de uma organização é a qualidade de seus gestores e líderes de equipes.

Sumário

INTRODUÇÃO O novo propósito mundial 13

ESTRATÉGIA

CAPÍTULO 1 O que os CEOs e diretores de RH precisam mudar? 25
CAPÍTULO 2 Por que é tão difícil empreender uma transformação organizacional 28
CAPÍTULO 3 As duas características inegociáveis de um líder 30
CAPÍTULO 4 Junte inúmeras equipes 32
CAPÍTULO 5 Tome as decisões certas 34

CULTURA

CAPÍTULO 6 O que é cultura organizacional? 39
CAPÍTULO 7 A importância da cultura 41
CAPÍTULO 8 Como mudar a cultura 43

A MARCA EMPREGADORA

CAPÍTULO 9 Como atrair a nova força de trabalho 47
CAPÍTULO 10 Como contratar funcionários-estrela 50
CAPÍTULO 11 Análise de contratação: a solução 53
CAPÍTULO 12 Onde encontrar um histórico das futuras estrelas 56

CAPÍTULO 13	Cinco perguntas para a ambientação	59
CAPÍTULO 14	Um atalho para o desenvolvimento: conversas com base nos pontos fortes	64
CAPÍTULO 15	A história do teste *CliftonStrengths*	67
CAPÍTULO 16	Cinco etapas para construir uma cultura baseada em pontos fortes	71
CAPÍTULO 17	As expectativas certas — Competências 2.0	74
CAPÍTULO 18	Como acertar no planejamento sucessório	78
CAPÍTULO 19	A saída	81

DE CHEFE A MENTOR

CAPÍTULO 20	As três exigências da mentoria	87
CAPÍTULO 21	As cinco conversas de mentoria	90
CAPÍTULO 22	Remuneração e promoção	96
CAPÍTULO 23	Avaliações de desempenho: o viés	100
CAPÍTULO 24	Avaliações de desempenho: como consertar	103
CAPÍTULO 25	Faça do "meu desenvolvimento" a razão para reter funcionários	107
CAPÍTULO 26	Moneyball no local de trabalho	111
CAPÍTULO 27	O líder de equipe decisivo	116
CAPÍTULO 28	Por que os programas de engajamento de funcionários não dão certo	120
CAPÍTULO 29	Como criar uma cultura de alto desenvolvimento	124
CAPÍTULO 30	As cinco características dos grandes gestores	128
CAPÍTULO 31	Como desenvolver seus gestores	131

O FUTURO DO TRABALHO

CAPÍTULO 32	Uma avaliação rápida do que mudou no ambiente de trabalho	137

CAPÍTULO 33	As três exigências da diversidade e inclusão	139
CAPÍTULO 34	Diversidade e inclusão: "Trate-me com respeito"	141
CAPÍTULO 35	Diversidade e inclusão: "Valorize-me pelos meus pontos fortes"	143
CAPÍTULO 36	Diversidade e inclusão: "O líder faz o que é certo"	145
CAPÍTULO 37	O abismo de gênero	147
CAPÍTULO 38	A mulher no trabalho: a era do #MeToo	150
CAPÍTULO 39	A mulher no trabalho: por que o abismo salarial?	152
CAPÍTULO 40	A mulher no trabalho: a flexibilidade entre trabalho e vida pessoal	154
CAPÍTULO 41	Os baby-boomers viraram um fardo?	156
CAPÍTULO 42	Benefícios, vantagens e horário flexível: o que é realmente importante para os funcionários?	159
CAPÍTULO 43	Como o horário flexível e o alto desempenho andam juntos	161
CAPÍTULO 44	O novo local de trabalho	164
CAPÍTULO 45	Inovação corporativa: como gerenciar – e fomentar – a criatividade	167
CAPÍTULO 46	Não é possível ser "ágil" sem grandes gestores	171
CAPÍTULO 47	O trabalho gig: a nova relação entre empregador e empregado	173
CAPÍTULO 48	O trabalhador gig: desesperado ou satisfeito?	175
CAPÍTULO 49	A inteligência artificial chegou. E agora?	177
CAPÍTULO 50	Inteligência artificial: como preparar seu ambiente de trabalho	181
CAPÍTULO 51	Atualizados em tecnologia: sistemas de GCH e outras soluções	183
CAPÍTULO 52	A melhor tomada de decisões com análise de dados preditiva: Moneyball para gestores	187
	Para concluir	190

APÊNDICES

APÊNDICE 1 Liderança com pontos fortes: um guia para os 34 temas do teste *CliftonStrengths* — 197

APÊNDICE 2 Q12: Os 12 elementos da grande gestão — 272

Referências e notas — 286

Agradecimentos — 317

Sobre o Gallup — 319

Para obter material complementar
sobre o conteúdo dos apêndices, acesse:

INTRODUÇÃO
O novo propósito mundial

Embora o mundo do trabalho venha passando por transformações históricas extraordinárias, a prática administrativa está congelada no tempo há mais de 30 anos.

O raio de abrangência dessa prática ficou limitado ao modo como as pessoas trabalham, vivem e desejam aproveitar o cotidiano. Precisamos de uma atualização.

Para compreender melhor essa situação, os analistas do Gallup fizeram uma revisão de tudo que encontraram em praticamente todas as grandes instituições e nos manuais de administração – e também de nossos próprios dados, fruto de mais de 30 anos de acompanhamento do universo organizacional nos Estados Unidos e em todo o mundo. Este trabalho incluiu dezenas de milhões de entrevistas aprofundadas com funcionários e gestores de 160 países.

Realizamos mesas-redondas com diretores de recursos humanos de 300 das maiores organizações do planeta.

Entrevistamos vários dos mais renomados economistas do mundo.

O Gallup concluiu que o problema global mais grave, a curto prazo (cinco a dez anos), é o declínio do dinamismo econômico e da produtividade (PIB per capita). Também concluímos que há solução para essas questões, da mesma forma que o gerenciamento lean e o Seis Sigma solucionaram o problema de qualidade da produção no mundo.

Desta vez, o que precisa ser eliminado não são falhas de processo, e sim a falta de valorização do potencial humano.

Os políticos e as políticas públicas não vão resolver o problema do declínio do dinamismo econômico e da produtividade. Quem vai resolver são os CEOs e os diretores de RH. Aqueles que lideram as 10 mil maiores organizações do mundo – inclusive as governamentais e não governamentais (ONGs) – são os que podem solucionar os maiores problemas mundiais.

As empresas americanas têm um papel importante a desempenhar. De acordo com o último censo, existem cerca de 6 milhões de empresas nos Estados Unidos. Desses 6 milhões, 4 milhões têm até quatro funcionários. São as microempresas familiares. Restam, portanto, apenas 2 milhões de pequenas, médias e grandes empresas. São compostas por 1 milhão de empresas com cinco a nove funcionários; 600 mil com 10 a 19; e 500 mil com 20 a 99 funcionários. Existem apenas 90 mil empresas nos Estados Unidos com 100 a 499 funcionários. E cerca de 18 mil com 500 ou mais funcionários.

Essas 18 mil maiores empresas são capazes de transformar de modo significativo a expectativa de crescimento do PIB e da produtividade do país, caso adotem uma cultura de alto desenvolvimento dos funcionários.

A solução reside no alinhamento da prática administrativa com o novo *propósito* dos trabalhadores de todo o mundo. O grande sonho americano mudou. Da mesma forma, mudou o grande sonho mundial. O que todos querem é um bom emprego. Esse é o novo propósito mundial.

Tudo vai mudar quando as organizações atenderem a esse propósito.

Assim como acontece com o gerenciamento lean e o Seis Sigma, quando as práticas gerenciais se transformam, as pessoas se transformam, e as organizações poupam enormes quantidades de tempo e de dinheiro. Tudo fica melhor. As pessoas e as equipes crescem e se desenvolvem além de obter um sucesso muito maior, porque o trabalho se alinha com o propósito, o que resulta em satisfação no emprego.

Deixar de maximizar o potencial de um membro da equipe é – para usar um termo do Seis Sigma – um *defeito*.

Uma grande empresa mundial estimou um desperdício de 1 bilhão de dólares anuais de tempo de liderança, com gestores preenchendo formulários de avaliação em vez de levarem os funcionários a se desenvolver e manterem conversas constantes de mentoria com eles. Como muitos CEOs e diretores de RH estão descobrindo, não há evidência alguma no mundo, em nenhuma instituição de ciências administrativas, de que os processos atuais de avaliação maciça de funcionários e critérios de pontuação sejam eficazes.

Os CEOs e os diretores de RH nos fazem a seguinte pergunta: *Qual é o jeito certo de saber – ou de auditar – se eu tenho uma cultura de alto desenvolvimento?* A melhor pergunta para chegar a esse dado, onde quer que se esteja, é: "Existe alguém no trabalho que incentiva meu desenvolvimento?"

Quando 60% dos seus funcionários respondem a essa pergunta com um sonoro "sim", isso quer dizer que você transformou seu local de trabalho e também a vida de muita gente.

Os dados e a análise deles neste livro são de grande importância. Concluímos que a produtividade econômica global desacelerou nas últimas três décadas por causa da incapacidade de realizar mudanças significativas na forma como os gestores lideram e fazem com que pessoas e equipes se desenvolvam.

A análise do Gallup atribui a culpa à prática administrativa, mas concluímos que o problema tem solução. Definimos "solução" como a criação de uma tendência de alta no engajamento global dos funcionários. Hoje em dia, apenas 20% dos funcionários, no mundo todo, estão engajados no trabalho, o que significa que têm ótimos empregos, nos quais estão se desenvolvendo, com riqueza de missão e propósito. Se esse número chegasse a 50%, o trabalho mudaria por toda parte – e o mundo também.

E a pesquisa mostra o jeito exato de aumentar significativamente o percentual de funcionários engajados. Muito já se escreveu sobre esse assunto; o conhecimento já existe. O problema é que, embora a *ciência* administrativa tenha feito avanços importantes nas últimas três décadas, a *prática* não acompanhou esse ritmo.

O objetivo a longo prazo de uma empresa sempre foi gerar retorno para o acionista. Isso é bom, mas não é suficiente para o futuro do trabalho.

Segundo Peter Drucker, "Existe apenas uma definição válida para o objetivo de uma empresa: conquistar um cliente." Isso também é bom, mas da mesma forma não é suficiente para transformar o ambiente de trabalho.

O novo propósito das empresas – e o futuro do trabalho – precisa incluir a maximização do potencial humano.

O QUE É PRODUTIVIDADE?

Maximizar o potencial humano tem impacto positivo não apenas na sua empresa, mas também na produtividade do seu país e do mundo. Isso dá uma ideia da importância do que está em jogo.

Na maioria das instituições mundo afora, a métrica central dos economistas e dos acadêmicos é o PIB, que é, basicamente, a soma de tudo que todos os cidadãos produzem, compram e vendem uns aos outros.

Se um país tivesse um "faturamento total", isso seria o PIB, ou a soma de todas as transações de seus cidadãos e organizações. E praticamente todos os governos do mundo divulgam relatórios trimestrais.

O PIB é a métrica básica do progresso de uma sociedade e da saúde de uma nação. Por exemplo, o PIB per capita da China vai bem, mas o da Rússia não. Por isso, acadêmicos importantes e intelectuais influentes chegam à conclusão de que o desenvolvimento humano da China é superior ao da Rússia.

Na verdade, não é tão simples assim, mas pelo menos o PIB é uma métrica constante para todos os países e sociedades e, de modo geral, muito útil.

O crescimento do PIB dividido pela população total, ou "per capita", é aquilo que os economistas chamam de "produtividade".

Por exemplo, imagine que os Estados Unidos são uma empresa, da qual você é o CEO ou diretor de recursos humanos. Você tem cerca de 125 milhões de funcionários em tempo integral e 27 milhões de funcionários em meio período, cerca de 20 trilhões de dólares em vendas (PIB 2018) e quase 20 trilhões de dólares de dívida. O problema mais grave que afeta sua gigantesca empresa, America Inc., é a queda do crescimento e os gastos altíssimos.

Seus funcionários estão descontentes, já que, proporcionalmente, 50% deles estão ganhando menos que 35 anos atrás. Na prática – de modo geral –, seus funcionários não recebem aumento há mais de 35 anos. As despesas de moradia, saúde e educação estão exorbitantes, enquanto o valor do contracheque ficou congelado ou diminuiu.

Os CEOs e os diretores de RH estão mais bem posicionados que um governo para transformar o dinamismo econômico de seu país e do mundo. Embora uma boa política fiscal seja melhor que uma má política fiscal, há mais poder nas mãos de um CEO e de um diretor de RH que nas de um parlamentar.

POR QUE WALL STREET ESTÁ COM O TANQUE VAZIO

Se nenhum funcionário de nenhum nível hierárquico está se desenvolvendo, isso quer dizer que a organização também não está. Não há criatividade, não há ideias, não há crescimento orgânico do número de clientes. Junte tudo isso e você tem o declínio do dinamismo econômico. À exceção de umas 20 empresas, a mesma coisa acontece com as grandes empresas americanas. É por isso que elas optam por crescer através de aquisições.

Quando as empresas não conseguem crescer organicamente, os CEOs desistem, voltam para suas salas, compram os concorrentes e reduzem preços.

Espantosamente, a maioria dos comitês de direção de empresas com ações na bolsa incentiva isso.

O gráfico a seguir mostra como é um mundo de dinamismo econômico em declínio.

Crescimento econômico global – Banco Mundial
Crescimento do PIB per capita (% anual)

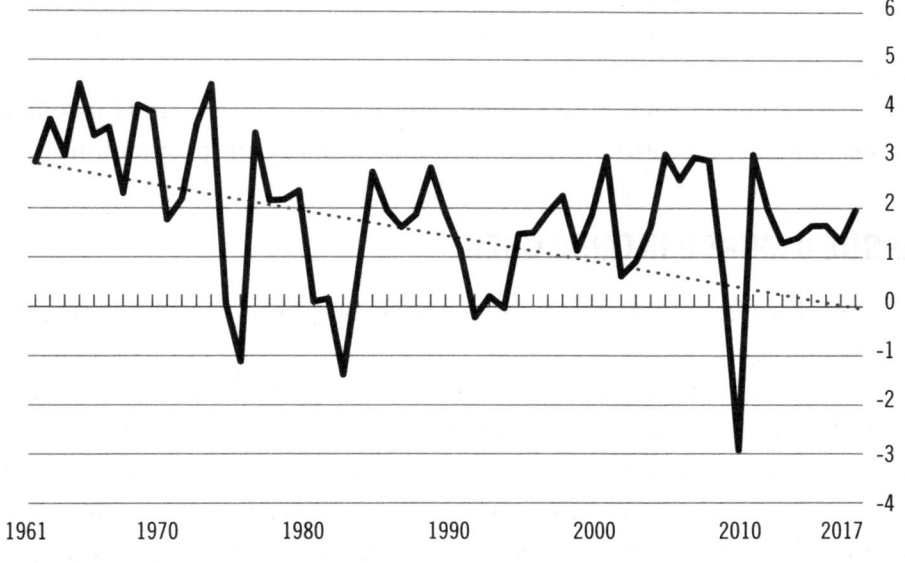

A aquisição de concorrentes é a atual estratégia de crescimento de quase todas as empresas do ranking das 1.000 maiores dos Estados Unidos, segundo a revista *Fortune*. Em consequência disso, o número de empresas com ações nas bolsas americanas caiu quase pela metade nos últimos 20 anos – de cerca de 7,3 mil para 3,7 mil.

O time está ficando bem pequeno.

Em algum momento, essa estratégia de aquisições vai por água abaixo, nos fazendo pensar sobre até quando precisaremos da Bolsa de Valores de Nova York e da Nasdaq.

A análise de dados do Gallup concluiu que a maioria das empresas ainda tem como duplicar a receita simplesmente vendendo mais para a atual base de clientes. Porém, por qualquer que seja o motivo, elas não estão fazendo isso. Pegam o caminho mais fácil da "compra de clientes", em vez de construir uma base por meio de equipes altamente inspiradas.

Nota para os comitês diretores: Em vez de pagar preços irrecuperáveis para adquirir concorrentes, o Gallup recomenda a implementação imediata de uma estratégia de crescimento orgânico autêntico – com base em uma cultura totalmente transformada no ambiente de trabalho, de alto desenvolvimento dos funcionários, com gestores excepcionais.

Aposte seu cargo de liderança nisto: quando a inspiração da equipe aumenta, aumentam também a base de clientes, a receita e o faturamento de qualidade.

O crescimento gerado pela inspiração não tem custo e ainda recoloca o ser humano no centro do processo, o que cumpre o propósito mundial.

O QUE O MUNDO INTEIRO QUER

Como observamos anteriormente, o novo propósito mundial é ter um bom emprego.

Anos atrás, o Gallup elaborou metodologias globais para avaliar – em 98% da população mundial – como anda a vida das pessoas. Perguntamos a elas: "Imagine uma escada cujos degraus foram numerados de zero, na base, a 10, no topo. Suponha que o topo da escada represente a melhor vida possível para você, e a base, a pior. Em qual degrau da escada você diria que está neste momento, supondo que quanto mais alto o degrau, melhor você se sente em relação à sua vida?"

Em seguida, perguntamos às pessoas o que exatamente representa uma vida ótima.

Ficamos surpresos com o que descobrimos. Embora lei e ordem, alimento e abrigo continuem sendo necessidades primárias básicas para pessoas em toda parte, concluímos que o grande sonho global se realiza, em essência, quando a pessoa consegue "um bom emprego".

Da mesma forma, o rastreamento do sonho americano, feito pelo Gallup há mais de 80 anos, concluiu que as pessoas desejam a lei e a ordem (segurança) básicas, seguidas por alimento e abrigo – e só então constituir família, garantir sua casa própria e viver em paz.

Hoje em dia, o grande sonho global é ter um bom emprego. Essa é uma das maiores e mais surpreendentes descobertas que o Gallup já fez. Família, filhos, casa própria e paz continuam sendo importantes, mas têm menos prioridade.

A "melhor vida imaginável" – sobretudo para os jovens e, cada vez mais, para as mulheres – só acontece se você tiver um ótimo emprego, com um salário decente e um gestor ou líder de equipe que incentive o seu desenvolvimento.

Qual é, exatamente, a diferença entre um emprego horrível, um bom emprego e um ótimo emprego?

Um "emprego horrível" é aquele em que você recebe um salário muito baixo e trabalha menos de 30 horas semanais, sendo que você quer trabalhar em tempo integral.

O Gallup define um "bom emprego" como um trabalho em tempo integral para uma organização, com 30 horas semanais ou mais e um contracheque digno.

Um "ótimo emprego" tem todas as qualidades do bom emprego, porém com uma grande diferença: os funcionários estão engajados em um trabalho gratificante e com propósito e sentem que estão vivendo um crescimento pessoal real no ambiente de trabalho.

Quem tem um ótimo emprego alcança resultados bem diferentes na vida. São pessoas que, além de fazerem o negócio prosperar, inspiram equipes, resolvem problemas em vez de criá-los, fazem trabalho voluntário na comunidade, têm muito mais saúde e bem-estar, sofrem menos acidentes de trabalho e quase não cometem erros.

O problema é que apenas 20% dos trabalhadores em todo o mundo se sentem engajados no trabalho – ou parecem ter ótimos empregos. É esse pequeno número global que impulsiona a economia mundial, agregando um valor extraordinário às organizações e sociedades.

Os 80% restantes dos adultos na força de trabalho em todo o mundo dizem ao Gallup que ou não se sentem engajados no ambiente profissional – apenas cumprem tabela – ou, pior ainda, odeiam o emprego, os gestores e as empresas. Entre muitas outras coisas, relatam que a função deles não tem propósito, o que, no novo milênio, significa que *a vida* deles não tem propósito.

O ambiente de trabalho global está muito mais carente do que pensávamos.

Veja por exemplo o Japão, uma grande nação que se esforça para acertar – e onde alarmantes 94% da população ou não se sentem engajados ou estão ativamente desengajados no trabalho. É um problema tão grave que o governo teve que intervir com novas leis e políticas para combater o estresse e o burnout no local de trabalho assim como as taxas de suicídio tragicamente elevadas.

A atual prática administrativa está destruindo não apenas o futuro do trabalho no Japão, mas a cultura japonesa. Apenas 6% dos trabalhadores japoneses relatam se sentir engajados no trabalho.

Os líderes mundiais, CEOs e diretores de RH já resolveram problemas muito mais complicados do que um baixo engajamento dos funcionários. Porém, talvez nunca tenham precisado resolver um problema cuja solução seja tão benéfica – não só para o crescimento da própria empresa, mas também para o crescimento da livre empresa como um todo e o próximo grande salto no desenvolvimento humano.

O SEGREDO É O GERENTE

A maioria dos CEOs e diretores de RH deve estar pensando: "Eu concordo com tudo isso, mas o que posso fazer num primeiro momento para conseguir resultados melhores? Que botão eu tenho que apertar para fazer mudanças amplas na minha cultura, alinhando-a com o novo propósito e com o futuro do trabalho?"

De todos os códigos secretos que o Gallup já teve que desvendar, desde os tempos do nosso fundador, George Gallup, há 80 anos, a descoberta mais profunda, evidente e esclarecedora provavelmente foi esta: 70% da variação no engajamento de uma equipe é determinada unicamente pelo gestor.

O segredo é o gerente.

Se você tem 50 mil funcionários, terá cerca de 5 mil gestores ou líderes de equipe – e toda a variação está bem aí. Bons pacotes de benefícios, novos métodos de avaliação, almoço grátis e quadra de esportes na empresa, tudo isso é ótimo. Mas não altera a curva de crescimento. A única coisa que leva a melhores resultados é uma melhor proporção entre gestores ótimos e péssimos.

Se, dos seus 5 mil gestores, 30% são ótimos, 20% são péssimos e 50% só empurram com a barriga, transforme os 30% em 60% e reduza os 20% para um único dígito. Faça isso, e sua cotação na bolsa vai disparar. Literalmente, nada que um CEO ou diretor de RH faça mudará o valor da sua organização de forma tão genuína, estrutural e sustentável.

Então qual é esse botão? Em geral ele não existe, mas nesse caso, sim: é o gerente.

Quando você tem ótimos gestores, capazes de maximizar o potencial de cada membro da equipe, você cumpriu a meta para o novo propósito global: um ótimo emprego e uma ótima vida.

Esse é o futuro do trabalho.

ESTRATÉGIA

MENSAGENS INSPIRADORAS SÃO IMPORTANTES, MAS NÃO TERÃO NENHUM IMPACTO SIGNIFICATIVO A MENOS QUE OS LÍDERES CONSTRUAM UMA ESTRATÉGIA PARA UNIR AS DIVERSAS EQUIPES E TOMAR BOAS DECISÕES.

CAPÍTULO 1
O que os CEOs e diretores de RH precisam mudar?

A maioria dos millennials (os nascidos entre 1980 e 1996) e da Geração Z (os nascidos de 1997 em diante) começa em um novo emprego com grande entusiasmo. Mas as antigas práticas administrativas – formulários, análise de gaps, baixa individualização e avaliações anuais – sugam sua motivação. As atuais práticas de gestão mundo afora estão minando a possibilidade de desenvolvimento.

O que isso significa para a produtividade da sua organização? Significa que, se você tem práticas antiquadas de gestão, precisa transformar significativamente seu ambiente de trabalho – transformar sua cultura.

A mudança de cultura começa quando se muda aquilo em que os CEOs e diretores de RH acreditam. Em seguida, mudando aquilo em que os gestores da organização acreditam. E, por fim, mudando a forma como esses gestores orientam cada membro da equipe.

O Gallup concluiu que os millennials, em especial, provocaram uma ruptura no modo como o mundo funciona – na forma de se comunicar, ler, escrever e se relacionar. E não tem mais volta. Os millennials e a Geração Z estão transformando o varejo, a hotelaria, o setor imobiliário e de moradia, os transportes, o entretenimento e o turismo, e em breve vão transformar radicalmente a educação superior.

Os millennials e a Geração Z estão mudando até o propósito do mundo, tal como a definição de um ótimo emprego e uma ótima vida.

AS SEIS MUDANÇAS

O Gallup recomenda que as organizações mudem imediatamente suas culturas e adotem um *novo propósito*. Estas são as seis maiores transformações que identificamos:

1. **Os millennials e a Geração Z trabalham por muito mais do que apenas pagar as contas – eles querem um propósito.** Para quem pertence a essas gerações, o trabalho precisa ter sentido. Eles querem trabalhar em organizações com uma missão e um propósito. Antigamente, os baby-boomers e as demais gerações não buscavam necessariamente um sentido no emprego. Queriam apenas receber um salário. A missão e o propósito eram a família e a comunidade. Para os millennials e a Geração Z, a remuneração é importante e tem que ser justa, mas deixou de ser a motivação principal. Para essas gerações, a ênfase passou do contracheque para o propósito – e sua cultura deve levar isso em conta.
2. **Os millennials e a Geração Z não buscam mais a satisfação no emprego – buscam o próprio desenvolvimento.** A maioria dos integrantes dessas gerações não liga para os benefícios e vantagens de muitos ambientes de trabalho atuais – as mesas de pingue-pongue, as máquinas modernas de café e o lanche que as empresas oferecem, tentando gerar satisfação no trabalho. Dar brindes e conceder privilégios é um equívoco das lideranças. Pior ainda: é paternalismo.
3. **Os millennials e a Geração Z não querem chefes – querem mentores.** Antigamente, o papel do chefe era comandar e controlar. Mas os millennials e a Geração Z buscam ter líderes de equipe que sejam capazes de orientá-los como um mentor faria, que os valorizem como indivíduos e funcionários e que os ajudem a compreender e desenvolver seus pontos fortes.
4. **Os millennials e a Geração Z não querem avaliações anuais – querem conversas regulares.** A forma de comunicação dessas gerações – WhatsApp, X, Zoom, etc. – é instantânea e contínua. Os millennials e a Geração Z estão acostumados a ter comunicação e feedback constantes, e isso afeta intensamente o ambiente de trabalho. Avaliações anuais nunca funcionaram.

5. ***Os millennials e a Geração Z não querem um gestor obcecado por pontos fracos.*** A pesquisa do Gallup mostra que os pontos fracos nunca se transformam em pontos fortes, enquanto os pontos fortes se desenvolvem indefinidamente. Isso não quer dizer que sua organização deva ignorar os pontos fracos, e sim que é preciso entender os pontos fracos e maximizar os pontos fortes. Uma cultura baseada em pontos fortes também ajuda a atrair e reter as estrelas da equipe.
6. ***Não é meu emprego, é minha vida.*** Como observamos antes, uma das descobertas do Gallup é que todos querem um bom emprego. Isso é ainda mais válido para os millennials e a Geração Z. Mais do que nunca na história da cultura corporativa, os funcionários estão se perguntando: "Esta organização valoriza meus pontos fortes e minha contribuição? Esta organização me dá a oportunidade de fazer todos os dias aquilo que eu faço de melhor?" Porque, para os millennials e a Geração Z, o emprego não é mais apenas um emprego: é a vida deles.

A transformação das demandas do trabalhador

Antigamente	⟶	Hoje
Meu salário		Meu propósito
Minha satisfação		Meu desenvolvimento
Meu chefe		Meu mentor
Minha avaliação anual		Minhas conversas regulares
Meus pontos fracos		Meus pontos fortes
Meu emprego		Minha vida

CAPÍTULO 2
Por que é tão difícil empreender uma transformação organizacional

Apenas 22% dos trabalhadores "concordam muito" que a liderança da organização onde trabalham oferece diretivas claras.

Não será possível mudar a cultura do antigo para o novo propósito, adaptando a gestão às Seis Mudanças, se não houver a participação da liderança mais alta. O problema é que apenas 22% dos trabalhadores "concordam muito" que a liderança da organização onde trabalham oferece diretivas claras.

Por que é tão difícil empreender uma transformação organizacional?

Uma das explicações é que, desde milênios atrás, o ser humano viveu primordialmente em pequenos agrupamentos ou tribos. Para agregar valor, cada membro da tribo tinha um papel e incentivos para estreitar laços em sua comunidade. A sobrevivência do grupo dependia da participação de cada um.

Além disso, havia incentivos à desconfiança em relação a forasteiros que pudessem tentar tomar os recursos da tribo.

O "nós contra eles" tinha valor para coletores e caçadores. O tribalismo está arraigado em nosso cérebro.

Além disso, os sociólogos descobriram que existem limites para o número de aliados que uma pessoa consegue manter dentro de um grupo. Portanto, para que uma grande organização funcione, seus amigos leais precisam ter amigos leais, e assim por diante.

É apenas através das conexões de segundo e terceiro graus que suas redes se tornam influentes. Seu êxito como líder depende de estender sua reputação para além dos seus confidentes mais próximos.

A pesquisa do Gallup no ambiente de trabalho respalda essas descobertas sociológicas. Existe um efeito cascata nas organizações bem-sucedidas: o engajamento dos líderes se estende ao engajamento dos gestores, que, por sua vez, se estende à linha de frente. Mas isso não acontece se as coisas forem deixadas ao acaso.

As sociedades maiores – e as empresas com líderes encarregados de várias equipes, com milhares de pessoas – surgiram apenas recentemente na evolução humana. São incontáveis os exemplos de êxitos e fracassos de grandes organizações. O fracasso costuma ser resultado de uma ruptura na rede de aliados. O tribalismo reaparece, e as equipes atuam umas contra as outras e, portanto, contra as metas maiores da organização.

Na verdade, um dos principais desafios para os líderes das grandes organizações – até mesmo as mais renomadas – é a inexistência de uma cultura uniforme. Uma das descobertas paradoxais incluídas no livro *Quebre todas as regras*, do Gallup, foi a enorme variação de engajamento em equipes das mesmas grandes organizações: algumas no topo do ranking da nossa base de dados de engajamento, outras no final da lista e as demais espalhadas entre um e outro.

Por outro lado, grandes organizações e sociedades se desenvolveram por bons motivos. Conseguiram criar ótimas ferramentas que tornaram a vida mais fácil e mais longa, com menos dor e sofrimento para todos.

O antigo ambiente de liderança no estilo chefe-e-subordinado, comando-e-controle "dá certo" quando o foco é criar sistemas de procedimentos eficientes, erguer grandes construções e criar infraestrutura. Mas as técnicas de liderança do passado, de cima para baixo, não se adaptaram a um ambiente de trabalho que, para prosperar, hoje exige mentoria e colaboração.

CAPÍTULO 3
As duas características inegociáveis de um líder

- Unir múltiplas equipes.
- Tomar ótimas decisões.

Existe uma percepção muito comum, embora equivocada, de que o líder pode ser bem-sucedido usando apenas a força da inspiração. Antes fosse verdade.

Pense nisso. Por que os palestrantes motivacionais muitas vezes não dispõem de nenhuma evidência de transformações duradouras? Porque a maioria das mensagens motivacionais bem-intencionadas não corresponde *à experiência concreta do cotidiano*. Com a liderança, acontece algo parecido.

No começo, a maioria dos funcionários quer acreditar nas mensagens inspiradoras, mas a experiência do dia a dia os leva a questionar a autenticidade dos líderes. Eles são solicitados a mudar de rumo para corresponder a uma nova iniciativa, mas não sabem por quê. Passam pela avaliação anual e não têm ideia do que fizeram – ou deixaram de fazer – para não receberem o bônus ou a promoção que esperavam. Em vez disso, quem ganhou foi aquele zé-ninguém que sabe fazer politicagem. A empresa corta um benefício. O gestor põe a culpa no superior. O que os funcionários pensam daquele líder inspirador agora?

O Gallup estudou líderes durante cinco décadas – dos mais altos aos gestores de médio escalão até os supervisores da linha de frente. O que descobrimos que separa os grandes líderes de todo o restante?

Podemos fazer uma lista de mais de 20 fatores que identificamos nos líderes bem-sucedidos: a capacidade de criar uma visão, o pensamento estratégico, a criação de redes de influência internas e externas, a coragem para tomar decisões difíceis e assim por diante. Uma liderança bem-sucedida com certeza é multidimensional, mas a maioria das características dos líderes bem-sucedidos pode ser resumida a dois componentes. Eles sabem:

1. Unir múltiplas equipes;
2. Tomar ótimas decisões.

E esses dois componentes definem a agilidade das organizações.

As mensagens inspiradoras são importantes, mas não terão impacto significativo enquanto o líder não tiver uma estratégia para unir as equipes e tomar ótimas decisões.

Nenhuma dessas duas demandas pode existir sem a outra.

CAPÍTULO 4
Junte inúmeras equipes

À medida que evoluem, seus gestores passam a ter uma visão mais ampla do trabalho e tendem a colaborar de forma mais eficaz com os demais líderes.

Todas as organizações precisam resolver problemas. Dependendo do que pensam da liderança, as pessoas vão escolher superar os atritos para encontrar uma solução ou ficar apontando culpados.

Assim como os subordinados, os gestores e supervisores da linha de frente precisam sentir que estão progredindo o tempo todo. A maioria tenta proteger suas equipes dos problemas da empresa, muitas vezes assumindo a culpa. Outros preferem colocar a culpa pelos problemas na hierarquia superior – "Não é culpa minha, a empresa que é assim".

O nós-contra-eles toma conta. Surgem feudos.

Gestores de todos os níveis – quer sejam líderes de equipes, gestores de outros gestores ou líderes executivos – precisam de uma missão bem definida e bem articulada e de um propósito que se relacione facilmente com o trabalho cotidiano: a contribuição de cada um. Precisam de expectativas claras, redefinidas o tempo todo conforme a estratégia corporativa contínua, em constante transformação. E precisam de mentoria e cobrança permanentes, de modo a enxergar o próprio avanço e o próprio potencial.

Antes que seus gestores consigam entregar aquilo de que os subordinados precisam, primeiro eles precisam ter aquilo de que *eles mesmos* precisam como funcionários. As equipes às quais pertencem são compostas por outros gestores, que podem não estar alinhados. Eles podem enxergar esses outros gestores como aliados ou como inimigos. O grau de conexão de suas equipes de gestores como grupo é o que vai determinar se as equipes que eles gerenciam darão apoio ou não a outras equipes.

Quando estão engajados e progredindo, é muito mais provável que os gestores inspirem nos subordinados uma cooperação visionária e interdisciplinar. Nas próximas seções deste livro, principalmente na parte "De chefe a mentor", vamos apresentar um mapa para indicar como fazer seus gestores se desenvolverem.

Para uma organização se transformar de forma eficiente, seus gestores precisam conseguir trabalhar juntos.

CAPÍTULO 5
Tome as decisões certas

As organizações são fábricas de decisões.

Daniel Kahneman (1934-2024), cientista emérito sênior do Gallup, psicólogo ganhador do Prêmio Nobel de Economia e amplamente considerado a maior autoridade mundial em tomada de decisões, nos disse certa vez: "As organizações são fábricas de decisões."

Uma organização dá certo ou não de acordo com as decisões dos líderes – decisões relacionadas a direção estratégica, fusões ou aquisições, contratações importantes, novas tecnologias, missão da empresa ou graves dilemas éticos.

Quando uma decisão não é a melhor possível, desperdiça-se todo o talento e a energia utilizados nas consequências daquela decisão.

Tomar a decisão certa é uma ciência em si. Além da *sorte*, à qual se atribuem algumas decisões acertadas, existem três estratégias para acertar mais do que errar:

1. **Conheça seus limites.** O líder precisa compreender os próprios pontos fortes e fracos na tomada de decisões. Em quais situações você fica mais suscetível a tomar a decisão errada? Por exemplo, um líder pode ter uma autoconfiança exacerbada, que o deixa propenso a decisões pouco ponderadas. Ou pode ser muito competitivo, o que leva sua equipe a priorizar vitórias a curto prazo. Ou pode simplesmente desconhecer um tema por falta de assistência de especialistas. Os melhores tomadores de decisões têm uma consciência acurada das próprias limitações.

2. **Adote o pensamento crítico.** Esta decisão faz sentido? Qual é a lógica? Para tomar decisões acertadas, o líder precisa se envolver com os colegas em um pensamento crítico aprofundado, para identificar pontos cegos de alto risco. Quase todos os líderes estão sujeitos ao "viés de confirmação" porque se cercam de pessoas que pensam do mesmo jeito e que, conscientemente ou não, têm motivações para concordar com ele. Em muitos casos, no papel de líder, você terá que combater o "pensamento de grupo" e tomar decisões que vão contra a corrente.

   Antes de tomar grandes decisões, avalie se sua tomada de decisões é influenciada por um ponto forte ou um ponto fraco. Faça um teste de viés de confirmação: você está cercado por gente que só diz sim? Desafie cada integrante de sua equipe a apresentar uma ideia discordante. Quais são as consequências mais prováveis, a curto e a longo prazo, dessa decisão?

3. **Use evidências baseadas em análise de dados.** O que dizem os números? Os dados têm padrões que respaldam – ou contradizem – sua decisão? (Veja o Capítulo 52.) Uma frase famosa do CEO da Amazon, Jeff Bezos, é: "O melhor das decisões com base em fatos é que elas negam a hierarquia." A análise de dados, quando bem-feita, também tem o potencial de sobrepujar a politicagem e os vieses.

Quando uma ótima tomada de decisões se alia a equipes que trabalham juntas, sua organização tem as melhores chances de criar uma *cultura* verdadeiramente ágil na força de trabalho do futuro.

CULTURA

A CULTURA DA SUA ORGANIZAÇÃO TEM UM IMPACTO DIRETO E MENSURÁVEL SOBRE O DESEMPENHO.

CAPÍTULO 6
O que é cultura organizacional?

41% dos funcionários "concordam muito" que sabem o que a organização onde trabalham defende e o que a torna diferente dos concorrentes.

A cultura começa pelo seu propósito – o que o motiva a estar naquele negócio. Todos os dias, a vida ou a morte dela é decidida pelos seus gestores.

Embora a maioria dos líderes seja capaz de explicar qual é o propósito de sua organização, a maior parte dos funcionários não é. Apenas 27% deles "acreditam muito" nos valores da empresa onde trabalham. Esse descompasso tem um impacto negativo sobre tudo.

A cultura determina a sua marca – como os funcionários e os clientes enxergam sua empresa.

Uma cultura de nível mundial inspira seus funcionários mais talentosos a criarem uma excelente experiência do cliente. Quando faz uma promessa em relação a uma marca, mas não a cumpre, uma organização perde credibilidade com os clientes – e sobretudo com os próprios funcionários.

Infelizmente, é uma situação muito comum: apenas 26% dos trabalhadores das empresas americanas, por exemplo, acham que a organização onde trabalham sempre cumpre as promessas que faz ao consumidor.

O desempenho da organização melhora quando os funcionários compreendem qual é o diferencial da marca. Mas a análise do Gallup revela que menos da metade dos funcionários, pelo menos nos Estados Unidos (41%), "concorda muito" que sabe o que a organização onde trabalham defende e o que a diferencia dos concorrentes.

E 71% dos millennials que "concordam muito" que sabem o que a organização onde trabalham defende e o que a diferencia dos concorrentes dizem planejar continuar na empresa por pelo menos mais um ano. Esse índice cai para 30% entre os millennials que "discordam muito".

Resumindo, caso seus melhores funcionários desconheçam o propósito da sua organização, eles vão embora.

CAPÍTULO 7
A importância da cultura

A cultura tem impacto direto sobre o desempenho.

Faça a você mesmo as seguintes perguntas sobre sua cultura:

- Até que ponto seu propósito, sua marca e sua cultura estão alinhados?
- Até que ponto seu propósito está claro para funcionários e clientes?
- Seus funcionários estão comprometidos com a sua cultura?

Os melhores funcionários se candidatam a uma empresa por causa da reputação. E as redes sociais reforçam muito o conhecimento da cultura de uma empresa – para o bem ou para o mal.

A análise do Gallup concluiu que funcionários e equipes alinhados à cultura da organização têm um desempenho superior nas principais métricas internas em relação aos que não estão alinhados.

A cultura tem impacto direto e mensurável sobre o desempenho.

No mundo inteiro, um em cada três funcionários "concorda muito" com a frase "A missão ou o propósito da minha organização me faz sentir que meu trabalho é importante". Ao duplicar esse índice, as organizações obtiveram uma redução de 43% de evasão e de 42% nos incidentes de segurança, além de uma melhora de 19% na qualidade.

SINTOMAS DE UMA CULTURA DEFEITUOSA

Às vezes, as organizações não enxergam seus problemas estruturais como "problemas de cultura". Eis alguns sinais de alerta de que sua cultura pode estar defeituosa:

- Incapacidade de atrair talentos de nível mundial;
- Dificuldade para maximizar o crescimento orgânico por meio das interações entre cliente e funcionário;
- Iniciativas de liderança que não dão em nada;
- Falta de agilidade para atender às necessidades dos clientes;
- Perda dos funcionários de melhor desempenho para grandes marcas.

POR QUE AS PESQUISAS CONVENCIONAIS NÃO SERVEM PARA A CULTURA

A cultura de cada organização é única. A sua cultura é pessoal.

Muitas ferramentas de pesquisa de cultura tentam encaixar as empresas em certos "tipos" de cultura, com base em conceitos predeterminados de culturas "boas" ou "ruins". Comparam a cultura da organização com modelos externos, e não com as aspirações da liderança. Embora esses modelos possam revelar como a organização está em comparação com um padrão genérico, eles não conseguem medir aquilo que é fundamentalmente único no seu empreendimento.

As organizações precisam de uma abordagem à cultura que seja flexível o suficiente para identificar sua singularidade e que esteja fundada em uma ciência rigorosa.

CAPÍTULO 8
Como mudar a cultura

A fusão de culturas é complicada porque as tribos, por natureza, querem manter a própria identidade.

A maioria dos CEOs e diretores de RH apontam a "cultura" como prioridade máxima. Sabem que é preciso mudar.

Querem uma cultura que seja ágil e adaptável às mudanças em andamento no mundo inteiro. Querem, principalmente, uma cultura de alta colaboração, em que consigam tomar as decisões certas e executá-las com rapidez. Uma cultura que atraia e retenha as maiores estrelas.

Diante dos níveis sem precedentes de fusões e aquisições, muitas organizações no mundo inteiro estão tentando misturar culturas e marcas. Essa iniciativa raramente dá certo, porque as tribos, por natureza, querem preservar a própria identidade.

O que precisa ocorrer para que uma cultura mude?

1. **Identificar seu propósito e sua marca**. O CEO, o diretor de RH e o comitê executivo precisam identificar claramente o propósito – por que você está naquele negócio – e como você deseja que candidatos, funcionários e clientes percebam sua marca. O propósito e a marca preparam o terreno para todo o resto. A experiência do funcionário começa pela primeira impressão que o candidato tem sobre a sua organização – a percepção dele em relação à sua cultura e à sua marca – e, em seguida, pela indicação de quais aspectos da jornada do funcionário, da ambientação ao desenvolvimento e, no fim, à demissão validam essa impressão. A alta cúpula precisa estar alinhada, consistente e comprometida com o propósito e a marca. Esse é o ponto de partida para unir as equipes e tomar decisões eficazes.

2. **Avalie todos os programas e comunicações** – inclusive as práticas de capital humano, a gestão de desempenho, os valores e rituais e as estruturas da equipe – em nome do alinhamento e da constância em relação ao propósito e à marca da organização. O Gallup concluiu que esse processo pode ser rápido e recomenda que seja realizado uma vez por ano.
3. **Reposicione seus gestores como mentores**. Somente seus melhores gestores são capazes de implementar a cultura que você deseja. Uma ótima cultura é uma das poucas coisas que uma organização não pode comprar. O sucesso ou fracasso da sua mudança cultural depende de gestores de todos os níveis. E os sistemas tradicionais de gestão de desempenho têm lutado para inspirar e desenvolver funcionários, o que pode provocar bilhões de dólares em perda de produtividade (veja o Capítulo 20). Os funcionários de hoje querem um mentor, não um chefe. Transformar seus gestores em *mentores* não apenas aumenta o engajamento dos funcionários e melhora o desempenho, mas também é essencial para mudar sua cultura.

Nos próximos capítulos, vamos discutir tipos específicos de transformação cultural – tais como a criação de uma cultura com base em pontos fortes e a criação de uma cultura de alto desenvolvimento – para o novo panorama do mercado de trabalho. Nesses capítulos – que incluem, entre outros temas, a atração pela saída, diversidade, a inclusão e a inteligência artificial –, vamos apresentar realidades importantes em sua organização que determinam sua cultura e sua marca. E vamos proporcionar ideias com respaldo científico sobre como mudar sua cultura e desenvolver seu propósito e sua marca.

A MARCA EMPREGADORA

COM AS REDES SOCIAIS E A COMUNICAÇÃO INSTANTÂNEA, ATUALMENTE A REPUTAÇÃO DA SUA ORGANIZAÇÃO VIAJA MUITO MAIS RÁPIDO QUE ANTES.

CAPÍTULO 9
Como atrair a nova força de trabalho

As empresas gastam tempo e dinheiro em campanhas de marketing para construir uma base fiel de clientes, mas muitas vezes se esquecem de desenvolver uma "marca empregadora" igualmente forte para atrair os melhores candidatos.

A experiência do funcionário
A jornada com sua organização

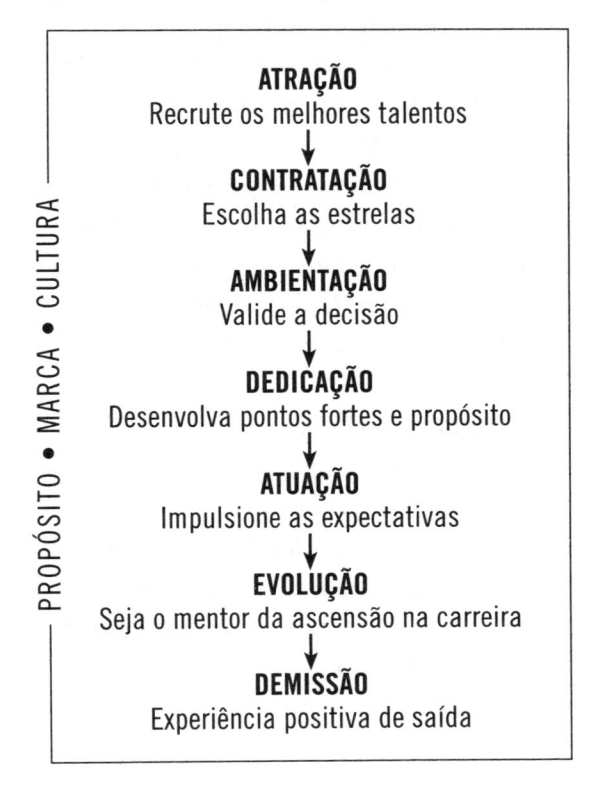

PROPÓSITO • MARCA • CULTURA

ATRAÇÃO
Recrute os melhores talentos
↓
CONTRATAÇÃO
Escolha as estrelas
↓
AMBIENTAÇÃO
Valide a decisão
↓
DEDICAÇÃO
Desenvolva pontos fortes e propósito
↓
ATUAÇÃO
Impulsione as expectativas
↓
EVOLUÇÃO
Seja o mentor da ascensão na carreira
↓
DEMISSÃO
Experiência positiva de saída

Graças ao predomínio da tecnologia e das redes sociais, os funcionários podem revelar – e compartilhar – como vivenciam a marca da empresa. Nem todo mundo sabe o que realmente acontece no interior das organizações. Isso abrange toda a experiência do funcionário, da contratação à ambientação, passando pelas oportunidades de evolução e pela demissão.

Os millennials são altamente conectados. Quando procuram emprego, saem em busca de referências dos funcionários atuais das organizações em potencial e de sugestões de amigos e parentes. Não é como entrar no Facebook ou em outras redes sociais para encontrar um emprego. *Eles recorrem a relações de confiança.*

A nova força de trabalho não se interessa tanto por feiras profissionais, serviços de recrutamento e outros tipos de eventos de busca de emprego. Existem vias de acesso mais fácil e rápido – e, para eles, mais autênticas.

Os millennials preferem ir direto à fonte das empresas que lhes interessam. Mas, além disso, na busca pelo emprego, lançam mão de uma rede bem ampla, procurando fontes on-line dentro da área de atuação, sites de relacionamento profissional, outras plataformas de emprego, sites de ranqueamento pelos funcionários e mecanismos de busca em geral, o que lhes permite explorar várias opções. É menos provável que utilizem as redes sociais ou os sites e centrais de emprego das universidades.

Em relação à cultura do ambiente de trabalho especificamente, os millennials procuram empregos que se encaixem em seu estilo. Embora a remuneração total ainda seja muito importante para quase metade dos jovens trabalhadores, ela é *menos importante* que as oportunidades de aprendizado e progresso, a qualidade do gestor e o nível de interesse no trabalho.

O que tudo isso significa para o recrutamento? Significa que a realidade do seu ambiente de trabalho se tornou mais transparente do que nunca. Sua verdadeira cultura – como funciona a gestão, como as pessoas progridem, que tipo de flexibilidade é permitida aos funcionários, o espaço de trabalho e sua localização – é o que determina sua marca empregadora.

O mais importante que você pode fazer é cultivar uma marca empregadora forte e uma cultura do ambiente de trabalho que esteja à altura dessa marca. Hoje em dia, a reputação viaja muito mais rapidamente que no passado.

E a transparência organizacional será ainda mais relevante quando a Geração Z entrar na força de trabalho. Desde que nasceram, eles só conhecem a comunicação digital.

Se houver uma discrepância entre como sua organização se apresenta ao mundo e como ela *realmente é*, os empregados em potencial vão descobrir on-line e com os amigos. E a notícia vai se espalhar.

CAPÍTULO 10
Como contratar funcionários-estrela

O viés de predisposição pode levar o gestor a escolher os candidatos errados.

Contratações erradas – ou simplesmente ruins – podem ter um custo enorme. Não apenas você desperdiçou a chance de contratar uma estrela, mas terá que gastar ainda mais para treinar um substituto.

Contratar funcionários-estrela engajados custa menos às organizações porque turbina o engajamento do cliente, o faturamento e a lucratividade.

Decisões certas de seleção consolidam uma cultura de alto desempenho. Também determinam se as pessoas se integrarão facilmente à cultura, a rapidez do desenvolvimento, a duração da permanência, como representarão sua organização e se persistirão nos momentos difíceis.

Para dar uma ideia do poder de decisões certas de seleção, a redução do viés de predisposição com um sistema de avaliação adequado pode triplicar a taxa de sucesso de suas contratações.

OS TIPOS DE VIÉS

- **Fatores de visibilidade.** Gerentes de recrutamento atribuem um peso desproporcional a características que aparecem na superfície durante a entrevista, como a aparência, a roupa e a apresentação dos candidatos.
- **Falácia de experiência.** Gerentes de recrutamento que já tiveram candidatos altamente bem-sucedidos vindos de determinado empregador pressupõem que todos que vierem daquela empresa terão êxito.

- **Viés de confirmação.** Gerentes de recrutamento ficam com uma impressão diferente de um candidato com base na faculdade onde estudou ou no clube do qual é sócio e só atentam para comentários que confirmam aquilo que pensam sobre a pessoa.
- **Viés do excesso de confiança.** Gerentes de recrutamento acreditam ter um talento especial para julgar candidatos com base no instinto, desconsiderando outras informações.
- **Viés de similaridade.** Gerentes de recrutamento selecionam e contratam pessoas parecidas com eles mesmos.
- **Viés de estereótipo.** Gerentes de recrutamento têm estereótipos inconscientes relacionados a gênero, raça, orientação sexual, etnia e idade.
- **Viés de disponibilidade.** Gerentes de recrutamento confiam na própria lembrança de uma entrevista e tomam uma decisão com base em poucos pontos positivos ou negativos, em vez de fazer uma análise abrangente.
- **Escalada do comprometimento.** Gerentes de recrutamento se sentem pressionados a levar adiante uma candidatura porque já investiram muito tempo e energia no processo.

Em uma metanálise publicada na revista *Psychological Bulletin*, os pesquisadores Nalini Ambady e Robert Rosenthal cunharam o termo de comportamento "fatias finas", que depois foi popularizado por Malcolm Gladwell no livro *Blink: A decisão num piscar de olhos*. O conhecimento científico se baseia no fato de que é comum que as pessoas formem sua opinião de acordo com amostras ínfimas da interação com o outro – por exemplo, a primeira impressão.

Em alguns casos, essas fatias finas geram insights válidos. Por exemplo, quando um médico ou um enfermeiro mede sua pressão arterial e seus batimentos cardíacos ou avalia uma amostra de sangue, isso é uma fatia fina de base científica para fazer deduções sobre sua saúde. E, em outros casos, as fatias finas podem revelar vieses inconscientes, como os já relacionados, que podem levar a julgamentos precipitados, decisões erradas e resultados negativos.

Por conta desses vieses, não é raro que um gestor tome decisões de recrutamento que depois vem a lamentar, ao conviver com a pessoa já contratada.

Em alguns setores, já existem quantidades enormes de dados disponíveis. Nos esportes universitários americanos, para recrutar um atleta, por exemplo, os profissionais passam horas estudando dados e assistindo a vídeos de jogos antes de tomar uma decisão. Escritórios de recrutamento usam um sistema de cinco estrelas para avaliar cada jogador em potencial. Por mais imperfeito que seja, esse sistema funciona incrivelmente bem para prever quais universidades terão equipes competindo pelo título a cada ano.

A maioria das organizações não pode se dar ao luxo de colecionar "vídeos de partidas" dos candidatos a emprego. Felizmente, porém, assim como acontece com o rigor da medicina, psicólogos organizacionais passaram um século inteiro desenvolvendo a *psicometria* – a ciência da medição de características psicológicas. E hoje em dia existem medições e métodos eficientes capazes de reduzir substancialmente o viés na contratação ao propiciar "fatias finas" com base científica comprovadamente capazes de prever o desempenho do candidato.

CAPÍTULO 11
Análise de contratação: a solução

Quatro critérios para um recrutamento bem-sucedido:
1. Experiências e realizações anteriores.
2. Tendências inatas.
3. Entrevistas múltiplas.
4. Observação na função.

Os pesquisadores do Gallup passaram cinco décadas fazendo perguntas, estudando respostas e rastreando desempenhos individuais em centenas de cargos de mais de 2 mil clientes. Nossos cientistas descobriram cinco características inatas, ou tendências, que permitem prever o desempenho em vários tipos de funções:

1. Motivação – impulso realizador;
2. Estilo de trabalho – organização do trabalho para uma conclusão eficiente;
3. Iniciativa – tomada de atitudes e inspiração para o êxito de outros;
4. Colaboração – formação de parcerias de qualidade;
5. Processo mental – resolução de problemas por meio da assimilação de novas informações.

Dentro dessas cinco características, podem-se usar subcaraterísticas específicas para prever o desempenho de contribuidores individuais em seus papéis, gestores e líderes executivos.

Frank L. Schmidt, cientista sênior do Gallup, pioneiro em métodos metanalíticos, juntamente com os colegas In-Sue Oh e Jonathan A. Shaffer, revisou cem anos de pesquisas de avaliação em psicologia organizacional. Eles analisaram os métodos de seleção mais usados pelas organizações.

Essa análise abrangia 31 métricas e métodos diferentes. Alguns desses métodos, como os testes de inteligência e personalidade e as entrevistas estruturadas, levam de 30 minutos a uma hora para serem efetuados. Outros métodos, como os centros de avaliação e as experiências de emprego, demandam mais tempo e exigem observações mais profundas. Schmidt e seus colegas concluíram que as métricas que exigem menos tempo têm um desempenho tão bom ou até melhor que as outras, cujas observações gastam mais tempo. É uma consequência de anos e anos de aperfeiçoamento desses métodos mais eficientes.

Levando em conta a pesquisa Gallup, as conclusões sobre os cem anos e aquilo que constatamos funcionar de forma mais prática e eficiente nas organizações, recomendamos o uso dos seguintes critérios para uma contratação bem-sucedida:

1. **Experiências e realizações anteriores.** Reúna informações substanciais sobre o histórico dos candidatos, incluindo experiências-chave alinhadas com as exigências do cargo, resultados acadêmicos e evidências de conhecimento da função.
2. **Tendências inatas.** Avalie os candidatos nas cinco características mencionadas – motivação, estilo de trabalho, iniciativa, colaboração e processo mental. Filtrar essas cinco tendências inatas abrangerá a maior parte do que você precisa saber sobre um candidato nesse aspecto. É possível fazer isso de forma eficiente e com bom custo-benefício usando as entrevistas estruturadas do Gallup e avaliações com base na internet.
3. **Entrevistas múltiplas.** Nos estágios finais do processo de contratação, peça ao gerente de recrutamento e aos membros da equipe que realizem entrevistas múltiplas com os candidatos. Essas entrevistas permitem que você contextualize a adequação do candidato à vaga, ao gestor, à equipe e à organização. O Gallup elaborou "guias de escuta" para melhorar a qualidade dessas conversas. Combinar avaliações de várias entrevistas reduzirá substancialmente o possível viés da abordagem da entrevista única.
4. **Observação na função.** Use estágios e outras experiências com base em projetos para colecionar registros das realizações individuais de cada

candidato, sua contribuição e seu valor para o cliente. Reúna avaliações de supervisores e colegas.

Usando esses quatro critérios, é possível elaborar um processo de contratação que seja engajador, uma experiência positiva para os candidatos *e* cientificamente conectado ao alto desempenho. Os avanços na inteligência artificial tornarão o processo de contratação ainda mais eficiente nos próximos anos.

CAPÍTULO 12
Onde encontrar um histórico das futuras estrelas

Menos de um terço dos universitários "concorda muito" ter trabalhado em um projeto que levou um semestre ou mais para completar ou ter tido um estágio ou emprego que lhe permitiu colocar em prática o que aprenderam em sala de aula.

Atrair funcionários-estrela e construir sua marca de empregador deve começar enquanto suas futuras estrelas ainda estão na faculdade – ou até no ensino médio. Uma das melhores formas de preparar os alunos é por meio de estágios ou vagas de aprendiz que sejam relevantes.

E os estudantes apreciarão enormemente oportunidades assim. O Gallup concluiu que apenas um terço dos universitários "concorda muito" que vai se formar com as habilidades e o conhecimento necessários para ter sucesso no mercado de trabalho (34%) e no ambiente de trabalho (36%). E apenas um pouco mais da metade (53%) acredita que o diploma levará a um bom emprego.

Essas são algumas das principais conclusões da Pesquisa Strada-Gallup 2017 de Universitários – levantamento americano em escala nacional representativo que avaliou as percepções dos estudantes em relação ao preparo para a força de trabalho e o apoio à carreira recebido em suas instituições de ensino.

Aprofundando a análise, a Pesquisa Gallup de Ex-Alunos (antes chamada de Índice Gallup-Purdue) – elaborada para medir a qualidade da experiência universitária a partir do ponto de vista dos estudantes formados – identificou seis experiências acadêmicas positivas que têm uma forte correlação com o êxito pós-universitário:

1. Ter pelo menos um professor que os inspirou no aprendizado;
2. Ter professores que se importam com os alunos como pessoas;
3. Ter um mentor que os incentive a seguir metas e sonhos;
4. Trabalhar em um projeto que tenha durado um semestre ou mais;
5. Ter um estágio ou emprego que permita aplicar o que foi aprendido em sala de aula;
6. Ser extremamente ativo em atividades extracurriculares e organizações durante o curso.

Essas seis experiências estão correlacionadas com o bem-estar pós-acadêmico e o engajamento do funcionário, entre outros resultados importantes. Mas apenas 3% dos universitários tiveram todas as seis experiências durante o curso.

Nessa descoberta da Pesquisa Gallup de Ex-Alunos reside uma imensa oportunidade para as empresas.

Especificamente, elas podem ter um papel atuante em três das seis experiências acadêmicas: *ter um mentor, trabalhar em projetos que permitam aplicar o aprendizado* e *fazer um estágio*. Ao preparar sua próxima leva de iniciantes, pense na ideia de uma parceria com faculdades e universidades para criar experiências intensivas de integração profissional para estudantes.

Quem está mais bem posicionado como mentor da futura força de trabalho do que os profissionais que atualmente realizam a tarefa? Estágios, mentorias e projetos de trabalho prático podem eliminar a lacuna em um dos critérios de pré-contratação mais difíceis de obter – até que ponto a pessoa de fato tem bom desempenho na função.

Caso sua organização dependa de formandos de alta qualidade, seja proativo na criação de experiências de ensino médio ou superior para sua futura força de trabalho. Oferecer estágios é uma maneira óbvia de efetuar essa tarefa. Você também pode analisar formas de integrar sua empresa ao currículo acadêmico – por exemplo, se oferecendo para criar projetos criativos de um semestre para estudantes.

Apenas metade dos universitários formados "concorda muito" que o ensino recebido valeu o valor investido. Essa percepção tem a ver com a forma como os líderes projetam a experiência acadêmica. Também se baseia em até que ponto as empresas estão realmente comprometidas no trabalho com as instituições de ensino para preparar as futuras levas de iniciantes.

Evidentemente, nem todo mundo faz uma faculdade tradicional, de quatro anos. Muitos estudantes saem do ensino médio direto para o trabalho, e o modelo da-faculdade-para-o-emprego sofrerá transformações radicais nos próximos anos.

Leve a marca do empregador a um novo patamar, dando aos estudantes uma ideia realista de como seria trabalhar para você. Isso não apenas trará um enorme benefício à sua organização na seleção de futuras estrelas, como essas experiências também oferecerão um valor inestimável aos estudantes.

CAPÍTULO 13
Cinco perguntas para a ambientação

1. "Em que acreditamos por aqui?"
2. "Quais são meus pontos fortes?"
3. "Qual é o meu papel?"
4. "Quem são meus parceiros?"
5. "Como enxergo meu futuro aqui?"

Uma vez contratado, de que forma um funcionário que acabou de cruzar a porta da sua empresa se torna "um de nós"?

Você pode adotar uma série de abordagens com base na cultura da sua organização. Algumas empresas focam na criação de elos sociais, enquanto outras deixam as pessoas descobrirem as coisas por conta própria. Algumas seguem um processo definido para orientação, enquanto outras adotam uma abordagem "se vire".

Para ambientá-los, deve-se apresentar elementos fundamentais a partir dos quais o funcionário possa crescer durante a carreira – aqueles que influenciam o desempenho ao longo de *décadas*, e não de trimestres.

As primeiras impressões são importantes. Dão o tom para a carreira do funcionário, e é importante observar que o momento mais fácil para influenciar o comportamento dele é quando ele ainda é uma folha em branco, ávido para aprender e mudar.

No entanto, embora as organizações venham prestando muita atenção na melhoria dos processos de ambientação, apenas um em cada dez funcionários, gestores e líderes "concorda muito" que sua organização faz um bom trabalho de ambientação. E menos de quatro em cada dez funcionários se dizem engajados nos primeiros seis meses de emprego – quando o engajamento deveria estar no auge.

Por que essa atenção inicial não resulta em um impacto duradouro à medida que as pessoas progridem na passagem pela empresa? Você e seus novos funcionários têm uma visão clara do propósito, da marca desejada e da cultura desejada da organização?

Eis cinco perguntas que cada novo funcionário deve saber responder para que o programa de ambientação seja bem-sucedido.

1. "EM QUE ACREDITAMOS POR AQUI?"

A primeira coisa que os novos funcionários precisam saber é o propósito declarado da sua organização – as crenças em comum. Em seguida, você pode enquadrar tudo o mais como uma expressão daquilo que a organização defende e está tentando alcançar.

Naturalmente, durante a ambientação você precisa dar informações básicas – os benefícios, as regras e políticas que regem todos os funcionários. Essas questões que parecem burocráticas são, na verdade, expressões da sua cultura organizacional.

A forma como os líderes praticam e ressaltam detalhes como a segurança, as licenças por motivos familiares e as ouvidorias de violações éticas diz muito sobre sua cultura como um todo. Por exemplo, quando você tem uma política declarada de flexibilidade de horário e envia a mensagem de que valoriza o bem-estar dos funcionários, será que os empregados podem *mesmo* sair durante o expediente para ir à academia ou ir embora mais cedo para um compromisso dos filhos? Os benefícios, as regras, os limites éticos e a cultura estão alinhados com o *propósito* declarado e com a *marca* da sua organização?

2. "QUAIS SÃO MEUS PONTOS FORTES?"

Para se tornar "um de nós" e ser produtivo, o funcionário precisa conhecer a si mesmo, mas as organizações quase sempre desprezam esse importante passo inicial.

Sua organização tem um interesse oculto em garantir que todos os novos funcionários executem as tarefas utilizando seus pontos fortes. Quando os funcionários conhecem os próprios talentos, podem levar a conversa com seus gestores a um nível mais profundo. E, quando os membros da equipe conhecem os pontos fortes uns dos outros, os novos membros conseguem se integrar rapidamente à equipe, e todos podem colaborar melhor para a realização das tarefas.

Uma orientação eficaz é aquela que proporciona aos funcionários oportunidades de explorar como utilizar seus pontos fortes para alcançar resultados. Os novos funcionários precisam ter ciência daquilo que *não fazem direito*, de modo a saber quando precisam pedir ajuda.

Mas o treinamento dos pontos fortes não é apenas uma questão de desempenho. É um investimento adiantado de tempo e dinheiro nos funcionários como indivíduos. Oferecer um treinamento dos pontos fortes mostra que você se importa com o desenvolvimento dos funcionários e demonstra que está interessado no crescimento deles a longo prazo. Vamos discutir a ciência dos pontos fortes no próximo capítulo.

3. "QUAL É O MEU PAPEL?"

De acordo com o estudo global do Gallup no ambiente de trabalho, apenas cerca de 50% dos funcionários sabem o que se espera deles no trabalho. A maioria tem uma ideia das demandas do futuro emprego durante o processo de recrutamento. Porém, muitas vezes, a realidade não casa com aquilo que foi anunciado. Ser claro e preciso em relação às responsabilidades do emprego e à forma de avaliação do desempenho parece básico, mas é uma etapa que costuma ser negligenciada.

O passo seguinte é descobrir como os novos funcionários podem utilizar seus pontos fortes para alcançar grandes realizações, tanto para si quanto para a organização – e como o trabalho deles se conecta com a sua missão ou seu propósito. Um encaixe bem-feito com a função é um fator de previsão de desempenho e longevidade.

É crucial que os novos funcionários adquiram rapidamente a confiança de que são capazes de dominar suas funções. Eles devem poder olhar para trás, para os seis primeiros meses de contratação, e apontar onde tiveram êxito.

4. "QUEM SÃO MEUS PARCEIROS?"

O novo funcionário precisa se sentir à vontade. Precisa saber que é aceito pelos superiores e pelos pares. Também precisa saber a quem pedir auxílio durante o processo de experimentação e aprendizado no cargo.

Cada novo contratado tem que elaborar uma estratégia de construção de parcerias dentro da organização – um "mapa de relacionamentos". Na literatura acadêmica, a análise de redes sociais ilustra como a influência de alguém em uma organização é determinada com base nas conexões de primeiro, segundo e terceiro graus.

As conexões de primeiro grau são os indivíduos que você conhece pessoalmente e em quem confia – seus amigos. As conexões de segundo grau são os amigos dos seus amigos, e assim por diante. As conexões de segundo e terceiro graus podem ter uma grande influência na reputação e na influência de um funcionário, porque são elas que ampliam essa influência por meio de outras pessoas.

Resumindo, suas relações profissionais determinam quanto trabalho você consegue fazer e reforçam seu pertencimento à organização.

5. "COMO ENXERGO MEU FUTURO AQUI?"

Todo mundo precisa aprender e crescer. O jovem funcionário, em especial, enxerga um novo emprego como oportunidade de aprendizado e crescimento. Qualquer que seja a idade, porém, *todos* os funcionários precisam ter condições de enxergar um plano de carreira dentro da organização.

Quase nove entre dez pessoas dizem que só trocaram de função quando foram para outra organização. Isso significa que quase todas as organizações fizeram um investimento para recrutar e treinar sua força de trabalho – e depois não conseguiram oferecer um plano de carreira plausível. Em compensação, funcionários que têm a oportunidade de aprender e crescer no trabalho têm uma probabilidade duas vezes maior, em relação àqueles na outra ponta da escala, de dizer que passarão a carreira inteira na mesma empresa.

Uma nota de cautela: A experiência de ambientação dos funcionários precisa estar alinhada com sua *cultura real*. Depois de seis meses na função, a lua de mel começa a acabar, e seu novo funcionário idealista já deve ter conhecido veteranos que não tardam a dizer "como as coisas *realmente* funcionam por aqui". Quando os valores que você pregou no Primeiro Dia não combinam com os verdadeiros valores experimentados por sua estrutura, seus benefícios e recompensas, seus novos funcionários vão sofrer um choque de longo prazo ao se darem conta de que aquilo com que se comprometeram é um tanto diferente.

CAPÍTULO 14
Um atalho para o desenvolvimento: conversas com base nos pontos fortes

Caso você seja gestor, pergunte a si mesmo: "Sou especialista nos pontos fracos e fortes dos membros da minha equipe?"

Nosso cérebro é programado para criticar os outros. Quando um colega nos pede para revisar uma apresentação, nosso primeiro impulso é procurar erros e "oportunidades de melhoria". Quando somos encarregados de treinar um novo empregado, focamos nas etapas que eles deixam passar ou nas informações que eles não entenderam.

A gestão de desempenho tradicional reflete esses instintos. Foi criada para classificar e avaliar os funcionários e "corrigir" seus pontos fracos. Mas é uma abordagem que sempre falha na tentativa de melhorar o desempenho. Apenas 21% dos funcionários "concordam muito" que seu desempenho foi gerido de um jeito que os motivou a realizar um trabalho excelente.

Talvez sejamos naturalmente programados para fazer críticas, mas com certeza não somos para recebê-las. Ansiamos por elogios sempre que surge a oportunidade.

Então, como os gestores sabem qual é o equilíbrio certo entre o elogio e a crítica aos funcionários?

Uma avaliação séria dos pontos fortes *e* fracos de um indivíduo é essencial para um desenvolvimento de carreira excepcional. O feedback crítico às vezes é necessário, e todos precisam ter ciência e assumir a responsabilidade pelos próprios pontos fracos. Porém, para inspirar um desempenho excepcional, os gestores precisam lidar – e revisar o tempo todo – com um feedback relevante, baseado naquilo que cada pessoa faz melhor naturalmente. Esse é o ponto de partida para aumentar a confiança, o que aumenta a probabilidade de que o feedback crítico resulte em progresso e desenvolvimento.

Quando as organizações pedem aos gestores que interajam com os funcionários com mais frequência, eles devem ter o cuidado de não transformar a conversa constante em crítica constante. A crítica constante torna quase impossível que gestor e funcionário estabeleçam uma relação de confiança, o que torna difícil para o funcionário aceitar quaisquer críticas com a mente aberta. Isso também dificulta o engajamento do funcionário no trabalho.

Um dia típico de um funcionário engajado é muito diferente do dia típico de um funcionário "ativamente desengajado". Uma das razões por trás disso é a abundância de experiências positivas do funcionário engajado.

O funcionário engajado não está imune à negatividade nem ao estresse no trabalho. A pesquisa Gallup mostra que, estando ou não comprometido, o funcionário vivencia um estresse maior nos dias úteis do que no fim de semana. Isso não causa surpresa. A maioria dos funcionários lida com demandas inesperadas e dramas no local de trabalho. Mas a estrutura do dia de um funcionário engajado e suas interações com gestores e pares permitem que ele passe mais tempo fazendo aquilo que faz de melhor.

Como, então, os gestores devem estruturar o dia "ideal" do funcionário, de modo a incentivar mais engajamento e desempenho?

Em um estudo com 8.115 trabalhadores, o Gallup pediu aos entrevistados que pensassem em seu dia de trabalho mais recente (se fosse o dia anterior) e reportassem o período de tempo que passaram executando diferentes atividades. O que diferenciou melhor os funcionários engajados daqueles ativamente desengajados foi passar mais tempo focados nos próprios pontos fortes – sentindo-se tão absortos no trabalho que o tempo passou rápido – e menos tempo focados naquilo que não fazem bem. Os funcionários engajados passaram quatro vezes mais horas do dia focados nos pontos fortes em comparação àquilo que não fazem bem. *Os funcionários ativamente desengajados passaram o mesmo tempo focando nos pontos fortes e naquilo que não fazem bem.*

Uma abordagem do desempenho com base nos pontos fortes não significa fazer vista grossa para os pontos fracos nem garantir que os funcionários *somente* executem as tarefas e projetos de que gostam. O papel de todos terá que incluir responsabilidades sem tanta graça.

Da mesma forma, haverá momentos em que os gestores precisam dar feedback construtivo para ajudar o funcionário a melhorar em sua função. Mas o gestor não deve tratar o feedback como uma caminhada na corda bamba. Também não deve fazer críticas e elogios na mesma medida. A balança tem que pender fortemente para o lado daquilo que o funcionário faz melhor.

Os dados do Gallup indicam que os funcionários na força de trabalho atual esperam que os gestores atuem como mentores – baseados primordialmente em seus pontos fortes. E uma força de trabalho de alto desempenho deve definir essa expectativa para seus líderes de equipe, porque ela gera resultados muito melhores.

CAPÍTULO 15
A história do teste *CliftonStrengths*

Os 34 temas do teste *CliftonStrengths*

Adaptabilidade	Disciplina	Intelecção
Analítico	Empatia	Organização
Ativação	Estudioso	Pensamento Estratégico
Autoafirmação	Excelência	Positivo
Carisma	Foco	Prudência
Comando	Futurista	Realização
Competição	Harmonia	Relacionamento
Comunicação	Ideativo	Responsabilidade
Conexão	Imparcialidade	Restauração
Contexto	Inclusão	Significância
Crença	Individualização	
Desenvolvimento	Input	

*"O que aconteceria se estudássemos o que vai **bem** nas pessoas?"*
– Don Clifton (1924-2003)

Essa pergunta simples, feita seis décadas atrás por Don Clifton, lançou o movimento global dos pontos fortes.

Essa pergunta tinha um sentido muito pessoal para Don.

Durante a Segunda Guerra Mundial, Clifton submeteu ao teste suas habilidades matemáticas como navegador da Força Aérea do Exército, voando em bombardeiros B-24. Voando sobre os Açores em meio ao mau tempo, seu voo desviou-se da rota. Don tinha um palpite para corrigi-la. Quando fez as contas, porém, percebeu que sua intuição estava errada. Aprendeu a confiar mais na ciência que na intuição pessoal.

Don recebeu a Cruz de Honra Aérea, pelo heroísmo durante seus 25 ataques aéreos de bombardeio. Porém, quando voltou para casa, ao fim da Segunda Guerra, tinha visto guerra e destruição suficientes. Queria passar o resto da vida fazendo o bem pela humanidade. Isso resultou em seu intenso interesse em estudar o desenvolvimento humano de um jeito diferente – focando no que havia de *bom* nas pessoas.

"Na minha pesquisa de pós-graduação em psicologia, ficou claro para mim que, historicamente, os psicólogos estudavam o que ia mal nas pessoas, em vez de atentar ao que ia bem", disse Don.

"Percebi então que as pessoas eram classificadas mais por seus problemas e pontos fracos do que por seus talentos. Isso me despertou a necessidade de estudar pessoas bem-sucedidas. A única maneira de identificar as diferenças em qualquer profissão é observar aqueles que se saíram bem."

Em 1949, Clifton e seus colegas criaram a Fundação Nebraska de Pesquisa de Recursos Humanos na Universidade do Nebraska. A fundação atuava como um serviço comunitário para os estudantes e como um laboratório para os universitários praticarem a psicologia com base nos pontos fortes. Don e seus alunos e colegas descobriram que os estudantes bem-sucedidos – aqueles que persistiam até a formatura – tinham traços de caráter notavelmente diferentes dos menos bem-sucedidos.

Essas conclusões iniciais a respeito das pessoas de sucesso levaram a outras hipóteses. Don e seus colegas começaram a estudar os mais bem-sucedidos conselheiros escolares, professores, vendedores e gestores. Don concluiu que as pessoas bem-sucedidas em papéis específicos compartilhavam certas características. Ele definiu essas tendências como "padrões de pensamento, sentimento ou comportamento de recorrência natural que podem ser aplicados produtivamente".

Don queria identificar características universais, porém facilmente detectáveis, que permitissem prever resultados de alto desempenho. E queria identificar tendências que fossem únicas em cada pessoa mas que, com treinamento, pudessem ser transformadas em pontos fortes. O objetivo desse trabalho era levar foco às conversas, de modo que as pessoas pudessem compreender melhor não apenas quem elas são, mas aquilo que podem se tornar.

Clifton desenvolveu centenas de instrumentos preditivos que identificaram altos desempenhos em papéis específicos dentro da cultura singular de cada organização. Esses instrumentos cientificamente validados encontravam a melhor combinação de talentos para as posições certas em uma empresa específica.

Mas estava faltando alguma coisa.

A capacidade de identificar grandes talentos em uma organização nem sempre ajudava os indivíduos. Por isso, em meados da década de 1990, Clifton criou uma avaliação que identificava características específicas e um enquadramento para desenvolver essas características em benefício dos indivíduos. Ele rotulou essas características como "Forças".

Ao longo da jornada para criar aquilo que viria a ser o teste *CliftonStrengths*, Don reuniu-se com muitos acadêmicos e colegas pesquisadores. Talvez a conexão mais significativa tenha sido com o professor de psicologia Phil Stone, de Harvard. Stone foi considerado uma criança-prodígio, entrando na Universidade de Chicago aos 15 anos e obtendo dois doutorados antes dos 23. Lecionou psicologia em Harvard durante 39 anos. Junto com sua paixão pelas ciências sociais, Stone era entusiasta de uma tecnologia recém-descoberta chamada "internet".

As duas recomendações de Stone para Clifton foram criar uma avaliação para a iminente era digital e usar um "algoritmo de pontuação ipsativa modificada", em vez das notas normativas de costume, como a Escala Likert (de 1 a 5) ou a múltipla escolha. A "pontuação ipsativa" pede ao pesquisado que opte entre dois resultados socialmente desejáveis. Baseia-se na premissa de que os indivíduos são expostos o tempo todo a múltiplas alternativas positivas em situações da vida real – por exemplo, "eu organizo" e "eu analiso". A métrica ipsativa é muito útil para identificar características interpessoais – reduz o viés de desejabilidade social, ou a "trapaça", que pode ocorrer com muitas métricas normativas.

Um dos primeiros usos do que viria a ser o teste *CliftonStrengths* foi quando os alunos de psicologia de Harvard fizeram a avaliação e deram feedback sobre os temas e as descrições dos temas.

Em 1997, Clifton e Stone elaboraram um manual intitulado "Canto do

Céu", que Stone usava nas aulas de psicologia em Harvard. Foi o começo da influência das Forças nos campi universitários e o nascimento do movimento da "psicologia positiva".

Na Costa Oeste americana, o cientista social Edward "Chip" Anderson, da UCLA, interessou-se pelo trabalho de Don. Em 1998, Clifton e Anderson desenvolveram um curso extra para alunos da UCLA, intitulado "Voando Alto com suas Forças". Esse esboço inicial veio a servir de base para o revolucionário livro *StrenghtsQuest*.

Outro membro fundamental da equipe de pesquisa e desenvolvimento de Don foi Jon Conradt, especialista de TI do Gallup. Jon trabalhou bem de perto com Don para elaborar a plataforma digital e a pontuação algorítmica da avaliação. A maior parte do programa original continua sendo a espinha dorsal da tecnologia das Forças de Clifton.

Don resumiu todas as conclusões dessa pesquisa nos 34 temas originais das Forças, que se tornaram o *StrengthsFinder* e, posteriormente, *CliftonStrengths*.

A obra de Clifton inspirou livros lidos por milhões de pessoas no mundo inteiro, entre eles *Soar with Your Strenghts*, escrito a quatro mãos por Don e Paula Nelson; *Strenghts Based Leadership*, de Tom Rath e Barry Conchie; *Seu balde está cheio?*, de Don e Tom Rath; *Now, Discover Your Strenghts*, que Don escreveu com Marcus Buckingham; *CliftonStrengths para estudantes*, de Tom Matson e Jennifer Robison; e um dos livros de negócios mais vendidos de todos os tempos, *Descubra seus pontos fortes 2.0*, de Tom Rath.

Bem perto do fim da vida, Don foi agraciado com a Comenda Presidencial da American Psychological Association como pai da psicologia dos pontos fortes.

A missão de Clifton, depois de voltar da Segunda Guerra Mundial, foi contribuir de forma relevante para o desenvolvimento humano. No momento em que escrevemos, mais de 21 milhões de pessoas já descobriram seus pontos fortes.

Don transformou o mundo.

Para descobrir seus próprios pontos fortes, use o código de acesso encontrado na última página do livro *Descubra seus pontos fortes 2.0*.

CAPÍTULO 16
Cinco etapas para construir uma cultura baseada em pontos fortes

1. Comece pelo CEO ou não vai dar certo.
2. Peça a cada funcionário que descubra os próprios pontos fortes.
3. Crie uma rede interna de coaches de pontos fortes.
4. Integre os pontos fortes na gestão do desempenho.
5. Transforme seus programas de aprendizado.

Poucas organizações no mundo podem afirmar, sinceramente, que têm uma "cultura baseada em pontos fortes". É um enorme desperdício de oportunidade. Organizações e equipes com esse tipo de cultura superam o tempo todo o desempenho dos concorrentes.

É difícil implementá-la. O simples fato de conhecer os pontos fortes de cada um não basta para criar a mudança. Isso exige conversas, reflexões e práticas constantes a fim de integrar com êxito os pontos fortes às rotinas da organização. A forma mais eficaz de conseguir isso é com coaches de pontos fortes, certificados pelo Gallup.

Organizações verdadeiramente baseadas em pontos fortes têm uma liderança consistente e gestores excepcionais, cultivados ao longo do tempo por meio de programas de seleção e desenvolvimento. Esses líderes exercem impacto no desempenho da organização por terem uma crença profunda no valor do desenvolvimento humano para os negócios.

As organizações baseadas em pontos fortes têm equipes baseadas em pontos fortes como a configuração cultural básica – a norma para como realizam o trabalho. E as equipes baseadas em pontos fortes têm um engajamento maior, mais retenção dos funcionários com alto desempenho, um melhor atendimento ao cliente e uma lucratividade maior.

Considerando os benefícios reais e mensuráveis de ter uma cultura baseada em pontos fortes, como sua organização pode incutir uma cultura desse tipo que seja uma parte respeitada da base da organização?

1. **Comece pelo CEO ou não vai dar certo.** Caso queira uma cultura baseada em pontos fortes, a liderança executiva precisa explicar como o aproveitamento dos pontos fortes de cada pessoa da organização vai empoderar a empresa para que esta concretize seus propósitos e seus objetivos comerciais. Os líderes executivos precisam compartilhar seus pontos fortes e comunicar como os utilizam. No livro *Strengths Based Leadership*, o Gallup descreve como líderes individuais com talentos e pontos fortes bem diferentes conseguem ter um desempenho excepcional, cada um do seu jeito.
2. **Peça a cada funcionário que descubra seus pontos fortes.** A medição dos pontos fortes proporciona às equipes uma linguagem em comum para discutir como colaborar e ter um desempenho eficiente. A conscientização é só o começo. Um método de medição baseado em pontos fortes deve ser elaborado primordialmente para melhorar a comunicação construtiva e o desenvolvimento.
3. **Crie uma rede interna de coaches de pontos fortes.** Coaches internos de pontos fortes proporcionam aos gestores insights e ferramentas práticas de pontos fortes. Atuam como mentores internos, capazes de aconselhar os gestores e oferecer suporte permanente.
4. **Integre os pontos fortes na gestão do desempenho.** Seus gestores precisam se transformar em coaches de pontos fortes para as próprias equipes. Isso quer dizer que eles devem, antes, entender os próprios pontos fortes e como utilizá-los. Em seguida, precisam entender os pontos fortes dos subordinados a fim de ter conversas direcionadas, constantes e eficazes que levem à melhoria do desempenho e das competências. Quando seus contribuidores individuais aprendem a aplicar seus pontos

fortes, cada um em sua função, os pontos fortes se tornam parte vital da sua operação comercial cotidiana, e não uma espécie de programa paralelo temporário.
5. **Transforme seus programas de aprendizado.** Realize uma avaliação detalhada dos seus atuais programas e práticas – recrutamento, contratação, ambientação e o ciclo de vida completo do funcionário. Identifique todos os programas, práticas ou políticas que desgastam sua força de trabalho por estarem em contradição filosófica com uma cultura que lidera com base nos pontos fortes. Depois, mude-os. Identificar os pontos fracos é importante, e todos na sua organização terão tarefas e responsabilidades que não se alinham perfeitamente com os próprios pontos fortes. Para desenvolver competências de forma eficaz, é preciso primeiro entender quem cada pessoa é e quais são suas tendências naturais. Em seguida, posicione-as para maximizar o tempo que passam usando seus pontos fortes para aprimorar as competências.

CAPÍTULO 17
As expectativas certas – Competências 2.0

Sete expectativas necessárias para o êxito em qualquer função:

- **Construa relacionamentos.** Crie parcerias, reforce a confiança, compartilhe ideias e realize o trabalho.
- **Desenvolva pessoas.** Ajude os outros a se tornarem mais eficientes por meio dos pontos fortes, das expectativas e da mentoria.
- **Lidere a mudança.** Abrace a mudança e defina metas alinhadas com a visão declarada.
- **Inspire os outros.** Incentive-os por meio da positividade, da visão, da confiança, dos desafios e do reconhecimento.
- **Pense de forma crítica.** Acumule e avalie informações que levem a decisões inteligentes.
- **Comunique com clareza.** Compartilhe informações de forma constante e concisa.
- **Cobre responsabilidade.** Faça você e seu time assumirem a responsabilidade pelo desempenho.

Para que uma abordagem baseada em pontos fortes tenha êxito, cada pessoa precisa mirar seus pontos fortes em algo importante para elas e para a organização.

Que atitude você deve esperar de cada funcionário?

Se for possível responder sinteticamente a essa pergunta, é porque você já identificou os elementos da cultura que deseja. Se a lista for longa demais para recordar – ou se incluir descrições e rótulos que não digam muito à maioria das pessoas –, é porque sua cultura não combina com suas aspirações.

As grandes organizações criam competências que esperam ver os funcionários dominarem. Os rótulos de competências vão de "oferecer feedback construtivo" até "ser decisivo". Alguns são vagos ou confusos – "ser propositivo" ou "desencorajar movimentos regressivos".

A prática de "modelagem de competências" vem se tornando cada vez mais popular, embora não haja uma definição ou metodologia universalmente aceita nem um vínculo claro com a eficácia organizacional.

Em geral, os modelos de competência abrangem uma ampla variedade de características, habilidades, capacidades, conhecimentos, comportamentos e responsabilidades. Essa mistura gera confusão em relação àquilo que as competências representam e como utilizá-las.

Até pouco tempo atrás, não tinha havido nenhuma tentativa de definir um conjunto universal de competências que se aplique a várias funções e organizações.

Com esse objetivo, uma equipe do Gallup revisou pesquisas de um período de 30 anos e realizou uma análise de conteúdo de 360 demandas comportamentais específicas de empregos em 559 funções de 18 setores. Os dados vieram de estudos de análise de função realizados originalmente por especialistas do Gallup – que avaliaram os funcionários de mais alto desempenho em um ampla variedade de cargos – e de modelos de competências criados de forma independente em outras organizações. Centenas de definições de competência foram redigidas. Tentamos reunir todas.

Depois de reunir as demandas e competências específicas coletadas em todas as funções que estudamos, os cientistas do Gallup encontraram muitas redundâncias. Muitos rótulos diferentes foram usados para descrever as mesmas competências. Quando nossa equipe realizou um exaustivo processo de codificação, identificamos sete categorias mais amplas que descrevem as expectativas necessárias para o êxito em qualquer função.

Essas sete categorias – listadas no início deste capítulo – não incluem nenhuma competência que já tenha sido conceitualizada. Mas o mais provável é que a maioria, senão todas as competências que você identificou na sua organização – caso permitam prever o alto desempenho –, se encaixe em uma dessas sete categorias universais.

Essa lista é a explicação mais simples e abrangente que o Gallup encontrou para as demandas de função exigidas para alcançar a excelência com todos os funcionários de qualquer organização.

ESSAS COMPETÊNCIAS REALMENTE SE APLICAM A TODOS?

Você deve estar se perguntando como essas sete competências podem ser as expectativas de *qualquer* função, da linha de frente à liderança executiva. Deve-se esperar que um operário de fábrica ou um motorista de ônibus desenvolva pessoas, lidere mudanças e inspire os outros? Em uma organização gerida de maneira ideal, sim. *Todos* devem desempenhar um papel no desenvolvimento dos colegas, oferecendo feedbacks relevantes e mentoria.

Os líderes precisam ser os primeiros a modelar essas demandas, porque suas atitudes ditam aquilo que os funcionários interpretam como expectativa real.

Mas como alguém que não tem tendência natural para Desenvolvimento ou Individualização consegue *desenvolver pessoas*? Como alguém que não lidera em temas reflexivos, como Analítico ou Pensamento Estratégico, consegue *pensar criticamente*? Ou como pode alguém que não tem o talento Comunicação *se comunicar com clareza*? (Veja as definições dos 34 temas do teste *CliftonStrengths* no Apêndice 1.)

Nem todo mundo atenderá da mesma forma a essas expectativas. Baseando-se nos próprios pontos fortes, as pessoas vão achar algumas competências mais fáceis de alcançar do que outras. Mas todos podem usar seu perfil específico de pontos fortes para atender a essas demandas.

Por exemplo, uma pessoa altamente competitiva consegue *desenvolver pessoas* criando critérios claros de progresso, de modo a definir o que é "vencer". Ou uma pessoa que é muito harmoniosa consegue *pensar criticamente* se descobrir ou valorizar aquilo que as pessoas têm em comum e resolver conflitos.

Cada uma dessas sete competências se alinha com práticas eficientes de gestão de desempenho que aumentam o engajamento e produzem alto desempenho. Como saber se você está indo bem ou não no atendimento dessas demandas? Pergunte aos interessados – seus pares, subordinados diretos, gestores e outros parceiros. As sete competências trazem foco ao processo de desenvolvimento 360.

Na força de trabalho do futuro, será cada vez mais necessário ter o aprimoramento em cada uma dessas sete áreas. Todos saem ganhando quando constroem relacionamentos, contribuem para o desenvolvimento dos outros, lideram a mudança na própria função, inspiram os outros, pensam criticamente, se comunicam com clareza e cobram responsabilidades.

E todos devem pensar em como podem usar seus pontos fortes para atender a cada uma das sete expectativas.

CAPÍTULO 18
Como acertar no planejamento sucessório

- Comece com medições objetivas de desempenho.
- Analise as experiências-chave que criam o sucesso.
- Explore as tendências inatas.
- Elabore um desenvolvimento de lideranças altamente individualizado.

O planejamento sucessório eficaz é essencial para reter talentos de nível mundial em todos os níveis da organização, não apenas na alta direção.

O problema encontrado pela maioria das empresas no planejamento sucessório é, antes de tudo, a subjetividade do processo. Ele está sujeito a vieses que resultam em decisões erradas em relação a quem deve progredir na organização. E decisões sucessórias erradas solapam a organização como um todo, porque há pessoas sendo promovidas a funções nas quais não são capazes de atingir um bom desempenho.

Muitas empresas não têm planejamento sucessório algum e tomam essas decisões cruciais conforme necessário. A falta de um sistema organizado leva a custos incrivelmente altos de contratação externa.

Quando tomadas de maneira correta, as decisões de promoção dentro da organização resultam em taxas de sucesso mais altas. Isso ocorre porque os decisores podem observar bem de perto e usar o desempenho *on-the-job* para tomar decisões melhores.

Porém, implantar o sistema é apenas uma etapa. Também é necessário dispor de um sistema que reduza drasticamente os vieses.

Para ilustrar como um viés pode afetar decisões administrativas, o Gallup perguntou a 645 líderes onde eles alocariam seu funcionário de maior desempenho se houvesse dois postos administrativos disponíveis: um em uma região que dá prejuízo e outro em uma região que já é lucrativa. Dois terços dos líderes disseram que colocariam esse administrador de alto desempenho na região que dá prejuízo, na tentativa de recuperar as perdas. Esse processo decisório reflete um viés de aversão ao prejuízo – a tendência a evitar perdas.

Os líderes de alto desempenho mostraram maior probabilidade de posicionar o funcionário de alto desempenho na região lucrativa. Eles sabem que podem obter um retorno maior do investimento de forma imediata se juntarem uma região relativamente bem-sucedida com um gestor muito competente – e as pesquisas respaldam essa decisão. Os líderes de alto desempenho tomam uma decisão baseada em dados que corrige o viés de aversão ao prejuízo.

O viés de confirmação também influencia decisões sucessórias: líderes selecionam novos líderes parecidos com eles ou que se encaixam em suas noções preconcebidas ou intuições em relação aos candidatos. Ou promovem um líder com histórico recente de sucessos, sem olhar para um histórico mais antigo. Isso é conhecido como "falácia da boa fase" ou "viés de recência".

Eis quatro passos práticos para tornar seu planejamento sucessório mais científico:

1. **Comece com medições objetivas de desempenho.** Se a sucessão for de gestor para líder executivo (gestor de gestores), observe as métricas de desempenho ao longo de um período significativo – anos, se possível. Avalie o sucesso das equipes lideradas pelo seu candidato: vendas, lucro, rotatividade de pessoal, notas de clientes para o serviço, absenteísmo, segurança no trabalho e engajamento dos funcionários.
2. **Analise as experiências-chave que criam o sucesso.** Avalie as expectativas para a nova função. Como elas têm evoluído? Examine as experiências-chave de melhor desempenho adquiridas pelos seus funcionários e as experiências que o cargo vai exigir à medida que evolui. Entre essas experiências-chave, podemos ter: desafios que estão além da especialidade atual do funcionário; liderar equipes em meio a adversidades; for-

mação de parcerias de alta qualidade em outros segmentos de negócio; aquisição de experiência internacional; e engajamento em aprendizado profundo do cliente. Dê objetividade às decisões de promoção usando um método para quantificar essas experiências.
3. **Explore as tendências inatas**. Como discutimos nos capítulos sobre contratação, avaliações bem validadas podem oferecer uma orientação inestimável sobre as tendências naturais dos indivíduos, assim como até que ponto eles terão êxito na função e nas parcerias com os outros. Por exemplo, candidatos com abundância das cinco tendências inatas – motivação, estilo, iniciativa, colaboração e processo mental – adequadas à posição que vão assumir terão uma probabilidade maior de êxito. O ideal é que sua organização disponha dessas métricas antes da contratação do candidato a fim de tomar decisões sucessórias mais fundamentadas durante todo o período em que o funcionário trabalhar – e progredir – na empresa. Não use esta métrica para substituir os dois primeiros critérios relacionados (desempenho e experiências-chave).
4. **Elabore um desenvolvimento de lideranças bem individualizado**. Os programas de desenvolvimento de lideranças devem se basear em pontos fortes com o objetivo final de criar uma consistente conscientização de si mesmo – voltada para as expectativas específicas da função. Desenvolver líderes bem-sucedidos – sejam gestores, executivos ou contribuidores individuais de alto valor – é um processo contínuo.

CAPÍTULO 19
A saída

Hoje em dia, 35% dos trabalhadores relatam ter mudado de emprego nos últimos três anos. E pouco mais da metade diz estar ativamente em busca de um novo emprego ou de olho em vagas abertas.

Neste livro, alinhavamos práticas que vão reduzir substancialmente a rotatividade de seus funcionários-estrela. A saída é um dos momentos cruciais a acertar no ciclo de vida do funcionário.

Toda empresa passa por momentos de bom *turnover* e mau *turnover*. O bom *turnover* é quando, por exemplo, o funcionário se aposenta depois de uma contribuição relevante de longo prazo para a organização ou quando muda de emprego em busca de um novo rumo para a carreira. No mundo ideal, a rotatividade é uma experiência positiva para o empregado e para a organização – o funcionário sai sob bons termos e fala bem da empresa. Mas é mais fácil falar do que fazer.

Na outra ponta da escala, o *turnover* mais lamentável é quando o funcionário que sai se sente desrespeitado de alguma forma, algo que discutiremos em outros capítulos.

O *turnover* ruim também inclui funcionários-estrela que pedem demissão porque não conseguiram gerar grandes resultados ou se desenvolver em seu ambiente de trabalho. Vão para a concorrência e detonam a sua organização, o que prejudica a sua reputação e torna bem mais difícil atrair estrelas.

Nossa revisão da literatura estima que o custo da rotatividade gira em torno de 1,5 a duas vezes o salário anual de um funcionário ou até mais, dependendo da complexidade da função. As estimativas de custo incluem a contratação de substitutos, o treinamento e a perda de produtividade – sem falar na disparada dos custos de processos judiciais. Até mesmo pequenos ganhos nas taxas de retenção podem representar dezenas de milhões de dólares de economia.

Porém, talvez um custo de longo prazo ainda maior da rotatividade seja o risco para a reputação da organização quando não se lida com ela de forma eficiente.

Adotar uma abordagem propositiva em relação ao processo de saída dos funcionários vai proporcionar a análise certa para a tomada de decisões futuras em relação à sua cultura, criando "embaixadores" que podem fortalecer a marca empregadora.

Sendo assim, como é uma saída bem-sucedida?

1. **O funcionário se sente ouvido.** Entrevistas demissionais lhe dão uma informação imperfeita. Mas essa informação o leva a insights que podem impedi-lo de repetir certos erros. Você também pode descobrir o que seus concorrentes propuseram. O mais importante é que as entrevistas demissionais são uma forma de o funcionário ser ouvido – para expor os motivos de sua saída.

   Hoje em dia, existem incontáveis fóruns on-line onde funcionários atuais ou anteriores podem divulgar sua insatisfação. O Gallup recomenda usar um processo que permita que seus funcionários desabafem primeiro com você. Dispomos de um imenso banco de perguntas para entrevistas demissionais.

   O Gallup também recomenda a realização contínua de entrevistas com as estrelas de alto desempenho (enquanto ainda pertencem à sua empresa) a fim de elaborar uma análise previsional da retenção delas.

2. **O funcionário sai sentindo-se orgulhoso de sua contribuição.** Quase todos os seus contratados darão algum tipo de contribuição à sua organização que terá sido relevante para eles e para os outros. Exceto em casos de descontinuação provocada por comportamento antiético, cuide para que todos os que deixam a sua organização saibam que deram sua contribuição e que você reconhece isso.

3. **Você ganha um embaixador da marca.** Evidentemente, muita gente

sai de uma organização por causa de um mau gestor ou outra situação negativa. Nenhuma empresa tem como dissuadir todos os funcionários descontentes. Deixar que as pessoas tenham voz e avaliar suas contribuições aumenta as chances de que cada um que sai se torne um embaixador da sua organização.

Uma rede de ex-funcionários leais fortalece a reputação de uma organização mais do que qualquer outra coisa. Mantenha contato com os ex-funcionários para mantê-los informados sobre as oportunidades, à medida que sua organização cresce e eles adquirem experiências de trabalho fora dela.

As experiências e interações vividas pelas pessoas durante o ciclo de vida como funcionárias da sua organização serão decisivas para a sua retenção de funcionários-estrela e, no fim das contas, para a marca empregadora. Tudo isso depende de seus gestores serem bons na mentoria de cada novo contratado.

DE CHEFE A MENTOR

UMA CULTURA DE ALTO DESENVOLVIMENTO DOS FUNCIONÁRIOS É O AMBIENTE MAIS PRODUTIVO TAMBÉM PARA SUA EMPRESA.

CAPÍTULO 20
As três exigências da mentoria

1. Estabeleça as expectativas.
2. Dê mentoria contínua.
3. Cobre responsabilidades.

A necessidade de disrupção da forma como os funcionários são geridos não poderia ser mais urgente. O Gallup estima que o custo de uma gestão ruim e a produtividade perdida por conta de funcionários não engajados ou "ativamente desengajados" nos Estados Unidos esteja entre 960 bilhões e 1,2 trilhão de dólares por ano. Globalmente, esse custo se aproxima dos 7 trilhões de dólares – ou 9% a 10% do PIB.

Vamos dar uma olhada na evolução recente da gestão de desempenho. Sua organização pode estar passando por uma ou ambas as mudanças a seguir:

- **As organizações descobriram que seus sistemas de gestão de desempenho não estão rendendo o desejado.** Apenas um em cada cinco funcionários "concorda muito" que o sistema de gestão de desempenho da sua empresa o motiva. Grandes organizações gastam dezenas de milhares de horas e dezenas de milhões de dólares em atividades que não apenas não funcionam, mas que acabam repelindo funcionários e gestores-estrela.
- **Transformações extraordinárias na tecnologia, a globalização e o fluxo maciço de informações estão moldando o futuro do trabalho.** Os trabalhadores de hoje, sobretudo os millennials, querem algo diferente. Querem um mentor, não um chefe. Querem expectativas claras, responsabilização, um propósito valioso – e, sobretudo, feedback e mentoria contínuos.

Para ajudar as organizações em toda parte a lidarem com o problema da má gestão, o Gallup se propôs a aprender tudo que podia a respeito do estado atual da gestão de desempenho. Revisamos e avaliamos as bases de dados de nossos clientes, com mais de 60 milhões de funcionários. Fizemos um mergulho profundo nas metanálises de grande escala de outros pesquisadores, contendo centenas de estudos sobre definição de metas, feedback, engajamento, diferenças individuais e competências. Entrevistamos cientistas, líderes, gestores e funcionários de ponta.

Nosso objetivo era descobrir aquilo que os melhores conhecimentos científicos tinham a dizer, assim como as ideias mais práticas e úteis – da liderança à linha de frente.

Pelo lado positivo, essa pesquisa revela que existem formas mais recentes e efetivas de melhorar drasticamente a gestão e a produtividade – de transformar a gestão de desempenho tradicional em *desenvolvimento* de desempenho. Mesmo assim, o Gallup concluiu que as organizações se desinteressam ou negligenciam achados científicos consolidados. É como se, ao longo do tempo, se deixassem levar por todos os modismos de gestão de desempenho.

Especificamente, as organizações que utilizam sistemas de gestão de desempenho tradicionais sofrem para inspirar e desenvolver seus funcionários, porque essa abordagem leva a expectativas obscuras e desalinhadas, feedbacks ineficazes e esporádicos e práticas de avaliação injustas ou inexistentes.

Quando os sistemas e promessas dificultam a execução do trabalho, a liderança perde credibilidade. Porém, quando os funcionários conseguem atingir aquilo que você pede que atinjam, você começa a enxergar a cultura que desejava.

Para preparar seus funcionários e sua cultura para o sucesso, você precisa transformar seus gestores em mentores ensinando-os a atenderem às três exigências seguintes:

1. Estabeleça as expectativas.
2. Dê mentoria contínua.
3. Cobre responsabilidades.

Por quê? Porque a pesquisa Gallup revelou os seguintes insights em relação ao desenvolvimento de desempenho:

- **Os funcionários envolvidos na definição de metas têm quatro vezes mais probabilidade de serem engajados do que os demais.** No entanto, apenas 30% dos funcionários vivenciam essa expectativa básica.
- **Os funcionários que recebem feedback diário de seus gestores têm três vezes mais probabilidade de serem engajados do que aqueles que recebem feedback uma vez por ano ou menos.** Porém, esse feedback precisa ser relevante. Tem que se basear na compreensão dos pontos fortes do indivíduo. Como regra geral, o gestor precisa dar ao funcionário um feedback relevante pelo menos uma vez por semana. Essas conversas de mentoria podem variar de Conexões Rápidas diárias a Check-ins de Mentoria de Desenvolvimento recorrentes (veja o Capítulo 21).
- **Embora muitas organizações estejam alterando seus sistemas de avaliação anual, a cobrança de responsabilidades ainda é importante.** Os gestores precisam fazer revisões do progresso pelo menos duas vezes por ano, focando no propósito, em metas, métricas, desenvolvimento, estratégia, contribuição para a equipe e vida pessoal do funcionário. Essas revisões precisam ser voltadas para realizações justas, precisas e centradas no desenvolvimento.
- **A medição do desempenho precisa ser combinada a um desenvolvimento individualizado.** Quando o gestor não funde o desenvolvimento individual do funcionário com a medição de seu desempenho, o funcionário pode enxergar a medição de desempenho como uma ameaça, desconectando seu desenvolvimento das metas do negócio.

CAPÍTULO 21
As cinco conversas de mentoria

Quase metade (47%) dos funcionários relata ter recebido feedback de seu gestor "poucas vezes ou nenhuma" no último ano. Além disso, apenas 26% dos funcionários "concordam muito" que o feedback que recebem os ajuda a realizar melhor o trabalho.

Grande parte das críticas dirigidas à gestão de desempenho é voltada para as avaliações anuais – e por um bom motivo. Pede-se aos gestores que confiem demais nelas como método principal de dar feedback aos funcionários. O colaborador, no entanto, precisa conversar com o gestor mais do que uma vez por ano.

Muitos gestores *querem* se comunicar regularmente com suas equipes. No entanto, quase metade (47%) dos funcionários relata ter recebido feedback do gestor "poucas vezes ou nenhuma" no ano anterior. E apenas 34% dos funcionários "concordam muito" que seu gestor sabe em que projetos ou tarefas eles estão trabalhando.

Mais do que isso: apenas 26% dos funcionários "concordam muito" que o feedback que recebem os ajuda a realizar melhor o próprio trabalho.

Vários estudos acadêmicos de grande escala concluíram que a mentoria contínua tem um poderoso impacto sobre o desempenho. E a definição de metas tem um efeito positivo mais poderoso sobre o desempenho quando é acompanhado de um feedback contínuo.

Sem conversas constantes e eficazes entre gestor e funcionário, o êxito de qualquer métrica de metas e desempenho é deixado ao acaso. Na maioria das empresas, os objetivos mudam à medida que as necessidades da empresa mudam ao longo do ano, e mudanças costumam gerar ansiedade e confusão. Com a mentoria contínua, porém, aumenta a probabilidade de o funcionário ter expectativas claras alinhadas com o negócio como um todo, podendo, assim, lidar com as mudanças com mais clareza e confiança.

A maioria das empresas não exige que os gestores ofereçam mentoria de desempenho frequente e contínuo aos subordinados diretos. Pelo contrário, as responsabilidades dos gestores – entre elas, cuidar do orçamento, do planejamento estratégico e de obrigações administrativas – dificultam a priorização do contato com os funcionários.

Para que os líderes mudem drasticamente a abordagem da gestão de desempenho, eles precisam dar aos gestores os recursos e o treinamento necessários para atender às novas exigências de desenvolvimento e melhoria de desempenho dos funcionários.

Caso os líderes queiram priorizar uma ação específica, o Gallup recomenda que equipem seus gestores para se tornarem mentores.

Preparar um gestor para ser mentor vai além de *mandar* que ofereçam mentoria. Os líderes precisam:

- Redefinir os papéis dos gestores e as expectativas;
- Fornecer as ferramentas, os recursos e os gestores de desenvolvimento necessários para atender a essas expectativas;
- Criar práticas de avaliação que ajudem o gestor a medir o desempenho de forma precisa, cobrar responsabilidades dos funcionários e oferecer mentoria para o futuro.

A simples substituição ou suplementação das avaliações anuais com conversas mais frequentes não é suficiente. Discussões de mentoria exigem conteúdo e propósito – sem que o funcionário se sinta microgerenciado.

Perceba que diferentes cenários de desempenho exigirão abordagens diferentes. Empregados com funções complexas precisam de uma mentoria mais focada em definir os resultados gerais considerados bem-sucedidos e de muita autonomia e suporte para atender a essas expectativas. A microgestão não funciona nesses tipos de tarefas. Em compensação, empregados em funções menos complexas tendem a ser mais eficazes quando contam com metas claras e etapas bem definidas para executar suas tarefas. Algum grau de microgestão pode ser aceitável nesse tipo de função.

O Gallup criou um enquadramento prático para definir expectativas, oferecer mentoria contínua e cobrar responsabilidades, usando cinco conversas de mentoria.

AS CINCO CONVERSAS QUE IMPULSIONAM O DESEMPENHO:

1. **Orientação de papéis e relacionamentos**. A mentoria começa pelas primeiras impressões. O objetivo primordial dessa conversa inicial é conhecer melhor cada indivíduo e seus pontos fortes – e estabelecer expectativas alinhadas com os pontos fortes da pessoa e os objetivos gerais da organização.

    Nessa conversa, que geralmente dura de uma a três horas, uma vez por ano ou quando a pessoa muda de função, o gestor define o que é considerado "sucesso" no papel do indivíduo e como seu trabalho se relaciona com as expectativas dos colegas de trabalho. Essa conversa deve atuar como preliminar da Avaliação de Progresso semianual (a quinta conversa) e abrange a discussão do propósito, das metas, das métricas, do desenvolvimento, da estratégia, da equipe e do bem-estar do funcionário.

2. **Conexão Rápida.** Embora seja importante que o funcionário tenha autonomia para "assumir" o próprio trabalho e a forma de executá-lo, conversas contínuas diárias e semanais atendem a vários objetivos. Para citar um, funcionários odeiam se sentir ignorados – é ainda pior do que focar em seus pontos fracos. *Pouca atenção, de qualquer tipo, é melhor do que nenhuma atenção.* Conversas contínuas com base nos pontos fortes do indivíduo são as que mais engajam.

    Além disso, é melhor discutir algumas questões da empresa no momento em que acontecem, para que o gestor possa tomar decisões imediatas e orientar o funcionário na direção correta. Para que um gestor se torne um mentor eficaz, ele precisa desenvolver o hábito da Conexão Rápida – seja por e-mail, ligação telefônica, conversa de corredor ou outras interações breves (de 1 a 10 minutos) pelo menos uma vez por semana.

Quando o gestor domina a arte da conversa de Conexão Rápida, o funcionário sempre sabe se está na trilha certa – e pode seguir adiante sem obstáculos desnecessários. Além disso, o gestor pode dar ao funcionário, em seu devido tempo, o reconhecimento pelo sucesso, discutir qualquer coisa que esteja atrapalhando seu progresso ou simplesmente marcar presença. A frequência das conversas de Conexão Rápida não pode parecer forçada e precisa variar, dependendo do funcionário, entre seus pontos fortes e as responsabilidades do cargo.

3. **Check-in.** Nas conversas de Check-in, gestor e funcionário repassam os êxitos e os obstáculos, alinhando e redefinindo prioridades. O gestor precisa ter conversas de Check-in uma ou duas vezes por mês. Elas devem durar de 10 a 30 minutos, dependendo das necessidades do funcionário e das responsabilidades do cargo. As conversas de Check-in são um pouco mais planejadas do que as conversas de Conexão Rápida. Nas conversas de Check-in, gestor e funcionário discutem expectativas, carga de trabalho, metas e necessidades.

4. A **Mentoria (ou Coaching) de Desenvolvimento** é uma verdadeira arte, e talvez seja o tipo de conversa mais difícil de dominar. Uma conversa de Mentoria de Desenvolvimento pode durar de 10 a 30 minutos apenas, mas pode impactar toda a carreira do funcionário.

    As conversas de Mentoria de Desenvolvimento são mais eficazes quando o gestor conhece bem o funcionário e entende sua personalidade única. O gestor precisa realizar essa conversa com base nos projetos atribuídos e nas oportunidades de desenvolvimento. O propósito dessa conversa é que o gestor ofereça ao funcionário direcionamento, apoio e aconselhamento na avaliação das oportunidades de carreira, de aspiração ou de desenvolvimento.

    As conversas de Mentoria de Desenvolvimento podem levar ao agendamento de treinamentos de capacitação ou atividades de planejamento de ação. E, durante essas conversas, os gestores precisam se lembrar de focar nos pontos fortes e nas realizações do funcionário – e não se fixar nos pontos fracos.

5. **Avaliações de Progresso.** Embora a avaliação anual tenha se tornado o bode expiatório da má gestão de desempenho, isso ocorre sobretudo porque a maioria dos gestores não utiliza as outras quatro conversas.

As avaliações anuais foram se transformando em reuniões de desempenho ameaçadoras e temidas, com enormes consequências em termos de salários e promoção. É claro, um mentor contínuo eficaz precisa cobrar responsabilidades. O gestor precisa avaliar formalmente o andamento do desempenho e recalibrar as expectativas à medida que o desempenho exige mudanças.

As conversas de Avaliação de Progresso são uma poderosa ferramenta de mentoria quando focam na comemoração do sucesso, preparam para realizações futuras e planejam oportunidades de crescimento e desenvolvimento. O gestor precisa realizar conversas formais de Avaliação de Progresso pelo menos duas vezes por ano, durante uma a três horas. E, nessas conversas, o diálogo precisa ser coerente com as demais conversas de mentoria diárias, semanais e mensais do gestor.

As melhores conversas de Avaliação de Progresso vão além de uma avaliação de desempenho. O Gallup recomenda que os gestores utilizem os seguintes tópicos como um guia de mentoria para a Avaliação de Progresso:

– *Meu propósito.* Peça ao funcionário que descreva por que ele faz o que faz.
– *Minhas metas.* Pergunte ao funcionário o que ele quer realizar e trabalhe com ele para alinhar suas metas aos objetivos organizacionais.
– *Minhas métricas.* Gere métricas e pontuações para analisar o progresso do funcionário em realizações individuais, colaboração com os membros da equipe e valor para o cliente.
– *Meu desenvolvimento.* Converse com o funcionário sobre o seu crescimento e desenvolvimento futuros e como ele quer que seja o futuro.
– *Minha estratégia.* Faça com o funcionário uma reflexão crítica sobre seu propósito, metas, métricas e desenvolvimento e como ele usará seus pontos fortes para criar um plano de ação.
– *Minha equipe.* Identifique os melhores parceiros do funcionário.
– *Meu bem-estar.* Com base nas preferências e no grau de conforto do funcionário, abra a porta para discussões sobre sua vida de um modo

geral, incluindo situação financeira, envolvimento com a comunidade, atividades sociais e saúde.

Na superfície, pode parecer que essas cinco conversas são mais um fardo para gestores que já estão sobrecarregados. *Quem tem tempo para tudo isso?* Mas, na verdade, elas tornam a gestão de funcionários mais eficiente. E, no fim das contas, pouparão bastante tempo dos gestores, porque, com uma mentoria contínua bem-sucedida, os funcionários vão despender menos energia em tarefas mal direcionadas e políticas improdutivas que prejudicam o negócio.

Tornar-se um mentor eficiente é a competência mais importante que um gestor pode desenvolver. Como os funcionários vão interpretar o valor disso para a organização, e até mesmo a remuneração deles, será um reflexo direto da mentoria que receberam.

Ao dominar as cinco conversas de mentoria, o gestor pode focar mais tempo e esforço nos momentos em que esse auxílio mais importa.

CAPÍTULO 22
Remuneração e promoção

Para acertar na remuneração e nas promoções, elas têm que se basear em:
- Um plano de desenvolvimento.
- Uma avaliação justa do desempenho.

Como você já deve ter notado, as cinco conversas de mentoria não abordam o elefante branco na sala: remuneração e promoção. Como esses temas são indicadores de status e valor com grande carga emocional, é preciso tratá-los com a mesma seriedade com que se trata o desenvolvimento dos funcionários.

No entanto, a remuneração e as promoções também precisam ter suas próprias conversas.

Pense nisso. O que é mais importante na cabeça do funcionário quando ele chega para a avaliação do desempenho no fim do ano, quando o gestor tenta abordar propósito, metas, métricas, desenvolvimento, estratégia, equipe e bem-estar do funcionário – e *remuneração e promoção*?

É uma pergunta que já vem com a resposta.

Quando a discussão sobre remuneração se aproxima, ficam de lado as preocupações com outras questões produtivas. É por isso que recomendamos fortemente que você concentre a remuneração e a promoção em outra conversa – uma discussão inteiramente à parte.

O desenvolvimento nunca deve ficar em segundo plano perante a remuneração e a promoção. Ao contrário, as discussões sobre remuneração e promoção precisam ser *coerentes* com o desenvolvimento e o progresso real na carreira. Mas os líderes e gestores têm que compreender que características psicológicas inatas, que refletem a natureza humana e a necessidade de equidade, justiça, contribuição, comparação social, autonomia e bem-estar, estão arraigadas nas percepções relacionadas à remuneração.

A percepção que o funcionário tem da própria remuneração está profundamente arraigada em todas as suas experiências de trabalho. Nos ambientes com pouco desenvolvimento, que não fazem as cinco conversas de mentoria, a remuneração e a promoção independem de um contexto comercial ou de carreira que seja claro. Tornam-se apenas "cenouras" que levam a atitudes disfuncionais, como manobras políticas para obter uma remuneração maior ou cargos de mais status.

O lobby e a politicagem por aumento de salário e de status representam uma "taxa de ineficiência" para as organizações. Quando os funcionários perdem tempo fazendo politicagem, ficam menos produtivos. Quando eles desperdiçam tempo e energia, realizam bem menos trabalho, e as organizações precisam contratar mais pessoal para fazer a mesma quantidade de trabalho. E, quando se precisa contratar mais gente, a remuneração individual cai.

Funcionários em ambientes de alto desenvolvimento têm percepções mais favoráveis da remuneração, na comparação com funcionários em ambientes de trabalho de baixo desenvolvimento. Isso ocorre independentemente da renda.

O motivo pelo qual os ambientes de alto desenvolvimento têm uma vantagem, quando se trata da remuneração, é que todos têm uma necessidade intrínseca de enxergar o progresso. E funcionários cujos gestores oferecem mentoria para seu desenvolvimento têm uma probabilidade muito maior de enxergar esse progresso.

Por outro lado, quando os funcionários não recebem mentoria contínua sobre seu desenvolvimento e têm a impressão de que as coisas não mudam nunca, recorrem à métrica mais quantitativa de seu valor e progresso – a remuneração.

Vale notar que um concorrente precisa pagar mais de 20% a um trabalhador para convencê-lo a trocar de emprego quando esse funcionário é engajado. Quando o funcionário é desengajado, sai por praticamente qualquer aumento de salário.

Uma oferta eficaz de remuneração fortalece a responsabilidade do funcionário pelo seu desempenho individual, assim como os resultados da organização. Use os seguintes princípios de orientação, baseados na ciência, para decidir qual método de remuneração e promoção é mais adequado à sua organização e seus funcionários:

1. **Embora a remuneração seja uma questão pessoal, os critérios de aumento de salário e promoções precisam ser transparentes.** As pesquisas mostram que um elevado percentual dos funcionários que recebem o mesmo salário do mercado acredita que recebem abaixo do mercado para o tipo de trabalho que fazem. Seja transparente com os funcionários em relação a como a remuneração deles se compara àquilo que eles poderiam receber em outro lugar. Se você não tomar a iniciativa dessa conversa, os funcionários vão preencher essa lacuna com a própria narrativa, em geral negativa. Em muitos casos, vão formular essa narrativa por meio de histórias ou anedotas que não refletem a realidade.

    E seja mais transparente ainda em relação aos critérios para ganhar mais em determinada função ou para obter uma promoção. Descreva as oportunidades, como essas oportunidades se comparam às do mercado e quais experiências e êxitos um funcionário precisa obter para conseguir uma promoção ou um aumento específico.

2. **Não use rankings forçados para determinar a remuneração ou a promoção em grupos pequenos.** Como forma de definir a remuneração e as promoções, rankings forçados pressupõem que cada equipe tem funcionários com alto, médio e baixo desempenho. Mas, em algumas equipes, todos têm alto desempenho. Nesse caso, um ranking forçado vai penalizar alguns funcionários. Outras equipes só têm funcionários de baixo desempenho – nesse caso, um ranking forçado vai recompensar alguns deles por um desempenho ruim.

    O desejo de justiça e equidade é uma necessidade humana básica. Um sistema de desempenho precisa ter uma definição clara de desempenho "excepcional" para cada indivíduo, levando em conta o tipo de função e as metas. A melhor maneira de fazer isso é combinar múltiplas fontes predeterminadas do desempenho do funcionário com experiências-chave individualizadas que eles precisam alinhar aos seus objetivos de carreira. Esteja também preparado para descrever como você mede o desempenho e o que significa, em cada função, "abaixo da média", "dentro da média", "acima da média", "bem acima da média" e "excepcional".

3. **A maioria dos funcionários quer alguma forma de incentivo remunerado.** Em geral, as pessoas querem ter autonomia e influência em relação à remuneração. Dois terços dos trabalhadores afirmam que gostariam de ter pelo menos algum tipo de incentivo ou remuneração variável. Os de alto desempenho podem ganhar um bônus justo por meio de realizações que beneficiem a organização e os façam se destacar.

   Mas os líderes precisam ter cautela em relação à quantia total de incentivos ou remunerações variáveis em relação à remuneração de base – e aos comportamentos negativos que a remuneração variável pode gerar. Incentivos individuais elevados criam um comportamento mais individualista. Incentivos financeiros não podem estimular os funcionários a prejudicarem clientes ou colegas. Mantenha os incentivos em linha com as metas da equipe e da organização. E mantenha o desempenho baseado em realizações individuais, colaboração e valor para o cliente.

4. **Transforme o bem-estar financeiro em uma responsabilidade organizacional.** Quando seus funcionários têm um bem-estar elevado, o desempenho deles melhora. Implemente sistemas de suporte que deem planejamento financeiro e conselhos de investimento aos trabalhadores. Isso significa dispor de especialistas financeiros internos por perto para ajudar os funcionários a fazerem aquilo que representa o melhor interesse deles. Especialistas financeiros podem dar consultoria, ajudando a reduzir o estresse financeiro de curto prazo, aumentando a segurança de longo prazo e maximizando recursos financeiros, de modo que o funcionário possa cuidar de suas necessidades básicas e criar experiências gratificantes com a família e os amigos. Um pacote de compensação total, que inclua benefícios competitivos, também pode influenciar positivamente o bem-estar dos seus funcionários.

CAPÍTULO 23
Avaliações de desempenho: o viés

As avaliações de desempenho revelam mais sobre o supervisor do que sobre o funcionário.

Sua organização deveria "dar nota" aos funcionários? Ou se livrar totalmente das avaliações de desempenho?

Muitas empresas optaram pela segunda solução – e cheias de razão. Livrar-se das avaliações de desempenho é uma reação compreensível a sistemas de gestão de desempenho falhos. Em geral, as avaliações de desempenho não incluem conversas contínuas e resultam em debates no fim do ano, que tomam muito tempo, sobre quem merece bônus e promoções. São sistemas que incentivam as manobras políticas para garantir uma nota alta, em vez de inspirar o alto desempenho.

O problema não está nas notas em si. As avaliações de desempenho e os sistemas montados em torno delas foram criados com a intenção certa – cobrar responsabilidades e recompensar os funcionários de alto desempenho. O problema é que as avaliações acabaram associadas a vieses do sistema.

Mesmo que você decida eliminar as avaliações de desempenho, isso não significa que é necessário transformar o sistema inteiro. Os três ingredientes que tornam um sistema de gestão de desempenho bem-sucedido são: definição de expectativas, mentoria contínua e responsabilização – e a *responsabilização* continua a exigir avaliação, com ou sem notas.

Vamos imaginar uma situação. Você acaba com a avaliação anual de desempenho, substituindo-a por um sistema que inclui mais conversas contínuas. Como, então, você vai tomar decisões justas em relação a promoções, sucessões e remuneração? Você continua precisando de um sistema que explique com precisão ao pessoal como ele está se saindo, de modo que todos tenham parâmetros para a própria contribuição e progresso.

Tradicionalmente, a avaliação anual preenchia essa necessidade.

As avaliações anuais foram criadas com uma finalidade bem-intencionada. Mas, de forma semelhante à dos programas de desenvolvimento em gestão, elas e as avaliações de desempenho que decorrem dela são executadas com base em premissas equivocadas.

A premissa mais equivocada é acreditar que um gestor, individualmente, é capaz de dar uma nota confiável ao desempenho do funcionário somente pela observação. No fim, o ranking de desempenho revela mais sobre o supervisor do que sobre o funcionário.

Por mais que você ajuste sua escala de notas e as perguntas sobre desempenho, os avaliadores têm vieses. Esses vieses suplantam qualquer ganho menor que você consiga obter de uma nova escala de desempenho. Claro que algumas escalas funcionam melhor do que outras, e no próximo capítulo vamos apresentar a escala que concluímos funcionar melhor. Mas você precisa de um sistema que corrija os vieses idiossincráticos que acompanham os avaliadores.

TIPOS DE VIESES DE AVALIAÇÃO DE DESEMPENHO:

- **Viés pessoal ou idiossincrático.** É mais provável que o gestor veja o lado bom dos funcionários que aprecia e que fazem as coisas do jeito que ele faria.
- **Efeito de halo.** Quando o empregado costuma ter um bom desempenho na área que o gestor valoriza, ele também tende a dar notas favoráveis ao desempenho em aspectos nos quais o funcionário é inferior.
- **Média de base.** Gestores têm uma tendência natural a dar à maioria das pessoas uma nota "satisfatória" porque têm dificuldade em enxergar distinções no desempenho dos trabalhadores. Dá mais trabalho justificar por que alguém está se saindo substancialmente melhor ou pior do que os demais funcionários.
- **Viés de leniência e viés de rigor.** Embora a maioria dos gestores tenha uma tendência a dar notas pelo menos satisfatórias à maioria das pessoas, alguns têm um viés voltado para os extremos. O viés de leniência dá notas

favoráveis mesmo quando os funcionários têm muito espaço para melhoria. O viés de rigor é quando o gestor acredita que "ninguém é perfeito" e tende a ser excessivamente crítico com a maioria dos funcionários.
- **Efeito de transbordamento.** Assim como no efeito de halo, os gestores têm maior probabilidade de dar notas favoráveis no futuro aos funcionários que tiveram um bom desempenho no passado. Depois que o gestor "define o sarrafo" para um funcionário e forma sua opinião, só uma razão muito convincente o faz mudar o juízo anterior.

Historicamente, os líderes tentaram corrigir esses vieses criando um "ranking forçado". Mas o ranking forçado distorce os dados, porque pressupõe que toda equipe tem desempenhos altos, médios e baixos. Nem sempre é o caso (veja o Capítulo 22).

Algumas equipes são compostas apenas por pessoas de alto desempenho, enquanto outras têm sobretudo pessoas de baixo desempenho. Por exemplo, o funcionário de menor nota em uma equipe de alto desempenho pode ser mais produtivo que o funcionário de maior desempenho de uma equipe de baixo desempenho. Quem gostaria de punir um desempenho alto ou dar muito crédito a um vida-mansa?

Eis duas formas de melhorar a confiabilidade de uma métrica de desempenho:

1. Inclua informações de fontes variadas, como colegas e clientes, e o máximo de dados de desempenho que puder reunir.
2. Converse com mais frequência com seus funcionários.

Nenhum gestor é capaz de conhecer o impacto pleno, dia sim, outro também, de seus funcionários sem conversas de mentoria contínuas. Métricas estreitas, principalmente sem conversas constantes, levam a atitudes estreitas – e pressionam o pessoal a fazer o que for necessário para melhorar a métrica, em vez de contribuir para as metas mais amplas da organização.

CAPÍTULO 24
Avaliações de desempenho: como consertar

Três dimensões que definem o desempenho:
1. Meu trabalho = realizações individuais.
2. Minha equipe = colaboração com os membros da equipe.
3. Meu cliente = valor para o cliente.

Os cientistas do Gallup estudaram as demandas comportamentais do emprego em mais de 500 funções diferentes para identificar as responsabilidades que mais importam em todos os tipos de funções de contribuidores individuais. Avaliamos várias escalas diferentes e mais de 200 aspectos de desempenho.

Nossa análise revelou três dimensões do desempenho que proporcionam a definição de desempenho mais simples e mais abrangente que permite uma melhor previsão estatística do sucesso geral em uma função:

1. **Realizações individuais:** responsabilidades que os funcionários precisam cumprir de forma independente.
2. **Colaboração com os membros da equipe**: com que grau de eficácia os funcionários trabalham com os companheiros de equipe para alcançar o sucesso.
3. **Valor para o cliente:** o impacto que o trabalho do funcionário tem sobre os clientes; nesse contexto, o Gallup considera que o cliente pode ser interno ou externo à organização.

Todos nós somos capazes de citar pessoas que são contribuidoras individuais excepcionais, mas que atrapalham outros membros da equipe ou não levam em conta o valor de seu trabalho para o cliente. Porém, para que o local de trabalho seja engajado e produtivo, líderes e gestores têm que priorizar o desenvolvimento dos funcionários para atingir um desempenho excepcional em *todas as três* dimensões.

Depois de testar diversas variantes das perguntas e escalas com uma amostra de 3.475 gestores e 2.813 pares, uma escala com cinco categorias combinada às três exigências da função (realizações individuais, colaboração com os membros da equipe e valor para o cliente) foi a que proporcionou as indicações de desempenho mais confiáveis e válidas em resposta à seguinte pergunta:

"Por favor, avalie o desempenho desta pessoa nos últimos seis meses, com base no cumprimento das responsabilidades-chave da função."

A escala era: Abaixo da Média – Dentro da Média – Acima da Média – Muito Acima da Média – Excepcional.

Você pode ter notado que a escala que funcionou melhor é "desequilibrada", e "dentro da média" não é a opção de resposta do meio. A análise do Gallup concluiu que uma escala desequilibrada gerou uma variância maior e reduziu o viés de efeito de halo e o viés de leniência (veja o Capítulo 23). Essa escala tem graduações mais específicas no topo, para inspirar um desempenho excepcional a longo prazo.

Uma coisa importante é que o gestor precisa refletir sobre as métricas e observações que diferenciam o desempenho "excepcional" do "notável" e do "acima da média". Por si só, esse exercício tem imenso valor no desenvolvimento de gestores. De maneira geral, o Gallup recomenda definir o desempenho "notável" como um em cada dez, e o desempenho "excepcional" como um em cada cem em uma força de trabalho típica. O objetivo é ir aumentando com o tempo o número de desempenhos "notáveis" e "excepcionais" com base em critérios objetivos.

Não importa como você comunica os níveis de desempenho ou se usa explicitamente uma escala nas avaliações de desempenho: o Gallup recomenda passar pelo exercício de determinar o que seria uma realização individual, uma colaboração com membros da equipe e um valor para o cliente "excepcionais" em cada função da organização. E, durante as avaliações semianuais e conversas contínuas, trabalhe com cada funcionário para identificar experiências individuais que os levem na direção dos desempenhos "notáveis" e "excepcionais" em cada dimensão.

Para reduzir substancialmente o viés idiossincrático, o Gallup recomenda estabelecer métricas de desempenho com os três tipos de dados a seguir:

- **Métricas de desempenho** que sejam controláveis pelos funcionários e que reflitam resultados-chave, como produtividade, lucratividade, precisão, segurança no trabalho ou eficiência. Essas métricas precisam incluir sistemas de feedback pelos pares e pelos clientes.
- **Observações subjetivas** que permitam ao gestor avaliar qualitativamente o desempenho no contexto das expectativas para o cargo.
- **Metas individualizadas** que levem em conta a especialidade, a experiência e as responsabilidades específicas da função de cada membro da equipe, em conjunto com as responsabilidades gerais do cargo.

Para enxergar o desempenho de forma holística, o gestor deve usar suas observações qualitativas e a objetividade quantitativa das métricas de desempenho. Quando o gestor leva em conta múltiplas fontes de medição, os resultados são muito mais confiáveis e precisos. Quando o funcionário recebe notas subjetivas favoráveis de um gestor e demonstra desempenho excepcional nas métricas-chave, é muito provável que seu desempenho seja alto. No entanto, quando as notas subjetivas e as métricas de desempenho estão desalinhadas, o gestor terá que avaliar o desempenho do funcionário com mais detalhes.

Para tornar as medições gerais de desempenho relevantes para todos os funcionários, os gestores precisam individualizar as expectativas e o desenvolvimento. Metas individualizadas incorporam as competências, responsabilidades, especializações, experiência e aspirações específicas de cada membro da equipe.

Nem mesmo o sistema mais tecnicamente sofisticado e mais bem-intencionado será justo se as pessoas não o considerarem justo. Para que um sistema de cobrança de responsabilidades seja visto como justo, ele precisa ser voltado para realizações, além de preciso e favorável ao desenvolvimento. Ele tem que inspirar uma reflexão de longo prazo e uma atitude que contribua para o bem comum da empresa, assim como estar alinhado a suas metas e seus objetivos estratégicos.

No fim das contas, medir e gerir o desempenho exige prática. Os gestores precisam comparar anotações com outros gestores e cobrar um ao outro por aquilo que consideram um desempenho *excepcional, notável, acima da média, dentro da média* e *abaixo da média*. E o gestor precisa incluir aqueles de desempenho mais alto na hora de definir o que é considerado excepcional. Na maioria dos casos, isso levará a definição a um patamar mais alto do que o próprio gestor definiria.

CAPÍTULO 25
Faça do "meu desenvolvimento" a razão para reter funcionários

Três elementos do crescimento de carreira:
1. Oportunidades para fazer a diferença.
2. Sucesso.
3. Encaixe com as aspirações de carreira.

O Gallup descobriu que a razão número 1 para alguém mudar de emprego, hoje em dia, envolve as "oportunidades de crescimento na carreira". E essa razão está em ascensão.

Descobrimos que 59% dos millennials afirmam que as oportunidades de aprendizado e crescimento são extremamente importantes para eles quando se candidatam a um emprego. Em comparação, 44% da Geração X e 41% dos baby-boomers dizem o mesmo. E 87% dos millennials consideram "oportunidades de crescimento e desenvolvimento profissionais ou de carreira" importantes no emprego – muito mais que os 69% dos não millennials que dizem o mesmo.

Quando o Gallup perguntou a pessoas de todas as gerações por que elas tinham saído do emprego anterior, as palavras mais usadas foram "crescimento" e "oportunidade". E 91% dos trabalhadores americanos dizem que, da última vez que mudaram de emprego, saíram da empresa em busca disso.

DA PIRÂMIDE CORPORATIVA À MATRIZ CORPORATIVA

O padrão tradicional de crescimento de carreira era "subir na pirâmide corporativa" – a ascensão no gerenciamento, com cargos de títulos cada vez mais impressionantes, remuneração maior e mais gente para supervisionar.

Mas esse modelo está sofrendo uma transformação radical, porque as organizações são cada vez mais matriciais. Por conta do crescimento das organizações matriciais, os funcionários têm muitas rotas de desenvolvimento da carreira e opções para trocar de equipe, de projeto ou de gestor.

Os trabalhadores atuais estão à procura de um emprego que seja customizado para suas situações de vida individuais – uma opção extremamente atraente, que nem sempre se encaixa no modelo tradicional da pirâmide corporativa.

Reagindo a isso, os líderes organizacionais precisam expandir suas ideias em relação ao que "oportunidade de crescimento na carreira" significa para os trabalhadores. A pesquisa do Gallup e a revisão da literatura sobre o assunto sugerem que esses três elementos estão relacionados à percepção de crescimento dos funcionários: a oportunidade de fazer a diferença, o sucesso e o encaixe com as aspirações de carreira.

Seus gestores podem utilizar esses três elementos como guia para conversas relevantes com os funcionários a respeito do progresso e do potencial deles. Eis oito perguntas para dar o pontapé inicial:

1. Quais são os seus sucessos recentes?
2. O que o deixa mais orgulhoso?
3. Que recompensas e reconhecimentos importam mais para você?
4. Como o seu papel faz a diferença?
5. Como você gostaria de fazer mais diferença?
6. Como você tem usado seus pontos fortes no seu papel atual?
7. Como você gostaria de usar seus pontos fortes no futuro?
8. Que conhecimento e competências você necessita para passar ao próximo estágio da sua carreira?

Os funcionários se desenvolvem por meio das descobertas que eles fazem *durante o desempenho* – e *enquanto recebem mentoria*. O gestor tem que perguntar a si mesmo: como posso incentivar os indivíduos a fazerem mais descobertas sobre si mesmos?

Lembre-se: funcionários diferentes enxergam o crescimento e o desenvolvimento de maneiras diferentes. Um pode considerar a conquista de prêmios internos como crescimento de carreira, enquanto outro pode achar que a obtenção de um diploma avançado tem mais valor. Um funcionário pode considerar viagens e apresentações para clientes maiores como um degrau acima, enquanto outro pode querer se tornar mentor.

Infelizmente, muitas organizações continuam oferecendo apenas um caminho "para cima": tornar-se gestor, mesmo que seus pontos fortes não estejam na gestão. Alguns que não foram verdadeiramente talhados para serem gestores podem até fazer um trabalho aceitável, mas nunca terão a sensação de que estão gerindo bem. Isso afeta o bem-estar deles – e o bem-estar daqueles geridos por eles.

O Gallup recomenda oferecer aos funcionários ambiciosos e produtivos os seguintes caminhos para avançar – além de se tornarem gestores:

- **Realizações individuais.** Pessoas talentosas precisam ter condições de progredir na organização, seja como gestores *ou* como contribuidores individuais de alto desempenho. Recomendamos dispor de caminhos separados, em termos de cargos e remuneração, para os contribuidores individuais e para os gestores.
- **Desenvolvimento personalizado.** Os gestores precisam conhecer as aspirações dos trabalhadores. As conversas sobre crescimento na carreira precisam ser regulares e informais – e não um simples item da agenda a ser debatido durante a avaliação de desempenho do funcionário. As trajetórias de carreira têm que estar alinhadas com os pontos fortes da pessoa e se basear em suas experiências e êxitos.
- **Trajetórias de carreira flexíveis.** Seus funcionários-estrela precisam fazer parte de um esforço colaborativo que elabore uma carreira que funcione para eles. Isso significa opções diferentes para diferentes estágios da vida, circunstâncias diferentes fora do trabalho, interesses diferentes e personalidades diferentes. Por exemplo, as rotas de carreira em sua organização caminham em uma só velocidade ou elas permitem que as pessoas acelerem ou desacelerem conforme as mu-

danças na própria vida? Ter filhos, dispensar cuidados, terminar uma formação e outros acontecimentos da vida podem alterar a quantidade de tempo e energia de que o funcionário dispõe para focar na trajetória de carreira. A trajetória certa deve atender aos objetivos da sua organização e, ao mesmo tempo, ser flexível o bastante para se adaptar aos pontos fortes específicos do funcionário à medida que as circunstâncias de sua vida mudam.

CAPÍTULO 26
Moneyball no local de trabalho

Os 12 elementos do sucesso de uma equipe:

Q01. Eu sei o que se espera de mim no trabalho.
Q02. Eu disponho dos materiais e equipamentos necessários para fazer meu trabalho corretamente.
Q03. No trabalho, eu tenho a oportunidade de fazer o que faço de melhor todos os dias.
Q04. Nos últimos sete dias, recebi reconhecimento ou elogios por ter feito um bom trabalho.
Q05. Meu supervisor, ou alguém no trabalho, parece se importar comigo como pessoa.
Q06. Há alguém no trabalho que incentiva meu desenvolvimento.
Q07. No trabalho, minhas opiniões parecem contar.
Q08. A missão ou propósito da minha organização me faz sentir que meu trabalho é importante.
Q09. Meus colegas estão comprometidos em fazer um trabalho de qualidade.
Q10. Eu tenho um melhor amigo no trabalho.
Q11. Nos últimos seis meses, alguém no trabalho falou comigo sobre meu progresso.
Q12. No último ano, eu tive oportunidades no trabalho para aprender e crescer.

Seja no esporte ou nos negócios, é complicado tomar decisões sobre a equipe.

É por isso que, no beisebol, os chamados *sabermetricians* passam a vida inteira compilando estatísticas de jogadores. O objetivo é tomar decisões sobre quais jogadores farão sucesso no esporte, como no filme *O homem que mudou o jogo*. Eles fazem isso reunindo dados estatísticos detalhados sobre desempenhos anteriores, das médias de rebatidas e localização das rebatidas aos percentuais de lançamentos. Em seguida, combinam esses dados para prever o êxito individual e coletivo.

Algumas equipes são eficazes no ensino aos treinadores e jogadores de como usar os "dados Moneyball" para tomar decisões melhores. O Houston Astros, time campeão da liga em 2017; o Chicago Cubs, campeão em 2016; o Boston Red Sox; e o Oakland Athletics, time de baixa folha salarial, têm sido muito bem-sucedidos no uso do método estatisticamente rigoroso Moneyball no desenvolvimento, recrutamento e negociação de jogadores e na estratégia durante as partidas.

As empresas se veem diante de um desafio parecido na tentativa de antever quanto desempenho ou lucro as diversas equipes e unidades de negócio vão gerar. Muitas organizações elaboraram sistemas para reduzir a variabilidade nas características da equipe para maximizar o lucro. Elas usam de tudo, do tamanho da unidade de negócio à localização, passando pelas iniciativas de marketing e pela disponibilidade de produtos, enquanto propiciam intensa capacitação de pessoal para garantir um desempenho de qualidade.

É possível as empresas se beneficiarem de um método Moneyball, assim como as equipes de Houston, Chicago, Boston e Oakland no beisebol?

Sim, segundo o Gallup. Reunimos dados sobre equipes de empresas do mundo inteiro durante 50 anos, incluindo medições do ponto de vista dos funcionários sobre elementos cruciais da cultura do local de trabalho, aquilo que o Gallup chama de "engajamento do funcionário". Esse engajamento é determinado por fatores como a clareza dos papéis, a oportunidade de fazer aquilo que o funcionário faz de melhor, as oportunidades de desenvolvimento, relacionamentos fortes entre os colegas e uma missão ou propósito em comum. O mais importante é que todos esses fatores podem ser diretamente influenciados pelo gestor.

O Gallup também reuniu medições de desempenho dessas mesmas equipes, abrangendo absenteísmo, taxas de rotatividade e percepções do serviço pelos clientes, além de métricas de produtividade e lucro. O problema é que cada empresa tem um conjunto limitado de equipes ou unidades de negócio que os pesquisadores conseguem estudar em determinado período. Isoladamente, esses estudos podem ter medições imperfeitas e amostras de dimensão limitada, o que aumenta a chance de erros na previsão de resultados.

Combinar o engajamento dos funcionários e os dados de desempenho em equipes de várias organizações resulta em uma metanálise – um estudo de vários estudos. Esse método propicia uma estimativa mais precisa da influência do engajamento da equipe no desempenho do que qualquer estudo conseguiria captar.

O Gallup completou dez metanálises da correlação entre o engajamento da equipe e o desempenho nas últimas duas décadas. O estudo mais recente reuniu 112.312 empresas e unidades de trabalho em 276 organizações – abrangendo 2,7 milhões de funcionários – em 54 setores e 96 países diferentes (acesse o QR Code na página 12 ou 285 para saber mais sobre o estudo).

O Gallup avalia o engajamento das equipes utilizando as 12 afirmações relacionadas no início deste capítulo. Essas 12 afirmações medem aspectos cruciais do ambiente de trabalho com vínculos comprovados aos resultados de desempenho. Costuma haver uma enorme variação no engajamento das equipes – até mesmo em equipes da mesma organização –, assim como há variação no desempenho.

Uma das conclusões principais desse estudo metanalítico é que a correlação entre engajamento da equipe e desempenho é constante ao longo do tempo e em diferentes organizações. Isso se verifica apesar da enorme variação entre setores e países e em diferentes períodos econômicos, com fortes mudanças tecnológicas ao longo das décadas em que realizamos os estudos.

Quando os pesquisadores do Gallup compararam equipes situadas no quartil superior da empresa com aquelas no quartil inferior da medição de engajamento, encontramos diferenças na mediana do desempenho (veja o gráfico a seguir).

O efeito do engajamento nos principais resultados das empresas

Quando o Gallup analisou as diferenças de desempenho entre as unidades de negócio/trabalho "engajadas" e "ativamente desengajadas", as unidades de trabalho com notas no quartil superior do engajamento dos funcionários superou de forma significativa o desempenho do quartil inferior nos seguintes resultados cruciais:

Menos resultados negativos

▼ **81%**
de absenteísmo

▼ **18%**
de rotatividade nas organizações de alta rotatividade*

▼ **43%**
de rotatividade nas organizações de baixa rotatividade*

▼ **28%**
de taxa de *shrinkage* (sumiço de estoque)

▼ **64%**
de incidentes de segurança (acidentes)

▼ **58%**
de incidentes de segurança de pacientes (mortalidade e quedas)

▼ **41%**
de defeitos de qualidade

Mais resultados positivos

▲ **10%**
de lealdade/engajamento do cliente

▲ **18%**
de produtividade (vendas)

▲ **14%**
de produtividade (recordes de produção e avaliações)

Maior sucesso organizacional

▲ **23%**
de lucratividade

▲ **66%**
de bem-estar (funcionários evoluindo)

▲ **13%**
de cidadania organizacional (participação)

* Organizações de alta rotatividade são aquelas com mais de 40% de rotatividade anualizada. Organizações de baixa rotatividade são aquelas com 40% ou menos de rotatividade anualizada.

Ao combinar essas métricas de desempenho em uma única métrica de desempenho composta, concluímos que as equipes ranqueadas no 99º percentil da própria empresa apresentam uma probabilidade quase cinco vezes maior de êxito (ou desempenho acima da média) em comparação com as equipes no primeiro percentil.

O desempenho de uma equipe nunca poderá ser previsto com precisão, é claro. Mas esses resultados representam uma forte evidência de que é possível mensurar os aspectos culturais de uma equipe que permitem prever se o desempenho será bom.

Assim como as equipes de beisebol aplicam dados Moneyball para tomar decisões melhores, as empresas que medem e gerem os 12 elementos de engajamento podem aumentar o desempenho – e turbinar as chances de sucesso.

CAPÍTULO 27
O líder de equipe decisivo

Uma das maiores descobertas do Gallup é: o gestor ou líder de equipe, sozinho, é responsável por 70% da variação no engajamento da equipe.

O fator isolado mais importante na montagem de uma equipe de sucesso é a qualidade do gestor. Os gestores – por meio de seus pontos fortes, do próprio engajamento e da forma como trabalham com suas equipes no dia a dia – representam 70% da variação no engajamento da equipe.

Gestores excelentes descobrem, desenvolvem e posicionam os pontos fortes de cada membro de sua equipe, tomando decisões difíceis em relação a quem terá o melhor desempenho em cada papel à medida que a equipe evolui e cresce. Graças à própria reputação, esses gestores têm mais probabilidade de atrair funcionários de alto desempenho e retê-los por mais tempo. Eles formam conexões com o restante da organização por meio das próprias redes e das redes dos principais influenciadores de suas equipes.

Os melhores gestores e líderes de equipe moldam o desempenho de suas equipes utilizando os 12 elementos do sucesso de uma equipe (veja o Capítulo 26). O desempenho de uma equipe também é influenciado pela conexão dos seus membros com o restante da organização, a composição dos pontos fortes da equipe, a experiência trabalhando juntos e o tamanho da equipe.

CONEXÃO DA EQUIPE COM O RESTANTE DA ORGANIZAÇÃO

Sabemos que as conexões sociais de uma equipe são relevantes. Equipes com membros que têm amizade e respeito recíproco são mais engajadas e têm melhor desempenho. Atendem o cliente de forma mais eficiente porque as "passagens de bastão" entre os membros da equipe são feitas sem saltos.

Da mesma forma, em vários estudos, o Gallup concluiu que as equipes com alta conexão social ao restante da organização também são mais engajadas e têm um desempenho mais alto. Os *influenciadores* de uma equipe não são apenas os membros da equipe com mais conexões pessoais. Também são aqueles que se conectam a *outros* influenciadores na organização. Por meio dessas conexões, a equipe pode recorrer a outros dentro da organização em busca de suporte e complementação do trabalho. Esse é um *recurso reputacional* que torna a equipe mais eficaz como um todo.

Mas nem todo membro da equipe precisa ser altamente conectado. Em um estudo, concluímos que pelo menos um membro da equipe de serviço ao cliente precisa ser altamente conectado com o restante da organização para que a equipe seja bem-sucedida no atendimento ao cliente.

A COMPOSIÇÃO DOS PONTOS FORTES DA EQUIPE

O Gallup concluiu que os 34 temas do teste *CliftonStrengths* (veja o Capítulo 15 e o Apêndice 1) se encaixam em quatro grandes domínios do comportamento humano – Execução, Influência, Construção de Relacionamentos e Pensamento Estratégico. O Gallup realizou recentemente um estudo com 11.441 equipes de seis setores na tentativa de compreender se composições específicas dos pontos fortes das equipes – aquelas com equilíbrio ou desequilíbrio dos quatro domínios dos temas – permitiria prever o sucesso de uma equipe.

Embora seja raro encontrar equipes com desequilíbrios extremos em seus pontos fortes coletivos, o Gallup concluiu que a *consciência* dos pontos fortes dos membros das equipes permitia prever muito melhor o engajamento e o desempenho de uma equipe do que a *composição* dos seus pontos fortes. Equipes cujos membros têm consciência dos próprios pontos fortes e dos pontos fortes dos outros membros conseguem fazer aquilo que sabem fazer melhor com mais rapidez e eficiência. Eles compreendem e reconhecem as idiossincrasias dos colegas.

EXPERIÊNCIA TRABALHANDO JUNTOS

Estudos na literatura acadêmica indicam que a inteligência coletiva de uma equipe representa muito mais do que a soma das competências individuais de seus membros.

Os funcionários com mais tempo de casa têm uma probabilidade maior de estar fazendo aquilo que sabem fazer melhor. Resumindo, a experiência conta. Indivíduos de equipes que trabalharam juntos por mais tempo têm uma oportunidade maior de aprender o próprio papel, antecipar aquilo que um colega fará em resposta ao que eles fazem e encontrar eficiências que levem a uma eficácia maior.

A quantidade de experiência colaborativa necessária para os membros da equipe depende da complexidade do trabalho e da interdependência de tarefas dentro da equipe. De maneira geral, o Gallup encontrou, no patamar dos três anos de empresa, uma alta significativa no número de funcionários que afirmam saber o que se espera deles e que conseguem fazer aquilo que fazem melhor. E, entre aqueles que estão na empresa há dez anos ou mais, a clareza de papéis aumenta ainda mais.

Isso significa que as equipes precisam de três a dez anos de casa para que as pessoas tenham clareza e aperfeiçoem seus papéis na equipe? Não. Os melhores gestores aceleram a *curva de aprendizado colaborativo* por meio de uma individualização extrema. E eles *precisam* acelerar essa curva de aprendizado, no atual cenário de frequente troca de emprego.

Embora a estabilidade da equipe seja importante, também é crucial que as equipes evitem o "pensamento de grupo" fazendo experiências constantes com novos membros. Em um estudo do Gallup com mais de 100 equipes de atendimento ao cliente B2B, concluímos que as equipes com 100% de retenção de membros tinham um desempenho inferior ao das equipes com 75% a 99% de retenção. *As equipes se beneficiam do atrito positivo provocado pelos novos membros.*

TAMANHO DA EQUIPE

O Gallup estudou os níveis de engajamento de 3 milhões de equipes. O número de funcionários dessas equipes apresentou variações consideráveis.

Equipes com menos de dez membros têm os maiores *e* os menores índices de engajamento. Basicamente, equipes com menos integrantes são levadas com mais facilidade para um lado ou para o outro. Parece haver mais oportunidade para os gestores influenciarem, para o bem ou para o mal, essas equipes reduzidas.

Embora a maioria dos aspectos de engajamento enfraqueça à medida que aumenta o tamanho das equipes, há três exceções. Os aspectos "saber o que se espera" e "ter a oportunidade de fazer o que faz de melhor" são mais fortes nas equipes maiores, enquanto o aspecto "melhor amigo no trabalho" é semelhante qualquer que seja o tamanho da equipe, embora as tendências variem de acordo com o setor. Equipes maiores geram mais oportunidades de esclarecer papéis, se especializar e conhecer mais colegas de trabalho.

Embora o tamanho da equipe – e essas outras dinâmicas de equipe – possam influenciar o engajamento, o fator mais importante é a qualidade do gestor ou líder de equipe.

CAPÍTULO 28
Por que os programas de engajamento de funcionários não dão certo

No mundo inteiro, 80% dos funcionários não estão engajados ou estão "ativamente desengajados" no trabalho.

Empresas e líderes do mundo inteiro reconhecem as vantagens de ter funcionários engajados. A maioria delas instituiu pesquisas para medir o engajamento. Mesmo assim, o engajamento dos funcionários mal se mexeu nas últimas duas décadas.

O Gallup vem monitorando o engajamento de funcionários nos Estados Unidos desde o ano 2000. Embora tenha havido um leve movimento, dois terços dos trabalhadores americanos não estão engajados ou estão "ativamente desengajados" no emprego e no local de trabalho ao longo desse período.

Em 2020, o Gallup concluiu que 36% dos trabalhadores americanos estão engajados – ou seja, envolvidos, entusiasmados e comprometidos com suas equipes e organizações. No mundo inteiro, apenas 20% dos empregados que trabalham para organizações estão engajados.

Pelo lado positivo, os números estão em alta nos Estados Unidos e no mundo – em 2010, eram 28% nos Estados Unidos e 12% no mundo inteiro. Duplicar esses números transformaria o mundo.

Tendência histórica de engajamento de funcionários
Percentual de funcionários engajados

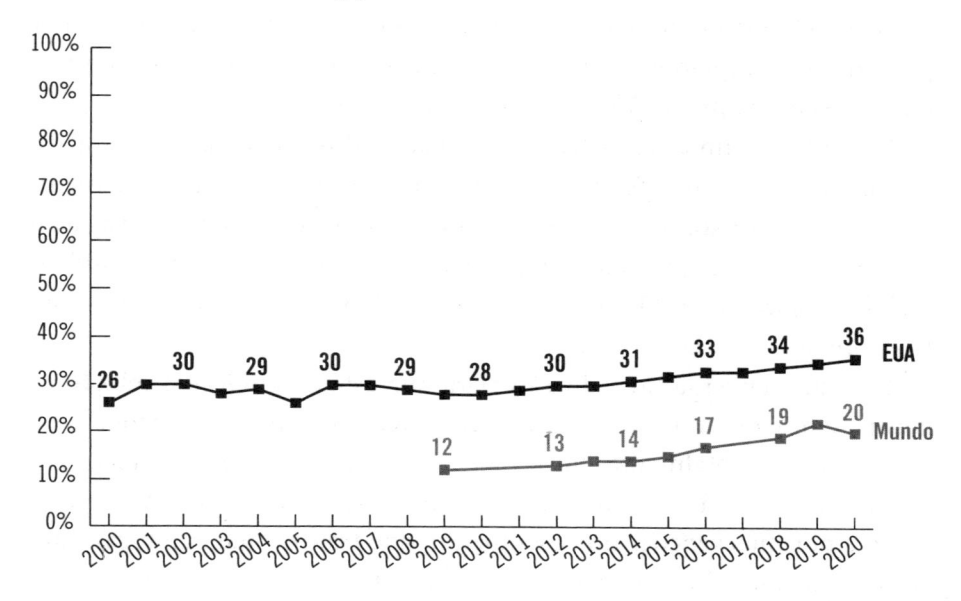

Valores da série EUA (2000–2020): 26, 30, 29, 30, 29, 28, 30, 31, 33, 34, 36 — **EUA**

Valores da série Mundo (2009–2020): 12, 13, 14, 17, 19, 20 — **Mundo**

Os percentuais de tendências de engajamento nos Estados Unidos e no mundo são calculados usando dados anuais do Gallup obtidos em amostras aleatórias da população ativa.

POR QUE OS NÚMEROS NÃO SOBEM MAIS DEPRESSA?

Com tantas organizações empenhadas em engajar os funcionários, *por que as taxas de engajamento no mundo inteiro não sobem mais rápido?*

Vários fatores contribuem para a estagnação dos níveis de engajamento. Um deles é a forma como as organizações medem e reportam os dados de engajamento dos funcionários.

Não é raro encontrarmos organizações cujo relatório diz que 60% a 80% dos funcionários são engajados – sem alteração nos resultados ao longo de vários anos. Quando mergulhamos mais fundo nesses dados, verificamos que o "percentual de engajamento" que essas empresas usam não é nem de longe uma métrica rigorosa. Elas apenas somam as notas 4 e 5 (em uma escala de cinco pontos) nas perguntas que medem a apologia da organização, o comprometimento autodeclarado ou a intenção de permanecer na empresa.

A pesquisa do Gallup indica que as pessoas que dão nota 4 são diferentes, em termos comportamentais, daquelas que respondem com um 5 definitivo ou "concordam muito". Você quer comemorar o fato de que grande parte dos seus funcionários *meio que planeja continuar com você no futuro* ou está *meio comprometida com a sua organização?*

Portanto, a empresa alardeia que a maioria dos funcionários é "engajada", mas pouquíssimas pessoas dentro da organização se sentem realmente assim. Em vez disso, estão meramente satisfeitas ou contentes e vão agarrar a oportunidade de trabalhar em outro lugar assim que uma oportunidade melhor se apresentar. Muitos funcionários estão buscando ativamente outro emprego.

O Gallup enxerga uma divisão clara que está surgindo em relação ao engajamento. Em uma ponta do espectro estão os métodos validados científica e experimentalmente, que levam a mudanças no desempenho da empresa. Esses métodos são respaldados pelo desenvolvimento estratégico e tático e por intervenções no desempenho que transformam culturas. Embora sejam métodos que exigem mais investimento, as empresas que os utilizam têm mais probabilidade de aumentar o engajamento dos funcionários e o desempenho.

Na outra ponta do espectro estão os levantamentos e métricas anuais sem foco. Assim como em um levantamento tradicional da satisfação dos funcionários, esse tipo de levantamento costuma medir um leque de dimensões do ambiente de trabalho que muitas vezes não têm tanto a ver com os objetivos do negócio e em relação às quais é difícil agir. Esses levantamentos supostamente identificam "impulsionadores únicos" do engajamento. Mas é uma abordagem que não leva em conta a verdade científica de que a maioria dos elementos básicos do engajamento – entre eles, expectativas claras, fazer o que faz de melhor, reconhecimento e desenvolvimento – são importantes o tempo todo em todas as organizações e cargos (veja o Capítulo 26).

E a tecnologia atual tornou extremamente fácil criar um levantamento com os funcionários e dar a isso o nome de "programa de engajamento". Infelizmente, as organizações podem usar essa tática para preencher a aparente necessidade de "marcar uma opção".

As empresas também podem fazer pesquisas contínuas com os funcionários usando os "levantamentos de pulso". Porém, sem uma estratégia clara e ações consequentes baseadas nos dados coletados, os levantamentos de pulso podem fazer mais mal do que bem. O engajamento é quase três vezes maior quando os funcionários "concordam muito" com a frase: "Minha organização age em cima dos resultados dos levantamentos de que participo."

Um ambiente de trabalho de alto desenvolvimento exige muito mais que a realização de levantamentos. A medição, por si só, não inspira mudanças nem turbina o desempenho. As organizações dedicam um esforço significativo à *medição* da percepção dos funcionários e à elaboração de métricas sem realmente *melhorar* o local de trabalho ou os resultados comerciais.

Os principais motivos do fracasso desses métodos são os seguintes:

- Foco maior nos dados ou relatórios de pesquisa do que no *desenvolvimento* de gestores e funcionários.
- Visão do engajamento como algo a ser pesquisado, e não um sistema contínuo e disciplinado para atingir o alto desempenho.
- Definição do engajamento como o percentual de funcionários que estão *meramente contentes* com o empregador, e não que estão altamente inspirados e comprometidos.
- Medição da satisfação ou contentamento dos trabalhadores e posterior atendimento de seus desejos – sala de jogos, máquinas caras de café, espaço pet, partidas de boliche – em vez de tratá-los como valiosos interessados no futuro da companhia.

Essas abordagens falhas criam barreiras à melhoria do desenvolvimento dos funcionários e a uma mudança de cultura. O resultado é que as empresas fazem falsas promessas aos funcionários – comprometendo-se com a mudança por meio de intensivas campanhas de comunicação, mas oferecendo pouca continuidade concreta.

CAPÍTULO 29
Como criar uma cultura de alto desenvolvimento

Culturas de alto desenvolvimento:
- São iniciadas pelo CEO e pela direção.
- Capacitam os gestores para novas formas de gestão.
- Praticam a comunicação na empresa como um todo.
- Cobram responsabilidade dos gestores.

O Gallup estudou os fatores que distinguem os ambientes de trabalho excepcionais dos péssimos.

Uma cultura de alto desenvolvimento do funcionário é o ambiente mais produtivo tanto para a empresa quanto para os funcionários.

Como sua organização pode criar uma cultura na qual o alto desenvolvimento constante seja a norma, e não a exceção? Infelizmente, a cultura não é algo que você possa simplesmente ligar ou desligar. É preciso começar com uma estratégia intencional, bem planejada.

Para começar, criar uma cultura de alto desenvolvimento exige mais do que completar um levantamento anual dos funcionários e depois deixar os gestores se virarem – na esperança de que eles aprendam algo com os resultados do levantamento e mudem a forma de gerenciar. É preciso olhar mais de perto como os aspectos cruciais do engajamento se alinham com sua gestão do desempenho e as estratégias de capital humano.

A boa notícia é que muitas organizações tiveram êxito na mudança da cultura. O Gallup fechou parcerias com 39 das organizações mais bem-sucedidas no mundo. São organizações que praticamente duplicaram o percentual de funcionários engajados e atingiram um índice de 14 funcionários engajados para cada funcionário "ativamente desengajado". Isso gerou uma mão de obra resiliente, que suportou uma concorrência extrema, mudanças no mercado, condições regulatórias desfavoráveis, recessões e outras ameaças externas.

As empresas de alto desenvolvimento têm um propósito claro por trás da estratégia de engajamento de funcionários. Elas sabem quais comportamentos específicos tentam alcançar e por que esses comportamentos são relevantes para o sucesso.

Eis os quatro padrões dominantes que detectamos nas organizações que conseguiram criar uma cultura de alto desenvolvimento:

I. CULTURAS DE ALTO DESENVOLVIMENTO SÃO INICIADAS PELO CEO E PELA DIREÇÃO.

Quase todo mundo acha bom o "alinhamento estratégico". Mas esse termo se transformou em papo de consultor, com pouco significado. O que isso realmente quer dizer? *Alinhamento estratégico é quando gestores e funcionários conseguem enxergar uma conexão sem saltos entre aquilo que lhes é pedido e aquilo que a organização defende e tenta fazer.*

Tudo que é chamado de "engajamento do funcionário" não tem valor a menos que atenda a esses critérios. Eis o que os melhores fazem:

- A organização tem um propósito e uma marca bem definidos – por que ela existe e como quer ser conhecida. Todos na organização compreendem que o engajamento do funcionário é um sistema para atingir a unidade de propósito e de marca. Os líderes interligam explicitamente os aspectos do engajamento às questões do negócio. Isso significa tornar o engajamento relevante para o trabalho cotidiano, e não um conceito abstrato.
- A diretoria executiva dá o pontapé inicial da iniciativa. Ela sabe que suas atitudes, crenças e comportamentos têm um poderoso efeito cascata sobre a cultura da organização. Os líderes dos ambientes de trabalho excelentes não se limitam a falar daquilo que querem ver na equipe de gestores – eles dão o exemplo.

- Os líderes mapeiam uma rota de aprimoramento. Eles identificam em que ponto a empresa se encontra no momento e onde querem que ela esteja no futuro.

2. CULTURAS DE ALTO DESENVOLVIMENTO CAPACITAM OS GESTORES PARA NOVAS FORMAS DE GESTÃO.

- As melhores organizações têm líderes que incentivam suas equipes a solucionarem problemas no âmbito local, em vez de usar ordens de cima para baixo. Focam os programas de treinamento e desenvolvimento na capacitação de gestores e equipes locais para que resolvam os problemas por conta própria.
- O engajamento, o desempenho e o treinamento estão alinhados. O treinamento se baseia em pontos fortes e é ancorado nos 12 aspectos do engajamento. Os gestores sabem identificar os pontos fortes dos membros da equipe e como utilizar e melhorar os pontos fortes para obter resultados.
- O treinamento é personalizado de acordo com a capacidade de cada gestor. Os gestores de alto desempenho e com equipes altamente engajadas recebem currículos mais avançados que aqueles com baixo desempenho e baixo engajamento da equipe.

3. CULTURAS DE ALTO DESENVOLVIMENTO PRATICAM A COMUNICAÇÃO NA EMPRESA COMO UM TODO.

- As melhores organizações têm diretores de recursos humanos excepcionais, que montam sistemas para ensinar os gestores a desenvolverem funcionários alinhados com as próprias tendências naturais.
- Essas organizações têm uma "rede de campeões" designada que se comunica, reúne as melhores práticas e responde às perguntas.
- Essa coleção permanente de exemplos das melhores práticas cria um retrato vívido de como devem ser equipes altamente engajadas.

4. CULTURAS DE ALTO DESENVOLVIMENTO COBRAM RESPONSABILIDADE DOS GESTORES.

- As empresas do nosso estudo que apresentaram os níveis mais elevados de engajamento enxergam o reconhecimento dos funcionários como forma de desenvolvê-los e levá-los a novos patamares de sucesso. O reconhecimento dos líderes de equipe excepcionais é um recado forte sobre aquilo que a empresa valoriza.
- A tolerância à mediocridade é inimiga das melhores organizações. Estas definem o alto desempenho de uma equipe com base em uma combinação de métricas como produtividade, taxas de retenção, atendimento ao cliente e engajamento dos funcionários. Os gestores têm bem claro que sua função é engajar as equipes. Nas melhores empresas, padrões contínuos de desengajamento da equipe geram consequências – sendo que a mais importante delas é a troca de gestores.
- As melhores organizações acreditam que nem todo mundo deve se tornar gestor e criam trajetórias de carreira de alto valor para papéis de contribuidor individual. Ninguém deve ter a impressão de que o avanço na carreira depende da promoção a gestor.
- As melhores organizações sabem que não há missão e propósito se não houver expectativas claras, conversas frequentes e responsabilização.

CAPÍTULO 30
As cinco características dos grandes gestores

1. **Motivação** – Inspiram as equipes a realizarem um trabalho excepcional.
2. **Estilo de trabalho** – Definem metas e providenciam recursos para a equipe brilhar.
3. **Iniciativa** – Influenciam os outros a agir: enfrentam adversidades e resistências.
4. **Colaboração** – Montam equipes comprometidas, com vínculos fortes.
5. **Processo mental** – Abordam analiticamente a estratégia e a tomada de decisões.

Pense nos diversos gestores que você já teve.

É provável que, ao longo da sua carreira, de cada dez supervisores que teve, você só queira trabalhar de novo para dois ou três. E isso se você tiver sorte. Há quem tenha tido, talvez, um gestor com quem trabalharia de novo – ou até mesmo nenhum.

Qualquer que seja o seu caso, a maioria das pessoas já teve pelo menos algum contato com aquilo que pode e deve ser um bom gestor, seja por experiência própria ou por ouvir outros contarem.

Pense em tudo aquilo que você sabe de gestão – o que leu, viu ou vivenciou, inclusive o melhor gestor que você já teve. Pare um instante para pensar naquilo que torna alguém um grande gestor.

Você também pode perguntar a si mesmo *como* alguém se torna um grande gestor. Como se adquirem as características que você acabou de imaginar? Essas pessoas têm um dom natural para gerir os outros ou aprenderam a se tornar grandes?

Pesquisas em genética comportamental indicam que algumas pessoas têm características individuais semelhantes às apresentadas no Capítulo 11 – predisposição a certos padrões mentais, sentimentos e comportamentos que definem quem é a pessoa: sua personalidade e seus processos mentais. Por conta de seus genes e das experiências de desenvolvimento no início da vida, esses indivíduos têm características que os tornam singulares. E isso é bom. Significa que cada pessoa leva para as organizações e equipes habilidades e qualidades diferentes.

Pense nessas características como tendências – o seu "default" na maioria das situações. Por exemplo, em um ambiente social com muita gente, você se aproxima das pessoas que já conhece bem ou tem um desejo insaciável de se apresentar a pessoas desconhecidas?

No trabalho, você prefere se concentrar em terminar um projeto ou se envolver com vários projetos ao mesmo tempo?

Você gosta da complexidade das pessoas ou prefere a complexidade de ideias?

O Gallup realizou cinco décadas de pesquisa sobre o que cria um grande gestor – analisando tanto as tendências programadas no cérebro quanto a evolução voluntária dos gestores ao longo do tempo.

O resumo mais conciso dessa pesquisa é que cerca de metade da grande gestão se baseia em tendências inatas e a outra metade vem das experiências e do desenvolvimento contínuo.

Você pode avaliar e prever tendências inatas antes de contratar um gestor utilizando ferramentas científicas – algo que poucas organizações fazem. Para melhorar de forma significativa a probabilidade de que alguém tenha êxito em uma função gerencial, avalie essa pessoa em relação a cinco características: motivação, estilo de trabalho, iniciativa, colaboração e processo mental.

Infelizmente, a prática de gestão atual promove funcionários pelos motivos errados. Quando o Gallup perguntou a milhares de gestores como eles *se tornaram* gestores, as duas principais razões que deram foram: êxito em uma função anterior não gerencial e tempo de casa.

Na superfície, são duas razões que parecem sensatas. Aqueles que têm alto desempenho ou que estão na empresa há muito tempo são recompensados com um posto de status maior. E a promoção à gestão é acompanhada de um aumento de remuneração e de status, o que reforça o desejo de se tornar gestor.

A análise do Gallup concluiu que a maioria dos atuais líderes de equipes não tem uma tendência natural para a gestão de pessoas. Quando esse é o caso, eles penam na função, o que os deprime – algo ainda mais desencorajador se eles eram inspirados no papel anterior de contribuidor individual.

A boa notícia é que a maioria das organizações dispõe do talento gerencial de que necessita *dentro da própria empresa* e que o sistema correto de avaliação é capaz de localizá-las.

Então, como criar um sistema e uma cultura que identifiquem da forma mais eficiente as pessoas certas para se tornarem gestoras na sua organização?

1. Utilize uma ferramenta cientificamente projetada e validada para avaliar candidatos a gestor nas cinco características dos grandes gestores: motivação, estilo de trabalho, iniciativa, colaboração e processo mental.
2. Dê aos contribuidores individuais talentosos oportunidades para liderar projetos e equipes. Dê-lhes uma chance. Observe-os em ação e tome nota daqueles que podem liderar equipes vencedoras.
3. Não baseie sua próxima decisão gerencial apenas no tempo de casa ou no êxito em uma função não gerencial. Tornar-se gestor não pode ser um rito de passagem automático.
4. Faça com que os contribuidores individuais altamente bem-sucedidos desejem continuar a brilhar e obter prestígio em seus papéis atuais. Observe com atenção o valor econômico dos seus contribuidores individuais mais bem-sucedidos. Os melhores devem ser capazes de gerar mais receita do que vários de seus gestores por causa do próprio valor.

CAPÍTULO 31
Como desenvolver seus gestores

Bilhões de dólares são gastos todo ano em desenvolvimento de gestores. No entanto, o Gallup concluiu que apenas um em cada três gestores "concorda muito" que teve oportunidades de aprender e crescer no último ano.

A gestão não é uma experiência agradável para a maioria das pessoas. O trabalho fica pior para elas do que para quem é gerido por elas. Os gestores relatam mais estresse e burnout, um equilíbrio pior entre vida pessoal e profissional e um bem-estar físico inferior ao dos contribuidores individuais das equipes que comandam.

A função do gestor é extremamente difícil, porque ele fica entre a liderança e a linha de frente. Transformações e oportunidades de mercado que exigem mudanças organizacionais repentinas atingem a organização no nível gerencial. O gestor tem uma probabilidade menor de saber o que se espera dele, em comparação com as pessoas geridas por ele.

Embora a função do gestor conceda maior autonomia e status que outras, ela também é acompanhada por mudanças constantes das prioridades e da necessidade de gerir as personalidades individuais de uma equipe.

Não surpreende que as organizações não estejam obtendo o máximo de sua força de trabalho. Menos de 30% dos gestores "concordam muito" que alguém no trabalho incentiva o desenvolvimento deles. Segundo aqueles que recebem treinamento de desenvolvimento de gestores, os programas atuais não funcionam.

Uma abordagem tradicional do desenvolvimento de gestores é identificar as competências desejadas para a gestão e, depois, ensinar essas competências a cada gestor. Parece sensato. Mas o Gallup concluiu que é uma abordagem que não funciona, porque ignora um princípio fundamental da natureza humana – cada pessoa se desenvolve de um jeito diferente com base em seus pontos fortes específicos.

Embora seja crucial que os gestores do futuro conheçam e desenvolvam os pontos fortes individuais de seus subordinados, também é essencial que conheçam e desenvolvam *seus próprios* pontos fortes. Não se pode esperar de ninguém que seja bom em tudo e em todas as situações.

O gestor se desenvolve dentro do contexto daquilo que ele naturalmente é. Não se pode encaixá-lo à força em uma caixinha que dita um estilo único. O Gallup concluiu que os programas de aprendizado e desenvolvimento que reconhecem os pontos fortes dos gestores individualmente suplantam todos os outros.

Gestores e líderes de equipes precisam ter as cinco conversas de mentoria com *seus próprios* gestores, assim como todo mundo (veja o Capítulo 21).

Ao analisar a melhor forma de desenvolver seus gestores, inclua as seguintes recomendações do Gallup:

1. Avalie os atuais programas de aprendizado e desenvolvimento de gestores na sua organização para garantir que eles sejam coerentes com a criação de uma cultura baseada em pontos fortes (veja o Capítulo 16).

2. Comece pelo aprendizado Gallup em sala de aula, que ensina aos gestores os fundamentos da liderança baseada em pontos fortes – entre eles, o aprendizado profundo dos pontos fortes (veja os Capítulos 14 e 15), o engajamento (veja o Capítulo 26) e o mentor de desempenho (veja o Capítulo 20).

3. Implante currículos que ensinem o gestor a passar de chefe a mentor.

4. Implante experiências contínuas de *e-learning* que promovam os conceitos aprendidos durante o aprendizado em sala de aula.

5. Exija que os executivos tenham conversas baseadas em pontos fortes uma vez por semana com cada gestor ou líder de equipe (veja o Capítulo 21).

6. Cuide para que um dos resultados de seus cursos Gallup de desenvolvimento baseado em pontos fortes seja que todos os líderes de equipe ou gestores "concordem muito" (deem nota 5 em uma escala até 5) com as seguintes frases:

- Este curso me inspirou.
- Aprendi algo que muda minha forma de liderar.
- Todo dia aplico algo que aprendi neste curso.
- Melhorei substancialmente meu desempenho depois de participar deste curso.

O FUTURO DO TRABALHO

DENTRE OS VÁRIOS DESAFIOS VIVIDOS PELOS LÍDERES E GESTORES DE HOJE, ESTÃO: A GESTÃO DE UMA FORÇA DE TRABALHO DIVERSA; TRABALHADORES REMOTOS; O SURGIMENTO DA INTELIGÊNCIA ARTIFICIAL; O TRABALHO GIG; E A FUSÃO DE VIDA PESSOAL E PROFISSIONAL.

CAPÍTULO 32
Uma avaliação rápida do que mudou no ambiente de trabalho

- A força de trabalho atual é composta por uma diversidade racial, cultural e de gênero muito maior que a das gerações anteriores.
- O trabalho remoto continua a pleno vapor.
- A maioria dos ambientes de trabalho, hoje, é matricial.
- A digitalização está mudando a natureza do trabalho.
- A tecnologia móvel está fundindo vida pessoal e profissional.
- Empregos "gig" e freelancers vieram para ficar.
- O benefício mais desejado é a flexibilidade no ambiente de trabalho.

O ambiente de trabalho está mudando a um ritmo estonteante. Para as organizações e os gestores, está difícil acompanhar.

A questão não é *se* essas mudanças vão chegar – e sim *como* lidar com elas.

Alguns aspectos do engajamento se tornaram mais fáceis de obter, enquanto outros se tornaram bem mais complicados. Por exemplo, os dados do Gallup indicam que, em ambientes organizacionais altamente matriciais, a colaboração entre os funcionários é mais alta que em ambientes não matriciais, mas as expectativas não são tão claras. Os líderes de equipe precisam de uma conexão constante para deixar claras as prioridades conforme as necessidades do cliente mudam.

Em ambientes de trabalho remoto, é exatamente o contrário. Hoje em dia, as organizações estão muito mais preparadas para estabelecer o equipamento correto e as expectativas em relação aos trabalhadores remotos – dando-lhes, inclusive, autonomia para fazerem aquilo que fazem melhor. Mas o trabalhador remoto pode perder oportunidades de colaborar ou receber reconhecimento. Quando o trabalhador remoto se isola dos colegas e do gestor, isso gera um "risco de voo".

Os líderes atuais estão gerindo em um ambiente onde vida pessoal e profissional se fundem. Por exemplo, mais de um terço dos funcionários em tempo integral nos Estados Unidos dizem que verificam com frequência o e-mail de trabalho fora do horário de trabalho. A maioria anda com um smartphone que os instiga a verificar as mensagens pelo menos algumas vezes fora do horário comercial. E mais de três quartos dos funcionários em tempo integral consideram que a capacidade de fazer isso é uma evolução "fortemente positiva" ou "de um pouco positiva a muito positiva".

A pegadinha é que quase metade (48%) dos trabalhadores que verificam o e-mail com frequência fora do horário de trabalho relata ter tido muito estresse na véspera. Porém, verificar o e-mail antes ou depois do horário de trabalho não aumenta o estresse de forma significativa quando o funcionário tem o gestor certo, que entende a situação, define expectativas claras, dá mentoria e cobra responsabilidades.

Pense no caso de um trabalhador altamente engajado que quer completar um projeto estando longe do escritório, mas trabalha em uma empresa cuja política o impede de exercer sua função fora das horas normais – assim como a lei francesa que proíbe verificar o e-mail fora do horário de trabalho. Políticas assim partem da premissa de que o trabalho fora das 40 horas tradicionais no escritório é ruim para o bem-estar.

No entanto, a maioria dos funcionários em tempo integral considera que a opção de utilizar a tecnologia móvel fora do trabalho é uma vantagem, e não um incômodo, provavelmente por causa da flexibilidade que isso proporciona. Com a ajuda de um grande gestor, o trabalhador engajado pode tirar partido dessa flexibilidade sem sentir um estresse adicional. E, embora algumas organizações tenham estabelecido políticas abrangentes e pressuponham que os funcionários sejam indiferentes, o ideal seria engajá-los antes. As políticas da empresa são importantes – mas não devem ser o ponto de partida de nenhum gestor.

CAPÍTULO 33
As três exigências da diversidade e inclusão

- "Trate-me com respeito."
- "Valorize-me pelos meus pontos fortes."
- "O líder faz o que é certo."

As categorias da diversidade vêm se ampliando rapidamente.

Eis uma amostra: raça, idade, gênero, religião, orientação sexual, situação socioeconômica, deficiência, estilo de vida, características pessoais, altura, peso, outras características físicas, configuração familiar, histórico escolar, tempo na organização, ideologia política, visão de mundo e assim por diante – basicamente, o espectro completo das diferenças humanas.

Como líder, como você pode abarcar e lidar com todas elas? A solução reside em como seus funcionários se sentem em relação às três exigências apresentadas acima.

Não é à toa que o tema da diversidade e da inclusão apareceu no topo da lista de prioridades da maioria dos líderes.

Todos nós testemunhamos a inquietação social nos campi das universidades e nas comunidades dos Estados Unidos, e não faltam exemplos nas empresas. Em 2017, 42% dos americanos disseram que se preocupam "muito" com as relações raciais – uma alta recorde no país. Apenas três anos antes, eram 17%. O movimento Black Lives Matter (Vidas Negras Importam) se tornou nacional. Por outro lado, houve uma reação contrária ao politicamente correto.

Acusações de assédio sexual contra líderes de Hollywood e de setores como entretenimento, governo, educação, esporte e negócios explodiram.

Quase sete em cada dez americanos, atualmente, afirmam que o assédio sexual é um problema grave, em relação a metade dos americanos duas décadas atrás. O movimento #MeToo fez sua irrupção em cena.

No entanto, hoje não há diferença na preferência dos americanos por um chefe homem ou mulher; na verdade, importa até menos para os homens. A maioria dos americanos acredita que ser gay ou lésbica é moralmente aceitável e que a orientação homossexual é algo inato. São transformações drásticas na opinião pública, em comparação com as décadas anteriores.

A demografia também está mudando. Por exemplo, 42% dos millennials são de raça ou etnia não caucasiana; o dobro do percentual na geração baby-boomer.

Ao tentar implantar uma cultura de diversidade e inclusão, pense na forma como seus funcionários reagiriam às três frases a seguir:

- "No trabalho, sou tratado com respeito."
- "Meu empregador está comprometido com a melhoria dos pontos fortes de cada funcionário."
- "Se eu apontar uma preocupação sobre ética e integridade, confio que meu empregador vai fazer o que é certo."

O Gallup concluiu que focar nessas três exigências orienta todas as organizações a seguirem o rumo certo. Os três próximos capítulos vão tratar dessas questões. Porém, antes de seguir adiante...

Uma observação sobre treinamento para diversidade: Centenas de estudos foram realizados sobre a eficácia do treinamento para diversidade, incluindo treinamento para sensibilidade e treinamento para vieses inconscientes. Os resultados são inconsistentes e inconclusivos. O treinamento para diversidade costuma fracassar quando é visto como uma obrigação e não faz parte de uma cultura baseada no respeito, nos pontos fortes e no comprometimento da liderança. Uma intervenção eficaz em favor da diversidade não pode ser apenas um evento de um dia só.

CAPÍTULO 34
Diversidade e inclusão: "Trate-me com respeito"

O desrespeito é tóxico.

O desrespeito talvez seja um dos sentimentos mais fortes que as pessoas vivenciam. Todo mundo consegue se lembrar de momentos na vida em que se sentiu desrespeitado – é difícil esquecer.

No nível mais fundamental, o respeito começa aprendendo o nome pelo qual a pessoa quer ser chamada e, depois, aprendendo algo sobre quem é essa pessoa e o que ela valoriza.

Funcionários que "discordam" ou "discordam muito" que são tratados com respeito no trabalho são um sinal de alerta de que sua empresa pode ter problemas mais sérios; 90% desses funcionários dizem ter vivenciado algum tipo de discriminação ou assédio no trabalho.

O Gallup concluiu que os aspectos de engajamento do funcionário com a correlação mais forte com uma percepção de inclusão são "Meu supervisor ou alguém no trabalho parece se importar comigo como pessoa" e "No trabalho, minhas opiniões parecem contar". Esses dois aspectos também nos informam algo sobre respeito.

O funcionário quer ser relevante para as pessoas com quem trabalha e quer que suas ideias contem. Quando o trabalhador é socialmente excluído ou percebe que suas ideias são desprezadas, ele se sente desrespeitado, negligenciado e rejeitado. E vai buscar explicações para essa sensação.

Em alguns casos, a percepção de desrespeito do funcionário pode ser pura e simplesmente discriminação. Em outros casos, não. Mas o funcionário vai buscar algo tangível para relacionar ao seu senso de desrespeito:

Será que foi minha raça, meu gênero, minha idade ou algum outro fator? Nenhuma organização tem como impedir todas as formas de desrespeito não intencional, mas, quando as pessoas se conhecem bem e se importam umas com as outras, dão o benefício da dúvida nessas situações.

Por exemplo, um estudo Gallup publicado no *Journal of Leadership & Organizational Studies* analisou os efeitos da diferença de raça entre gestor e funcionário sobre a intenção do trabalhador de ficar com o atual empregador ou pedir demissão. A intenção de sair da organização foi maior quando funcionário e gestor eram de raças diferentes; entre os funcionários "ativamente desengajados", esse valor foi ainda maior.

No entanto, quando os gestores e os funcionários são da mesma raça e trabalham em um local engajador, a intenção do funcionário de ficar foi a mais alta – mais alta até do que quando gestores e funcionários da mesma raça trabalharam em um ambiente engajador. O aspecto de engajamento mais correlacionado a funcionário e gestor de raças diferentes trabalhando juntos foi: "Meu supervisor ou alguém no trabalho se importa comigo como pessoa."

CAPÍTULO 35
Diversidade e inclusão: "Valorize-me pelos meus pontos fortes"

Apenas 21% dos funcionários "concordam muito" que sua organização está comprometida com o desenvolvimento dos pontos fortes de cada funcionário.

A melhor estratégia para aumentar a inclusão em sua organização é adotar uma abordagem de desenvolvimento dos funcionários baseada nos pontos fortes e criar uma cultura baseada em pontos fortes.

Em um estudo, o Gallup investigou a relação, dentro das equipes de uma organização industrial, entre o uso de uma abordagem do desenvolvimento baseada em pontos fortes e mudanças subsequentes na percepção de inclusão. Equipes com uma proporção mais elevada de funcionários que se conscientizaram de seus pontos fortes tiveram uma melhoria substancialmente maior na percepção de inclusão. Os funcionários que pesquisamos disseram que aprender sobre seus pontos fortes os ajudou a ter um senso de valor e pertencimento que não tinham antes.

Uma corrente paralela de pesquisa acadêmica, batizada de "congruência interpessoal", é uma abordagem que permite às pessoas se conhecerem rapidamente ao compartilharem algo sobre si mesmas. Demonstrou-se que essa abordagem melhora o desempenho de equipes diversas que, antes, tinham relacionamentos de trabalho ineficazes.

Não apenas o método baseado em pontos fortes proporciona um atalho para as pessoas se conhecerem e criarem um diálogo contínuo positivo, mas as organizações com culturas baseadas em pontos fortes suplantam de forma constante os concorrentes (veja o Capítulo 16).

A avaliação *CliftonStrengths*, que identifica o perfil de talentos únicos de cada um, foi projetada para gerar conversas produtivas a respeito de talentos e pontos fortes individuais. Nessas conversas, seus gestores podem focar no perfil *CliftonStrengths* único de cada funcionário – na sua cultura, histórico, competências adquiridas e conhecimentos. Deixe cada indivíduo definir como quer se representar.

Seus funcionários, como qualquer outra pessoa, querem ter um senso de pertencimento e valor, quem quer que sejam e de onde quer que venham. Uma medição e um desenvolvimento do funcionário baseados nos pontos fortes podem lhe propiciar um olhar aprofundado sobre as nuances de como seus funcionários pensam, se sentem e reagem a situações – e não apenas a aparência física.

CAPÍTULO 36
Diversidade e inclusão: "O líder faz o que é certo"

21% dos funcionários "discordam" ou "discordam muito" que seu empregador faria a coisa certa caso levantassem uma preocupação relacionada a ética ou a integridade.

Você já deve ter ouvido o chavão: "Se você cuidar da inclusão, a diversidade vai cuidar de si mesma." Embora seja possível entender o raciocínio – que a criação de uma cultura excelente atrai naturalmente um conjunto de funcionários diversificado –, a questão não é tão simples.

As organizações precisam de estratégias para contratar e desenvolver um grupo diverso de pessoas e padrões para comportamentos que a cultura da empresa vai tolerar ou não.

Os líderes precisam entender, primeiro, que diversidade e inclusão não são a mesma coisa. A diversidade é a distribuição das pessoas que você leva para sua organização. A inclusão é como você envolve e trata seus funcionários.

Lembre-se: a cultura começa com uma marca e um propósito claros – qual reputação você deseja ter e aquilo que você defende. Seus líderes precisam se comprometer com uma tolerância zero a atitudes ofensivas ou discriminatórias. E precisam comunicar essa política formal e informalmente, além de aplicá-la. A tolerância zero começa no topo, porque a atitude dos líderes determina o que é aceitável para o restante da organização.

Sua organização também precisa dispor de um sistema para relatar questões éticas e de um protocolo para lidar com elas. Nada mais importa quando se elaboram exigências culturais e se implanta um sistema robusto.

Os princípios da sua organização também ficam evidentes na forma de atrair e contratar funcionários. Critérios claros de definição do sucesso em uma função são cruciais para a estratégia de recrutamento. A meta é selecionar candidatos qualificados usando critérios objetivos como experiência, avaliações validadas e entrevistas estruturadas alinhadas às exigências do cargo para reduzir distorções (veja o Capítulo 11).

A pesquisa do Gallup mostra que competências inatas existem em todos os grupos demográficos em todos os cargos que estudamos. A chave é dispor de um grupo de candidatos amplo e diverso e contratar com base em critérios válidos que permitam prever o desempenho. Fazer o certo depois que alguém é contratado – na ambientação e nas promoções – exige uma disciplina semelhante.

Por fim, a decisão isolada mais importante é quem você vai nomear como gestor – e como você vai desenvolver essa pessoa.

Os grandes gestores encarnam a integridade da sua cultura, criando naturalmente relacionamentos, interligando membros da equipe, estando atentos ao que acontece na equipe e resolvendo conflitos antes que ganhem dimensão.

Uma nota sobre diversidade e inclusão: Estamos cientes de que a diversidade e a inclusão são questões complexas. A maior contribuição e o melhor conselho do Gallup em relação a esse tema é que ele começa por uma cultura em que todos são tratados com respeito, são valorizados por seus pontos fortes e sabem que os líderes farão o que é certo.

CAPÍTULO 37
O abismo de gênero

Globalmente, as organizações precisam de uma proporção muito maior de mulheres no ambiente de trabalho – não apenas porque é bom para as mulheres, mas porque é bom para o negócio.

A igualdade de gênero continua sendo uma tremenda oportunidade perdida para empresas do mundo inteiro. Embora as mulheres representem metade da população mundial, recentemente a Organização Internacional do Trabalho (OIT) relatou que apenas metade das mulheres com idade para trabalhar participa do mercado de trabalho, em comparação com 76% dos homens.

Embora nem todas as mulheres queiram um emprego em tempo integral, o Gallup concluiu que as unidades de negócio com equilíbrio de gênero – aquelas próximas de 50/50 entre homens e mulheres – têm um desempenho substancialmente melhor em termos financeiros em relação àquelas com desequilíbrio de gênero. E, quando o equilíbrio de gênero é combinado com uma cultura de alto engajamento, esses resultados positivos melhoram ainda mais.

Eis três razões pelas quais o equilíbrio de gênero melhora o desempenho financeiro:

- Grupos de trabalho com equilíbrio de gênero apresentam uma capacidade maior de realização do trabalho e de atendimento às necessidades dos clientes.
- Na média, as mulheres são mais engajadas que os homens.
- As gestoras tendem a ter subordinados mais engajados que os gestores.

O Gallup rastreou uma transformação maciça nas preferências relativas ao gênero das chefias nos Estados Unidos. Remontando a 1953, quando coletamos pela primeira vez dados sobre esse assunto, os americanos preferiam chefes homens a chefes mulheres por uma diferença de 61 pontos percentuais. Hoje em dia, a maioria dos americanos relata *praticamente não haver diferença* na preferência de gênero em relação à chefia.

No entanto, apenas 32 CEOs do ranking de empresas Fortune 500 são mulheres – embora 45% das mulheres digam que gostariam de se tornar CEO ou ocupar um posto na gestão ou liderança sênior.

A maioria dos americanos não tem preferência de gênero em relação à chefia
Se você tivesse um novo emprego e pudesse escolher a chefia, preferiria trabalhar para um homem ou uma mulher?

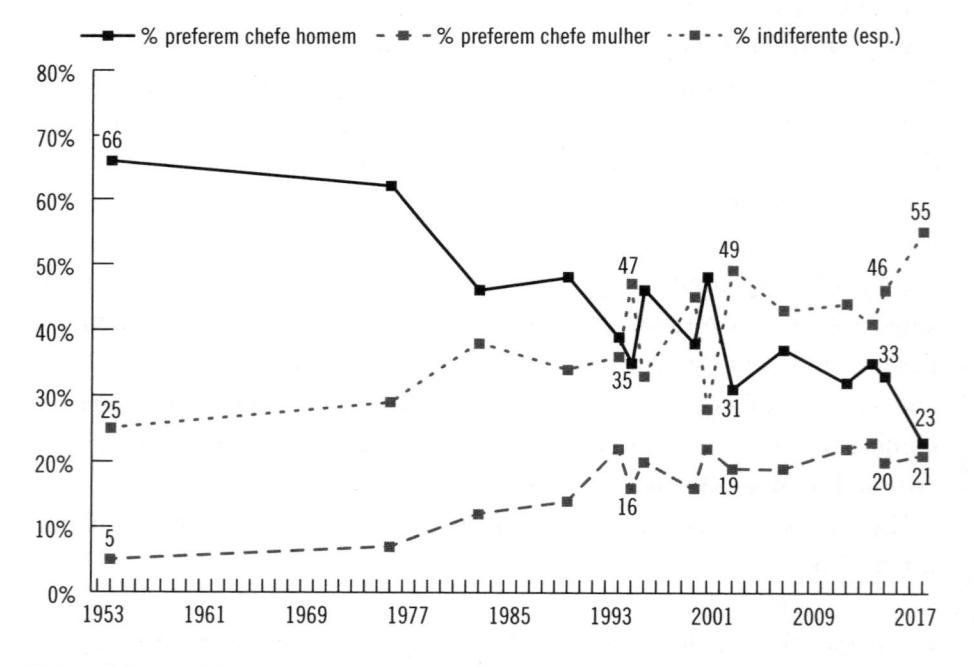

Entre adultos americanos; (esp.) = resposta espontânea.

ENTÃO, QUAL É A *MELHOR* FORMA DE SUA ORGANIZAÇÃO CONSEGUIR A IGUALDADE DE GÊNERO?

Uma resposta é colocar mais mulheres na liderança.

A pequena proporção de mulheres em cargos executivos e o abismo salarial que discutiremos no Capítulo 39 continuarão a ser problemas, a menos que a liderança da sua organização seja transparente em relação à forma de atrelar promoções e remuneração ao desempenho e a qualificações legítimas. Por exemplo, quando os líderes estabelecem uma expectativa de 40 horas de trabalho semanais, mas dão a entender que, para ser promovido, são necessárias 60, eles confundem e podem criar uma percepção de desigualdade.

A solução é determinar o que representa "alto desempenho" em todas as funções. Em outros capítulos, discutimos métodos para elaborar sistemas de desempenho que reduzem o viés – levando em conta *realizações individuais, colaboração com membros da equipe* e *valor para o cliente*. Também é preciso avaliar o conhecimento institucional e setorial do funcionário.

Chegar à raiz da desproporção entre homens e mulheres na gestão e no trabalho em tempo integral não é fácil. Ninguém tem todas as respostas, mas é possível extrair insights das descobertas que encontramos na análise de dados.

Como parte de um projeto global com a OIT, o Gallup pediu a homens e mulheres que indicassem – com suas próprias palavras – o maior desafio encarado pelas mulheres no trabalho assalariado. A maior parte desses desafios recai em uma das três áreas a seguir:

- tratamento injusto;
- desigualdade salarial;
- flexibilidade entre trabalho e vida pessoal.

Discutiremos esses problemas nos três próximos capítulos.

CAPÍTULO 38
A mulher no trabalho: a era do #MeToo

27% dos trabalhadores americanos, homens e mulheres, relatam ter sido vítimas de assédio sexual.

O tratamento injusto no trabalho costuma ser a preocupação mais mencionada em muitas economias desenvolvidas. Nos Estados Unidos, recentemente, chegou ao primeiro plano, com diversas acusações de assédio voltadas contra líderes no entretenimento, na política, nos negócios e na educação. Esse foi o estopim do movimento #MeToo global.

Atualmente, 63% das mulheres e 54% dos homens afirmam que as pessoas não são sensíveis o bastante ao problema do assédio no trabalho. Os dois índices aumentaram mais de 20 pontos percentuais desde 1998. Além disso, 69% afirmam que o assédio sexual é um *problema grave*. Nos Estados Unidos, 42% das mulheres e 11% dos homens afirmam ter sido vítimas de assédio sexual.

Como foi observado no Capítulo 36, sobre diversidade e inclusão, uma das exigências básicas dos funcionários, quando a questão é a ética e a integridade da organização, é: "O líder vai fazer o que é certo."

Os líderes da sua organização precisam se comprometer com uma *tolerância zero* nas questões de assédio. Os líderes não podem admitir racionalizações para o assédio nem usar a desculpa de que "homens são assim mesmo". Esse compromisso exige uma comunicação formal e informal, além de aplicação prática. Quando um líder do sexo masculino está conversando com outros homens na organização e ouve um comentário desrespeitoso, ele diz "Pode parar" ou simplesmente ri? É nessas horas que sua cultura se constrói.

Toda organização precisa de um sistema confidencial para informar como alertar os gestores sobre questões de assédio no local de trabalho e de um protocolo para lidar com elas. Algumas infrações serão "momentos de aprendizado", originados de desrespeito involuntário, enquanto outras serão motivo de demissão imediata.

Já está bem documentado o estrago que pode resultar da tentativa das organizações de varrer questões de assédio para baixo do tapete e acobertar as infrações dos próprios líderes – nos escândalos mais comentados, "todo mundo sabia". Não há característica pior, em uma "cultura de alto risco", do que um tratamento inadequado do qual todos sabem e com o qual todos concordam tacitamente.

CAPÍTULO 39
A mulher no trabalho: por que o abismo salarial?

83% é o percentual do salário das mulheres em relação ao dos homens.

A remuneração desigual é a maior preocupação dos adultos na América do Norte e em muitas economias desenvolvidas; essa é uma das poderosas conclusões do relatório Gallup/OIT sobre a mulher no trabalho. Comparar os salários de homens e mulheres em empregos e outros fatores semelhantes resulta em um abismo salarial sem explicação. Há quem atribua esse abismo à discriminação.

Claudia Goldin, professora de economia de Harvard, é uma das maiores especialistas nesse tema e estudou em profundidade os dados dos Estados Unidos. Ela comparou 469 profissões, controlando diversos fatores de situação de vida, o tempo no cargo, as horas trabalhadas e o tipo de função. Suas conclusões sugerem que não há nenhuma evidência robusta de que o abismo salarial de gênero se deva à discriminação, de modo agregado.

Goldin concluiu que as maiores disparidades na remuneração ocorrem nas funções em que o *custo para a carreira* de ter "flexibilidade temporal" no trabalho era maior – funções no mundo corporativo, nos setores financeiros e jurídico e em algumas profissões da área de saúde com alto índice de trabalhadores autônomos. Em outras palavras, as funções nas quais o abismo salarial de gênero é maior são aquelas em que é mais difícil atingir níveis altos de sucesso quando o funcionário precisa de flexibilidade em relação ao local e aos horários de trabalho; essas funções tradicionalmente exigem longas horas de trabalho no escritório.

As funções em que há *menos* diferença de gênero na remuneração estão nas áreas de ciência, tecnologia e algumas profissões da área da saúde. Esses tipos de função se prestam naturalmente a uma flexibilidade maior de horário e, em alguns casos, de localização.

Quando homens e mulheres entram no mundo do trabalho logo depois da faculdade, a remuneração é similar. O abismo salarial (e a diferença de cargos) se torna substancial dez a quinze anos depois. Essa mudança começa a acontecer um ou dois anos após a funcionária ter um filho.

Embora os papéis dos homens e das mulheres venham convergindo cada vez mais ao longo do tempo, de modo geral, as mulheres continuam assumindo o papel primordial de cuidadoras. Basicamente, os homens sempre tiveram maior liberdade para dedicar mais tempo e esforço à evolução da própria carreira, especialmente nas funções que costumam exigir longas horas de trabalho para progredir. E isso explica, em grande parte, o abismo salarial. Vale notar que as mulheres sem obrigações de cuidadoras têm renda semelhante à dos homens.

Os dados do Gallup também indicam que os filhos são o fator de maior influência para manter as mães fora da força de trabalho. Na verdade, 54% das mulheres empregadas que têm filhos menores de 18 anos afirmam preferir o papel de dona de casa (40% preferem trabalhar fora). Quanto às mulheres sem filhos menores de 18 anos, 70% preferem trabalhar fora.

A chave para atrair funcionárias para sua organização é tornar sua cultura do ambiente de trabalho flexível o bastante para conciliar as obrigações familiares e pessoais – ao mesmo tempo que oferece crédito e remuneração equitativos pelo desempenho e pelas realizações.

CAPÍTULO 40
A mulher no trabalho: a flexibilidade entre trabalho e vida pessoal

Uma em cada três mulheres que trabalham diz que seu empregador age "muito bem" e permite que ela trabalhe de casa quando necessário. A mesma proporção diz que seu empregador age "muito mal".

De forma quase universal, em diferentes países, homens e mulheres mencionam o "equilíbrio entre trabalho e família" como um dos maiores desafios encarados pelas mulheres que trabalham.

Algumas empresas sofrem para atender às necessidades da nova força de trabalho, inclusive a questão das mães que trabalham. Porém, para ser competitiva junto às melhores e mais brilhantes, a maioria dos setores terá que se adaptar. Muitas organizações vão se transformar organicamente, com o passar do tempo, e explorar os aspectos de bem-estar que sejam atraentes para as funcionárias, mais especificamente a flexibilidade nos horários de trabalho.

Existe uma diferença entre a empresa oferecer flexibilidade e de fato *cumprir* a flexibilidade. Algumas organizações têm políticas explícitas de flexibilidade, porém fazem uma pressão implícita sobre os empregados para que estejam no escritório ou fazem com que se sintam culpados por saírem do trabalho para cuidar de assuntos familiares durante o expediente.

Embora, em muitas funções, os avanços tecnológicos tenham tornado mais fácil o funcionário trabalhar de onde precisar, nem todas as funções se prestam à flexibilidade de local ou de horário. Porém, toda organização deve examinar suas políticas, benefícios e sistemas de gestão de desempenho e estar aberta a ajustá-los para permitir maior flexibilidade sem abrir mão da produtividade alta.

Por exemplo, os líderes organizacionais precisam cogitar seriamente se mais tempo no escritório tem uma correlação com um desempenho efetivamente melhor. Seus funcionários estão alcançando os mesmos resultados – ou poderiam alcançá-los – usando abordagens individualizadas e não tradicionais?

Ao refletir sobre a forma de lidar com o desafio do equilíbrio entre vida pessoal e profissional no seu ambiente de trabalho e como atrair e reter funcionárias, leve em conta o que as melhores organizações fazem:

- **Algumas mulheres almejam a direção da empresa, mas precisam de apoio para chegar lá enquanto cuidam da família.** As melhores organizações ajudam as mulheres a seguirem na trajetória de suas carreiras, mas também concedem a elas flexibilidade para focar na família em certos momentos da vida (e fazem o mesmo para os homens).
- **Algumas mulheres almejam posições de alto nível e responsabilidades de liderança, e uma carga horária pesada não as intimida.** As melhores organizações escutam quem busca oportunidades de progredir e incentivam a dar os passos certos para acelerar o próprio desenvolvimento.
- **Algumas mulheres almejam um crescimento constante e desenvolvimento de carreira enquanto lidam com outros aspectos da vida.** As melhores organizações oferecem às funcionárias opções de quando e onde trabalharem.
- **Algumas mulheres não almejam cargos de liderança.** As melhores organizações ajudam as mulheres a descobrirem e fazerem aquilo que fazem melhor. Seu sistema de desempenho precisa empoderar as funcionárias a trabalharem em uma função que amem, onde possam continuar a progredir sem ter que escalar a pirâmide corporativa.

Talvez o ponto mais destacado seja que cada funcionário específico – seja homem ou mulher – define o que significa uma boa vida e carreira para si. Os grandes gestores conhecem as aspirações de cada um deles e oferecem trajetórias realistas de oportunidade.

CAPÍTULO 41
Os baby-boomers viraram um fardo?

74% dos americanos planejam trabalhar até depois dos 65 anos.

Os millennials anseiam progredir na carreira. E podem acabar deixando sua empresa para progredir em outro lugar. Enquanto isso, os baby-boomers e os trabalhadores mais idosos estão alcançando ou ultrapassando a idade tradicional da aposentadoria. Considerando o tempo de serviço e a experiência, eles podem representar um fardo salarial importante para sua organização.

Muitos trabalhadores mais idosos não querem ou não têm condição de se aposentar. Outros, por sua vez, representam um risco organizacional: caso se aposentem, a organização perde o tesouro acumulado de conhecimento institucional e sabedoria.

Dentre as cinco gerações que atualmente se encontram na força de trabalho americana, os "tradicionalistas" (a geração anterior aos baby-boomers) são os mais engajados no trabalho. É provável que esses funcionários, que agora estão com 70 anos ou mais, estejam trabalhando por opção. Encontraram uma ocupação, seja em tempo parcial ou integral, que lhes proporciona sentido e propósito. Eles também adoram a autonomia.

Enquanto 40% dos funcionários entre os 50 e os 64 anos esperam se aposentar aos 65 anos, este grupo inclui aqueles que *querem* continuar a trabalhar, assim como aqueles que são desengajados do trabalho, mas *precisam* continuar a trabalhar por razões financeiras.

Tudo isso obriga os diretores de RH a lidarem com perguntas complicadas: *Como faço a transição dos funcionários mais velhos para a aposenta-*

doria ou uma função reduzida? E como lido com a sucessão, preparando as futuras gerações para assumir?

Muitos trabalhadores idosos ocupam postos sênior na organização, o que em geral não facilita conversas sobre transição de carreira e aposentadoria. O ideal é que sua organização elabore a base do planejamento sucessório com anos de antecedência (veja o Capítulo 18).

Eis três estratégias que os líderes devem levar em conta:

I. PREPARE O SUCESSO DOS FUNCIONÁRIOS IDOSOS.

Preparar o sucesso dos trabalhadores idosos começa perguntando a eles quais são seus planos de longo prazo. Dê a eles um senso de autonomia em relação ao próprio futuro – e tranquilize-os garantindo que ninguém vai forçá-los a sair. Ajude-os a enxergar oportunidades para utilizar seus pontos fortes, seja na sua organização ou em outro lugar. Ter um plano para usar os próprios pontos fortes no futuro também vai aumentar o bem-estar deles.

Quanto aos funcionários mais velhos que estão há muitos anos na sua empresa, dê a eles o devido crédito pela lealdade, inscrevendo-os em um programa no qual eles possam começar a pensar no futuro que desejam *antes que ele chegue*. Por exemplo, você pode usar um programa que some a idade e o tempo de serviço em uma nota que determine a elegibilidade para vários benefícios educacionais, financeiros e de aposentadoria. Por meio de programas desse tipo, você estará dando aos funcionários mais velhos o reconhecimento pelo serviço prestado e dizendo a eles que você vai ajudá-los na transição para a etapa seguinte da vida.

A meta é empoderar os funcionários idosos para que eles tomem decisões acertadas em relação ao bem-estar futuro, criando uma estratégia de saída elegante e comemorativa para cada um.

2. CONHEÇA OS PONTOS FORTES E O POTENCIAL DOS FUNCIONÁRIOS IDOSOS.

Os baby-boomers apresentam um desejo maior do que os trabalhadores de outras gerações de desenvolver os colegas. Muitas vezes, superam os mais jovens na capacidade de criação de um negócio. Alguns são mentores excepcionais – papel que podem continuar a desempenhar em sua organização, mesmo que seja em tempo parcial ou numa função emérita. E alguns podem aceitar um papel consultivo no lançamento de uma nova divisão ou unidade na sua empresa.

Infelizmente, alguns funcionários idosos perdem a energia e o entusiasmo por causa de uma falta de compatibilidade com o papel atual ou de uma função que leva a um desengajamento progressivo. A necessidade de desenvolvimento das pessoas não se esgota à medida que elas progridem na carreira ou atingem certa idade. Lamentavelmente, os funcionários mais velhos relatam uma atenção bem menor ao desenvolvimento deles em comparação aos mais jovens – uma falha evidente de gestão de desempenho.

Reconheça os pontos fortes, o conhecimento institucional e o potencial de seus funcionários mais idosos e busque oportunidades para eles dentro ou fora da empresa. Todo mundo – não importa a idade ou a experiência – quer aprender e evoluir.

3. USE ANÁLISE DE DADOS AVANÇADA PARA REABASTECER OS TALENTOS.

Para que o grupo de talentos da sua empresa continue robusto à medida que os funcionários mais antigos se aposentam – e para colocar os trabalhadores mais jovens em uma trajetória de carreira gratificante –, estude os de desempenho mais alto. Use avaliações robustas e bem validadas que documentam aquilo que deu certo no passado – e por que deu certo – e encontre o tipo de funcionário que será bem-sucedido no futuro quando a natureza do seu trabalho e da sua organização mudar. Monte e aperfeiçoe o perfil de quem tem alto desempenho, de modo a encontrar sistematicamente candidatos e a promover jovens com as características inatas adequadas para as funções.

A experiência também é um ingrediente importante do sucesso. Realize *avaliações de experiência* com os funcionários antigos mais bem-sucedidos – sobretudo aqueles em cargos de liderança – para determinar em quais experiências os funcionários mais jovens devem investir. As organizações raramente discutem ou documentam a experiência além do currículo, mas é importante ter um registro das experiências que moldaram seus funcionários de desempenho superior.

CAPÍTULO 42
Benefícios, vantagens e horário flexível: o que é realmente importante para os funcionários?

A probabilidade de trocar de emprego por benefícios melhores é substancialmente maior quando os funcionários estão desengajados.

Os funcionários na nova força de trabalho não estão em busca de vantagens superficiais, como salas de jogos, comida de graça e máquinas de café sofisticadas. O que realmente buscam são benefícios e vantagens que promovam seu bem-estar, oferecendo mais flexibilidade, autonomia e qualidade de vida.

Recentemente, o Gallup realizou uma pesquisa sobre vários benefícios e vantagens para compreender melhor quais deles representam um diferencial aos olhos da força de trabalho.

O trabalhador nos Estados Unidos é o que tem maior probabilidade de trocar de emprego por causa do plano de saúde – uma despesa que, para a maioria, vem aumentando e, com isso, reduzindo a renda discricionária. Mais da metade mudaria de emprego para ganhar bônus, um plano de aposentadoria, férias remuneradas e horário flexível.

A maioria dos funcionários diz que a empresa oferece plano de saúde (91%), férias remuneradas (92%) e um plano de previdência (68%). Menos da metade diz que o empregador oferece bônus e horário flexível.

Em alguns casos, os benefícios são mais uma questão de percepção do que uma realidade. Por exemplo, há mais profissionais de RH do que funcionários dizendo que suas empresas propõem plano de previdência, assistência ao funcionário e horário flexível.

Depois de analisar a frequência da oferta de benefícios e a correlação com a intenção de mudar de emprego, o engajamento e o bem-estar do trabalhador, o Gallup agrupou os benefícios em quatro categorias:

- **Básicos** – Planos de aposentadoria com participação meio a meio da empresa, plano de saúde, licença remunerada, férias remuneradas e outras coberturas de seguros.
- **Importantes para alguns** – Participação nos lucros, local de trabalho flexível, tempo remunerado para trabalhar independentemente em um projeto da escolha do funcionário e bônus pecuniários.
- **Diferenciadores** – Horário flexível.
- **Valor agregado** – Eventos profissionais e programas de desenvolvimento, patrocínio de organizações ou eventos comunitários, oportunidades de voluntariado, reembolso de material de informática e planejamento ou mentoria financeira.

Os benefícios são somente um dentre muitos fatores que influenciam se o funcionário vai entrar para a organização, ficar nela ou deixá-la. Mas é importante observar que *a probabilidade de mudar de emprego por conta de um programa de aposentadoria melhor, um local de trabalho flexível e participação nos lucros é substancialmente maior quando o funcionário está "ativamente desengajado".*

O Gallup recomenda analisar os benefícios e vantagens da sua organização e depois responder às duas perguntas a seguir:

1. **Você conhece a análise estatística do ROI de cada um dos seus benefícios e vantagens?** Estimar o retorno sobre investimento (ROI) precisa incluir a análise do uso dos benefícios e a melhora no bem-estar na organização como um todo.
2. **Seus funcionários compreendem o objetivo dos seus benefícios e vantagens?** Seus funcionários precisam saber como os benefícios oferecidos contribuem para seu propósito e bem-estar físico, social, comunitário e financeiro.

CAPÍTULO 43
Como o horário flexível e o alto desempenho andam juntos

Menos da metade dos funcionários afirma que sua organização oferece horário flexível.

Quando se trata do engajamento e do bem-estar do trabalhador, o *horário flexível* é a vantagem ou benefício que ele mais valoriza. Porém, apenas 44% dos funcionários afirmam que sua organização oferece alguma forma de horário flexível.

Analise as seguintes conclusões do Gallup:

- 53% dos funcionários afirmam que um equilíbrio maior entre trabalho e vida pessoal e o bem-estar pessoal são muito importantes para eles na hora de pensar em aceitar um cargo.
- 63% dos millennials e pouco mais da metade de todos os trabalhadores trocariam de emprego pelo horário flexível.
- Os funcionários trocariam parte do salário pelo horário flexível. Aceitariam um emprego que oferecesse horário flexível em troca de uma redução de 2% no aumento da renda em comparação àqueles que receberam uma proposta de aumento sem flexibilização do horário.

Então, por que todas as organizações não adotam o tempo flexível? O que as impede?

Vamos começar vendo por que o horário flexível é tão popular. Talvez a maior razão do seu impacto, tanto no engajamento quanto no bem-estar, seja o anseio profundo das pessoas por liberdade. *Elas querem estar no con-*

trole da própria vida. Existem muitas questões pessoais com as quais os funcionários precisam lidar durante os horários de trabalho tradicionais, das nove às seis. As pessoas também executam seu trabalho de formas diferentes dependendo do estilo de vida e das circunstâncias.

É comum os empregadores precisarem pedir aos funcionários que cuidem de questões do trabalho fora do expediente. Por isso, uma barganha justa é a possibilidade de cuidar de questões pessoais – ir ao jogo de futebol dos filhos, cuidar deles, ir à academia, consultas médicas – durante as horas normais de expediente.

Porém, no mundo real, como o horário flexível pode dar certo? Será que é possível realizar o trabalho se as pessoas puderem sair e voltar quando bem entenderem? É realmente possível conceder horário flexível às pessoas na maioria das funções quando elas de fato precisam *estar* no trabalho para cumprir suas tarefas?

O horário flexível não é factível em funções que exigem dos funcionários a presença física em horários marcados, como os setores industrial, médico e de atendimento direto ao cliente. Mesmo em setores compatíveis com o horário flexível, a *flexibilidade* propriamente dita não precisa ser um benefício igual para todos.

Eis alguns exemplos de diferentes tipos de flexibilidade, que vão além da simples questão de horário e local de trabalho.

- **Tipo de trabalho.** Incentive os funcionários a se envolverem na seleção de projetos, equipes e papéis dos quais desejam participar.
- **Estrutura organizacional.** Pense na ideia de uma hierarquia enxuta, com um ambiente de trabalho altamente colaborativo.
- **Cultura e ambiente de trabalho.** Projete escritórios abertos, com espaços de trabalho flexíveis. Autorize dias de roupa casual e incentive os funcionários a tomarem as próprias decisões em relação a detalhes como os horários de almoço e lanche.
- **Funções.** No caso das funções de atendimento ao cliente na linha de frente, que exigem que o funcionário esteja presente em horários específicos, incentive o rodízio de plantões entre colegas de equipe. Algumas organizações utilizam tecnologias avançadas para facilitar essa prática e oferecem recompensas a quem assume o plantão alheio.

Tenha em mente o objetivo final do trabalho flexível: *autonomia com responsabilidade*. Eis a forma como os grandes gestores usam o horário flexível para turbinar o desempenho, em vez de prejudicá-lo:

- Eles conhecem cada pessoa que administram – os pontos fortes, os pontos fracos e a situação pessoal – e oferecem mentoria contínua.
- Eles cobram os funcionários pelos resultados que são de responsabilidade deles – realizações individuais, colaboração com membros da equipe e valor para o cliente.

Ter um ambiente de trabalho *verdadeiramente* flexível começa pelos seus líderes e como eles reagem aos funcionários que utilizam as opções de flexibilidade oferecidas pela organização – e como eles usam essa flexibilidade na própria vida ao mesmo tempo que realizam o trabalho.

No fim das contas, a chave para um horário flexível que combine autonomia e alta responsabilização *é o gerente*.

CAPÍTULO 44
O novo local de trabalho

43% dos funcionários relatam trabalhar em um local diferente dos colegas pelo menos em parte do tempo.

Os funcionários de hoje exigem autonomia e flexibilidade – inclusive em relação ao projeto e à organização do local de trabalho.

Pouco mais da metade dos trabalhadores americanos afirma que trocaria de emprego em busca de mais flexibilidade. Mais de um terço trocaria de emprego se tivesse a possibilidade de trabalhar onde bem entendesse pelo menos parte do tempo.

Segundo uma pesquisa de benefícios da Sociedade para a Gestão de Recursos Humanos, 60% das empresas oferecem aos funcionários a oportunidade de trabalho remoto – o triplo de 1996. O Gallup também constatou um aumento no percentual de funcionários que relatam trabalhar em um local diferente dos colegas pelo menos parte do tempo. E o percentual que trabalha em um local diferente o tempo todo aumentou de 9% em 2012 para 13% em 2016.

Ao mesmo tempo, muitas organizações estão alterando o layout de seus escritórios em favor de uma sensação de mais abertura e flexibilidade. Uma pesquisa da Associação Internacional de Gestão de Instalações concluiu que cerca de 70% das empresas americanas têm algum tipo de escritório aberto.

O ex-prefeito de Nova York Michael Bloomberg ficou conhecido por ter reprojetado parte da prefeitura e a tornado um espaço de trabalho aberto, com seu "aquário" bem no meio de tudo. Em 2018, ele tuitou: "Sempre acreditei que esses espaços de trabalho abertos e colaborativos fazem a diferença – tanto em empresas quanto em prefeituras."

ESSAS TENDÊNCIAS SÃO POSITIVAS OU NEGATIVAS PARA AS EMPRESAS?

O Gallup concluiu que as pessoas que trabalham 100% ou 0% remotamente têm uma probabilidade menor de engajamento e, de modo geral, uma probabilidade maior de "desengajamento ativo". O maior engajamento se situa em uma faixa ideal de três a quatro dias de trabalho remoto em uma semana de cinco dias. Trata-se de um aumento em relação a 2012, quando a faixa ideal estava em torno de um dia por semana.

Algumas empresas optaram por alguns dias de trabalho presencial, alegando a necessidade de reforçar a colaboração e a comunicação. Há uma razão para isso. A análise do Gallup concluiu que, embora o trabalhador remoto apresente a tendência a ter uma maior clareza de papéis e outros benefícios, ele fica carente de relacionamentos mais próximos com os colegas que incentivam seu desenvolvimento.

A eficácia do trabalho remoto depende da função. Ele funciona melhor entre os funcionários cuja atuação depende de conhecimentos específicos ou de determinada formação acadêmica, assim como entre os funcionários que não precisam ser os primeiros a reagir às necessidades imediatas dos outros. Porém o "desengajamento ativo" aumenta quando os funcionários das áreas de *serviço* e *suporte* passam mais de 40% do tempo em trabalho remoto.

Para maximizar o trabalho remoto, as organizações precisam de líderes de equipe talentosos que pratiquem *as cinco conversas de mentoria* (veja o Capítulo 21). Esses gestores precisam dispor de uma estratégia de abordagem dos três resultados-chave do desenvolvimento de desempenho: *expectativas claras, mentoria contínua* e *responsabilização*. Quando não há uma estratégia com grandes coaches para executá-la, o trabalho remoto vira uma aposta. Alguns funcionários vão se sair bem por conta própria, mas muitos não vão.

Seja trabalhando remota ou presencialmente, o que os funcionários esperam do espaço de trabalho, de modo geral?

A maioria dos funcionários trabalha no mesmo espaço que os colegas 100% do tempo. Por isso, o espaço de trabalho é importante para eles. As três características do escritório mais desejadas pelos funcionários são:

- Privacidade, quando necessário;
- Espaço de trabalho pessoal;
- Sala própria.

Muitas organizações tentam aprimorar o ambiente de trabalho com vantagens como alimentação, máquinas de café ou paredes de escalada. Embora sejam benefícios interessantes, não existe substituto para um bom gestor-mentor – tampouco compensam um gestor ruim.

Quando o Gallup perguntou aos millennials quais fatores são "extremamente importantes" para eles numa candidatura de emprego, os benefícios ficaram no final da lista de prioridades. Apenas 18% dos millennials afirmaram que um "local de trabalho divertido" é extremamente importante para eles em uma candidatura de emprego. Os itens mais importantes foram oportunidades de aprendizado e crescimento e a qualidade do gestor.

Confira sete coisas a serem levadas em conta em relação a *todos* os seus funcionários:

- Todas as pessoas sabem o que se espera delas?
- Todas as pessoas realizam seu trabalho sem distrações?
- As pessoas têm opções de quando e onde trabalhar?
- Todos dispõem de um espaço para chamar de seu?
- É fácil para os funcionários interagirem com os colegas?
- É possível ser um mentor efetivo e desenvolver todos os funcionários usando as cinco conversas?
- É possível cobrar responsabilidades de todos os funcionários?

Onde quer que seja o espaço de trabalho dos seus funcionários e a forma como é projetado – e qualquer que seja a função –, você precisa de grandes gestores, capazes de inspirar o engajamento e a produtividade ao mesmo tempo que mantêm expectativas claras, mentoria contínua e cobrança de responsabilidade para todos os funcionários.

CAPÍTULO 45
Inovação corporativa: como gerenciar – e fomentar – a criatividade

30% dos trabalhadores "concordam muito" que se esperam deles criatividade e ideias de novas formas de executar as tarefas no trabalho.

A criatividade é essencial nas organizações. Isso vale sobretudo para empresas que estão se adaptando a um mercado em constante transformação (*e qual não está?*) e tentando gerar crescimento orgânico.

A inovação não pode mais ser responsabilidade exclusiva do departamento de P&D em um mundo onde a concorrência está o tempo todo reescrevendo as regras do jogo e exigindo uma agilidade fora do comum.

Muitas organizações afirmam desejar que seus funcionários sejam altamente criativos. No entanto, a maioria dos funcionários não acredita que se espera deles criatividade ou ideias de novas formas de fazer as coisas. Isso é um problema, porque todas as organizações enfrentam importantes rupturas no próprio setor.

Você poderia contra-argumentar: "Mas muitas funções não precisam ser criativas." É verdade, pode parecer que não há muita criatividade em dirigir um ônibus, receber um cliente, encher prateleiras, tirar o lixo, preencher uma planilha ou escrever um código conforme solicitado. Porém *todas* as funções têm potencial para a criatividade, seja na forma de atender às necessidades específicas de um cliente, seja na forma de aprimorar um processo e tornar o trabalho mais eficiente. E não há ninguém mais próximo da tarefa do que o indivíduo que a executa.

No entanto, a impressão é de que poucas organizações integram de verdade a criatividade em seus sistemas de gestão de desempenho. Mesmo quando os funcionários "concordam muito" que se espera criatividade deles, apenas metade dispõe de tempo diário para fazer isso ou acredita que pode assumir os riscos necessários para ser criativo.

À primeira vista, criatividade e gestão de desempenho parecem incompatíveis – mas não precisam ser. Para ter um local de trabalho criativo, seus funcionários precisam de *expectativas, tempo* e *liberdade para correr riscos.*

- **Expectativas.** Mesmo que a "criatividade" seja uma palavrinha no seu mural de valores corporativos, ela só se torna uma prioridade quando os gestores fazem dela uma expectativa. Como muitos funcionários sabem, existe uma grande diferença entre expectativas formais e as realidades cotidianas do trabalho. Caso a criatividade seja um valor essencial para a sua organização, você precisa fazer com que ela esteja presente nas conversas e nos processos regulares de avaliação, e seja focada em resultados claros, pelos quais os indivíduos sejam responsáveis. Quando os funcionários dispõem de expectativas bem definidas em relação à criatividade, eles têm uma probabilidade três vezes maior de acreditar que podem correr riscos que levem a novos produtos, serviços ou soluções.
- **Tempo.** Os requisitos importantes para o êxito a longo prazo de uma organização muitas vezes se chocam com seus objetivos mais urgentes a curto prazo. A criatividade exige tempo – tempo para fazer experiências, tempo para compartilhar ideias com uma equipe, tempo para aprender coisas novas – e espaço para aprender com o fracasso. Cuide para que seus funcionários disponham do tempo necessário para serem criativos.
- **Liberdade para correr riscos.** O funcionário logo desiste quando percebe que o empregador não quer de fato escutar ou implementar novas ideias e abordagens. Claramente, os gestores precisam assumir riscos calculados e empoderar e apoiar os funcionários que também assumem riscos.

Veja a seguir como colocar a criatividade em prática em qualquer organização:

- **Coloque a criatividade na descrição do cargo – e dê reconhecimento público às grandes inovações.** Caso a criatividade seja um valor e uma das maiores prioridades de sua organização, cuide para que as atitudes e decisões cotidianas dos líderes deem respaldo a ela. Conceda aos funcionários tempo diário para o pensamento criativo e o compartilhamento de ideias. A criatividade implementada com êxito é focada e baseada em expectativas claras para as funções. E, quando você dá reconhecimento público às inovações que aprimoram a equipe ou a organização, isso envia a todos os funcionários a mensagem de que parte da função de cada um é melhorar continuamente a forma como as coisas são feitas.
- **Defina os resultados, não as etapas.** Quando o gestor regulamenta demais os passos que os funcionários devem dar para atingir uma meta, ele tolhe a inovação. Por exemplo, caso o resultado que você busca seja criar engajamento do cliente mas as etapas que implantou atrapalhem o atendimento, os funcionários não terão como oferecer um serviço verdadeiramente individualizado. Os grandes líderes de equipe definem metas e expectativas claras, concedendo aos trabalhadores flexibilidade na forma de atingir essas metas. Isso dá ao funcionário a oportunidade de experimentar novas maneiras de realizar as coisas e de utilizar os próprios pontos fortes. No entanto, a liberdade para ser criativo não significa que atalhos sejam aceitáveis. Certifique-se de que seus funcionários sabem que a inovação tem limites alinhados com as metas e os padrões da sua organização.
- **Aumente o engajamento para gerar mais ideias.** Quando os funcionários comparecem ao trabalho ansiosos para ir mais alto e mais longe, eles geram um número de ideias significativamente maior para a empresa. Sabemos que o funcionário engajado tem uma probabilidade 20% maior do que o funcionário médio de dizer que ele (ou a equipe) teve uma ideia. E tem uma probabilidade 2,4 vezes maior do que o funcionário médio de dizer que teve uma ideia que foi implementada com êxito.
- **Reforce a flexibilidade e a autonomia na sua estrutura organizacional.** Funcionários que atuam em equipes altamente matriciais e que trabalham remotamente afirmam dispor de mais tempo para ser

criativos. Assim como ocorre com muitos aspectos da nova força de trabalho, o aumento da flexibilidade e da autonomia do trabalhador melhora o engajamento e o desempenho. Nossas pesquisas concluíram que 20% a 60% de trabalho remoto é a configuração que melhor conduz à criatividade.

CAPÍTULO 46
Não é possível ser "ágil" sem grandes gestores

As organizações que não são ágeis e que não têm a capacidade de se adaptar depressa serão superadas pelos concorrentes – ou eliminadas.

A frase "adaptar-se ou morrer" nunca foi mais relevante. Pense em apenas três problemas de vida ou morte que hoje ameaçam as organizações:

- Tecnologias radicalmente disruptivas;
- Crescimento apenas por meio de aquisições;
- Culturas à moda antiga, que não conseguem atrair estrelas.

Organizações que não são ágeis e que não têm a capacidade de se adaptar depressa serão superadas pelos concorrentes – ou eliminadas do negócio.

Como as organizações podem reagir de forma eficaz às transformações que vêm acontecendo no mercado e no ambiente de trabalho de hoje?

Elas precisam ser muito mais *ágeis*. A agilidade, se é que a organização a tem, é ditada pela cultura. Sua cultura é veloz e voltada para o cliente? Ou é voltada para dentro e tolhida pela burocracia e pelos processos?

Reestruturar seu mapa organizacional e criar uma organização matricial não basta. A análise do Gallup concluiu que não se pode ter uma agilidade excepcional sem grandes gestores.

É assim quer os funcionários se reportem às chefias da forma linear tradicional, quer você divida a gestão de pessoas entre vários papéis em uma estrutura matricial. O problema é que um gestor incompetente é uma barreira à agilidade excepcional, porque ele não traduz de forma eficaz as mudanças, põe a culpa na empresa quando as mudanças são incômodas e não coopera nem compartilha informações com os demais departamentos.

Por outro lado, os grandes gestores criam uma mentalidade ágil porque engajam a força de trabalho, gerenciam o desempenho, dão mentoria e desenvolvem de maneira eficaz e trabalham bem com todos os departamentos da organização. Eles geram agilidade a cada estágio do ciclo de vida do funcionário – recrutamento, contratação, ambientação, engajamento, desempenho e desenvolvimento. Eles criam oportunidades, em vez de desperdiçá-las.

Mas os gestores não têm como fazer isso sozinhos. Assim como os membros da equipe, eles precisam de desenvolvimento e apoio da organização. Por exemplo, os sistemas de gestão do capital humano precisam ser fáceis de aprender e utilizar. Líderes de equipe de alto desempenho precisam passar o tempo desenvolvendo pontos fortes, em vez de brigar com a tecnologia.

Não há como ter uma cultura de agilidade sem proporcionar a seus gestores desenvolvimento adequado, expectativas claras, mentoria contínua e responsabilização.

CAPÍTULO 47
O trabalho gig: a nova relação entre empregador e empregado

Cerca de um em cada quatro trabalhadores em tempo integral e um em cada dois em tempo parcial têm um trabalho gig.

Desde a Grande Recessão, muitos ficaram encantados com o surgimento dos trabalhadores "gig", termo que designa os trabalhadores independentes que não têm uma relação empregador-empregado tradicional.

Pois bem, quantos trabalhadores gig existem?

O Gallup concluiu que *36% dos trabalhadores americanos pertencem à economia gig, seja na ocupação principal ou na secundária – trabalhos com contrato de curto prazo ou freelance.* A economia gig abrange tudo, de designers gráficos autônomos a enfermeiras que trabalham por empreitada durante períodos de escassez, de professores substitutos *on-call* (disponíveis pelo celular) a motoristas de Uber.

Está claro que a capacidade de fazer um trabalho remoto pela internet mudou radicalmente os tipos de relação de trabalho possíveis. O percentual de pessoas que trabalham primordialmente em tempo integral usando plataformas on-line (como o Uber) e que não têm um empregador é de 6,8% dos trabalhadores em tempo integral (7,3% de todos os trabalhadores).

Há quem chame esse novo sistema de livre mercado de "economia uberizada".

Qualquer que seja o nome, é uma transformação radical em relação aos arranjos anteriores entre empregador e empregado. Não muito tempo atrás, as empresas eram responsáveis por cuidar dos funcionários, e estes, por sua vez, eram leais às empresas. Um trabalhador permanecia anos na mesma empresa e o empregador o recompensava com uma boa aposentadoria. Havia um *contrato social* acertado entre empregados e empregadores.

Esse conceito, hoje, seria irreconhecível para muitos trabalhadores nos Estados Unidos, que passaram a ter uma relação não tradicional com o empregador. O trabalhador de hoje pode ter uma ocupação tradicional e um ou mais "bicos". Podem trabalhar para diversas plataformas on-line, fazer trabalho contratual (por temporada) ou por meio de uma agência de temporários. Aquilo que empregados e empregadores esperam um do outro está mudando drasticamente.

Muitas empresas já vêm usando forças de trabalho temporárias para maximizar o capital humano. Apesar disso, ainda não está claro se o trabalho gig é benéfico para os trabalhadores e para as organizações a longo prazo.

CAPÍTULO 48
O trabalhador gig: desesperado ou satisfeito?

Quase dois em cada três trabalhadores gig diz que está nesse esquema por preferência, não por necessidade.

A controvérsia em torno da economia gig tem focado naquilo que essa tendência representa para o atual mercado de trabalho. Os trabalhadores gig aceitam serviços indignos por desespero e fazem o que for preciso para pagar as contas? Ou optam por sair do horário de trabalho tradicional em busca de flexibilidade e autonomia?

Pesquisas mais antigas sugerem que quem trabalha na economia gig a prefere. O McKinsey Global Institute concluiu que 30% dos trabalhadores independentes faziam trabalho gig por necessidade, enquanto 70% responderam que era por preferência. Um estudo do sindicato Upwork and Freelancers concluiu que 63% dos freelancers optam por esquemas gig por preferência, não por necessidade.

A análise do Gallup concluiu que 64% dos trabalhadores gig dizem estar fazendo o tipo preferido de trabalho, em comparação a 71% dos trabalhadores tradicionais das organizações que afirmam o mesmo. Entre os trabalhadores gig, os terceirizados independentes têm uma probabilidade maior de estar fazendo o tipo de trabalho que preferem, enquanto essa probabilidade é menor entre os temporários ou contratuais.

Os trabalhadores gig mais velhos parecem ter mais preferência por esse tipo de trabalho que os mais jovens. E há alguns trabalhadores que só querem gigs em tempo parcial. Seis em cada dez trabalhadores gig que trabalham menos de 30 horas por semana dizem não querer fazer hora extra.

A EXPERIÊNCIA DO TRABALHADOR DEPENDE DO TIPO DE TRABALHO GIG

De maneira geral, os trabalhadores gig relatam um engajamento e uma satisfação com o empregador semelhantes aos dos trabalhadores tradicionais. Mas isso depende do tipo de trabalho gig. Por exemplo, os freelancers e trabalhadores de plataformas on-line são mais engajados do que os trabalhadores temporários, *on-call* (disponíveis pelo celular) e contratuais.

É menos provável que ocorram discussões de avaliação de progresso e mentoria com trabalhadores gig. O paradoxo é que as relações sociais com colegas são *mais* prováveis com trabalhadores gig – mais especificamente, com os contratuais independentes e os trabalhadores de plataformas on-line. A tecnologia parece ter preenchido uma lacuna social.

Os benefícios e problemas do trabalho gig podem ser um dilema para esses trabalhadores. Embora seja menor a probabilidade de que relatem ser pagos em dia e corretamente pelo trabalho, eles têm uma probabilidade significativamente maior de relatar que o horário de trabalho flexível é o ideal para seu estilo de vida.

Os candidatos a trabalhos gig com certeza pesam os dois lados da balança. As empresas também devem fazer isso ao elaborarem pacotes originais para atrair, contratar e reter trabalhadores. Algumas estão competindo *pelos* trabalhadores gig para preencher uma necessidade, enquanto outras estão competindo *contra* o trabalho gig para recrutar os melhores e mais brilhantes.

Para os otimistas, a economia gig representa um movimento rumo a mais empreendedorismo e empoderamento do trabalhador. Ela também pode gerar oportunidades para pessoas que, do contrário, não estariam trabalhando, como pais e mães que ficam em casa ou cuidadores primários de familiares idosos ou vulneráveis. Isso pode ser positivo para a economia a longo prazo, pois as novas tecnologias abrem mananciais inexplorados de produtividade.

Por outro lado, essa tendência pode sinalizar uma deterioração do contrato social entre empregados e empregadores, pois algumas organizações dão preferência a contratos temporários para reduzir custos com encargos trabalhistas e salários.

CAPÍTULO 49
A inteligência artificial chegou. E agora?

73% dos americanos afirmam que a inteligência artificial (IA) vai levar à redução dos postos de trabalho.

A automação, sob a forma da inteligência artificial, está se tornando rapidamente uma realidade e acabará tendo um impacto sobre os trabalhadores de todos os setores e funções – de motoristas de caminhão a empregados domésticos, de cirurgiões a operários de fábricas. A automação já está afetando funcionários de call centers, bancários e garçons.

Aquilo que a ficção científica imaginou durante décadas está acontecendo no mundo do trabalho atual. Quase metade (47%) de todos os empregos nos Estados Unidos está em risco por causa da automação.

Três quartos dos americanos (76%) "concordam" ou "concordam muito" que a IA vai mudar a forma como as pessoas trabalham e vivem na próxima década, e 77% afirmam que essas mudanças serão "majoritariamente" ou "muito" positivas.

No entanto, os americanos também temem as consequências futuras: 63% acreditam que a adoção da IA vai aumentar o abismo entre ricos e pobres.

Os trabalhadores americanos receiam mais perder o emprego para a IA do que para os imigrantes. Praticamente seis em cada dez americanos acham que a IA é a maior ameaça aos empregos no país, contra cerca de quatro em cada dez que acham que a imigração é a maior ameaça.

Apenas 13% afirmam que seu emprego atual tem uma probabilidade média ou grande de ser eliminado por causa da automação nos próximos cinco anos. Duas vezes mais (26%) afirmam que seu emprego tem uma probabilidade média ou grande de ser eliminado nos próximos 20 anos.

Embora poucos americanos estejam preocupados com o risco de perder o emprego nas duas próximas décadas, eles enxergam e temem grandes mudanças por vir.

QUE SETORES VÃO PERDER POSTOS DE TRABALHO?

O emprego mais comum nos Estados Unidos – vendedor varejista – também é o que tem a maior probabilidade de encolher drasticamente na próxima década, segundo relatório publicado por Carl Frey e Michael Osborne, da Universidade de Oxford. Trabalhadores de fast-food, operários, caixas, secretários e assistentes administrativos também são funções que devem sumir. E enfermeiros e professores podem entrar nessa lista em breve.

Uma maioria importante de americanos que trabalham em consertos e manufatura; cargos burocráticos e de escritório; serviços e transportes; e nos setores financeiro, imobiliário e de seguros acreditam que a IA vai eliminar mais postos de trabalho do que criar.

Assim, quais empregos estão seguros? Os americanos afirmam que o setor jurídico e de políticas públicas é o menos suscetível à substituição pela automação, com apenas 9% afirmando que cortes nas vagas relacionadas à IA vão ocorrer primeiro nessas áreas. Além disso, eles acreditam que empregos nas áreas de cultura, entretenimento e esportes, assim como em serviços sociais e comunitários, estão a salvo da IA – com apenas 15% e 16%, respectivamente, afirmando que essas vagas serão eliminadas primeiro.

As percepções do público e dos especialistas estão praticamente alinhadas. Vagas que exigem habilidades sociais, criatividade e formação superior são menos suscetíveis à automação. Funções como as de consultores, terapeutas e policiais provavelmente serão preenchidas por seres humanos no futuro próximo.

A transição cultural vai levar algum tempo. Por exemplo, a maioria dos investidores continua preferindo se relacionar com um consultor humano ao tomar decisões de investimento – por mais que os robôs de investimento continuem nas manchetes. A maioria dos serviços vai se tornar "híbrida", o que significa que os clientes poderão obter o melhor de dois mundos – ferramentas tecnológicas e um relacionamento pessoal. O Gallup concluiu que os clientes mais engajados usam canais automatizados e humanos na obtenção de serviços.

QUE SETORES VÃO GERAR EMPREGOS?

A automação, embora cause muita ruptura, sempre foi uma ótima geradora de empregos. Avanços tecnológicos nos transportes e nas comunicações criaram milhões de vagas. No entanto, Erik Brynjolfsson e Andrew McAfee, do MIT, alertam para a dissociação gradual entre a produtividade e a renda, a tal ponto que avanços tecnológicos vão destruir empregos de baixa capacitação mais rapidamente do que criam.

Por outro lado, à medida que cresce a demanda pelo e-commerce, é provável que sempre haja necessidade de seres humanos para trabalhar ao lado dos robôs. Por exemplo, robôs de armazéns estão fazendo coisas que o ser humano não quer fazer – como atividades muito desgastantes fisicamente –, mas os robôs ainda não são tão bons para lidar com tarefas imprevisíveis, por isso precisam de supervisão. Segundo a revista *Inc.*, desde 2014 a Amazon usou 100 mil robôs em 25 armazéns no mundo inteiro, mas, ao mesmo tempo, triplicou sua força de trabalho humana contratada por hora, de cerca de 45 mil para quase 125 mil.

Um estudo global da Accenture com mil grandes empresas identificou três categorias de empregos que a IA vai criar:

- **Treinadores** – pessoas que precisam treinar os sistemas de IA para interpretar interações e perspectivas.
- **Explicadores** – pessoas que interpretam a IA para torná-la contextualmente útil na tomada de decisões.
- **Sustentadores** – pessoas que avaliam as características éticas e de desempenho da IA.

A recapacitação é outra nova expectativa. Chama a atenção que *a maioria dos americanos (61%) acredita que os empregadores devem ser responsáveis pela recapacitação em função da revolução tecnológica.*

Em dezembro de 2017, o Google expandiu sua força de trabalho total para mais de 10 mil moderadores de conteúdo e outros trabalhadores de aplicação da lei para identificar conteúdo censurável no YouTube. Segundo o Google, os dados desses moderadores humanos serão utilizados para criar um aprendizado de máquina mais poderoso, capaz de identificar conteúdo censurável. Esse é apenas um exemplo da interação entre as máquinas e a força de trabalho humana.

Embora a possibilidade de as máquinas roubarem seu trabalho gere ansiedade no ser humano a cada nova onda tecnológica, ainda não se chegou a uma conclusão em relação à onda atual roubar empregos mais rapidamente do que os cria. Os especialistas se dividem.

Uma coisa é certa: a IA vai continuar a transformar significativamente o jeito de trabalhar.

CAPÍTULO 50
Inteligência artificial: como preparar seu ambiente de trabalho

A automação somada ao desenvolvimento de pessoas vai triunfar sobre a automação isolada.

Como ficam os empregadores diante de discursos tão díspares sobre IA – sem falar na ansiedade e na incerteza?

De uma coisa temos certeza: a automação vai ter mais impacto sobre o ambiente de trabalho do que sobre qualquer outra esfera da sociedade. Embora pouco se saiba sobre o *como* e o *quando*, eis duas coisas que os líderes podem fazer desde já para se preparar para os próximos 10 anos:

1. **Investir no próprio pessoal.** Pode parecer paradoxal, mas, em um mundo cada vez mais automatizado, as pessoas serão mais valiosas do que nunca. Os empregos do futuro exigirão, acima de tudo, competências sociais, e as interações humanas continuarão a ser a forma mais poderosa de construir relacionamentos com os clientes. Quando tudo estiver automatizado, o cliente terá uma expectativa elevada em relação às interações face a face. Um exemplo atual é o Genius Bar, dentro das lojas da Apple.

    Os empregos do futuro também exigirão criatividade e capacidade de aprender com rapidez. Resumindo, as organizações precisam melhorar muito, e rápido, no desenvolvimento de pessoas.

    O Gallup concluiu que apenas três em cada dez trabalhadores americanos concordam que há alguém no trabalho que incentiva seu desenvolvimento. E quatro em cada dez "concordam muito" que no último ano tiveram oportunidades de aprender e crescer no trabalho. Essas proporções vão diminuindo aos poucos conforme as pessoas envelhecem. Simplificando, os líderes vão precisar melhorar muito no desenvolvimento de suas forças de trabalho diante das necessidades do futuro. A automação, somada ao desenvolvimento de pessoas, certamente prevalecerá sobre a automação isolada.

2. **Comunique oportunidades futuras.** Caso as previsões mais radicais se concretizem, nos próximos anos ocorrerão mudanças de papel e demissões em massa. Esse tipo de ruptura organizacional exige uma comunicação clara e atenciosa. Os líderes precisam ser transparentes em relação aos rumos da organização e às habilidades necessárias para a empresa triunfar no futuro. Quando as mudanças ocorrem na organização, as pessoas precisam saber o papel que desempenham. Precisam enxergar um futuro de oportunidades, e os líderes precisam estar prontos para desenvolvê-las.

CAPÍTULO 51
Atualizados em tecnologia: sistemas de GCH e outras soluções

A meta é fundir a tecnologia com a natureza humana – e não o contrário.

Os sistemas de gestão de capital humano (GCH) são projetados para maximizar insights a partir dos dados existentes para todos os tipos de atividade em sua organização, incluindo recrutamento, rastreamento de candidatos, ambientação, uso do tempo, frequência, rotatividade, desempenho, benefícios, planejamento sucessório, desenvolvimento de carreira, aprendizado e engajamento dos funcionários.

Porém, embora os humanos continuem a elaborar sistemas e máquinas com capacidade cada vez maior, ainda é preciso que pessoas as utilizem. *A tecnologia leva meses para mudar. A natureza humana leva milênios.*

A meta é fundir a tecnologia com a natureza humana – e não o contrário.

É importante entender os cérebros que produziram as máquinas. O cérebro humano tem algumas exigências para usar suas próprias invenções com eficácia. Eis algumas delas:

- **Voltada para o progresso.** Poder progredir e atingir uma meta é crucial, mas, quando as métricas que a sua tecnologia fornece são muito restritas, vagas ou confusas, elas podem atuar contra os objetivos organizacionais gerais e frustrar os usuários.
- **Preciso, previsível e confiável.** O cérebro humano precisa confiar na máquina com a qual trabalha, da mesma forma que um ser humano precisa confiar nos outros seres humanos. *Previsibilidade e confiabilidade*

determinam a confiança em um sistema. A tecnologia precisa oferecer o conforto de um benefício antecipado que ela consiga entregar (previsibilidade). E a qualidade dos dados inseridos no sistema e sua funcionalidade determinarão se as pessoas voltarão a recorrer a ele (confiabilidade).

- **Fácil de trabalhar.** Daniel Kahneman descreve dois sistemas no cérebro. O Sistema 1 é rápido e sujeito a vieses. O Sistema 2 é mais lento e mais deliberado. O cérebro pode sentir preguiça e recair facilmente no Sistema 1 quando é sobrecarregado com demandas excessivas. Uma tecnologia melhor é capaz de substituir muitas demandas do Sistema 2. As pessoas precisam confiar que essa tecnologia vai ajudá-las a resolver os problemas mais complicados, como os de recrutamento e contratação.
- **Divertido de usar.** Quase tudo de positivo que as pessoas vivenciam – incluindo realizar algo significativo, vozes agradáveis e familiares ou feedback inspirador – provoca um pico de dopamina, que dá uma sensação boa. A tecnologia deve deixar as pessoas com vontade de continuar usando porque ela é divertida de usar.
- **Individualizado.** Os sistemas mais eficazes vão levar em conta os pontos fortes das pessoas, os pontos fracos, as circunstâncias e as experiências – e vão automatizar, aprender e proporcionar conselhos exclusivos para cada um.

Os sistemas de GCH podem falhar por vários motivos – tropeços jurídicos e erros na segurança dos dados; má qualidade dos dados; planejamento e gestão das mudanças ineficazes; e informações mal direcionadas, que desengajam líderes, gestores e funcionários.

Eis um exemplo: ciente de pesquisas que mostram que o elogio é um fator importante no engajamento dos funcionários, uma empresa começou a usar uma ferramenta digital de reconhecimento de equipes para esses funcionários. Qualquer funcionário podia reconhecer outro funcionário a qualquer momento. Até aí, tudo bem.

Mas não havia muito critério em relação aos receptores do reconhecimento. Funcionários menos produtivos tinham a mesma probabilidade de serem reconhecidos que os produtivos. Como não houve treinamento prévio sobre como dar reconhecimento efetivo, as boas intenções da empresa resultaram em fracasso.

As empresas também podem usar a tecnologia para compreender como os funcionários utilizam seu tempo – quanto tempo passam em reuniões, com clientes, com colegas ou no e-mail. Analistas podem estudar e determinar a proporção certa de tempo na realização das diversas atividades. No entanto, estabelecer regras sobre a quantidade de tempo que cada pessoa passa realizando cada parte de sua função tolhe seu comportamento e sua autonomia, afastando-a do propósito mais amplo desses insights – como ter um impacto positivo sobre os clientes e o desempenho.

Um dos grandes benefícios das tecnologias emergentes é o aprendizado de máquina, criado a partir de sistemas de GCH para gerar insights inestimáveis. Alguns desses insights são projetados para executivos, enquanto outros propiciam competências para gestores de médio escalão e da linha de frente por meio de relatórios *ad hoc* e análise de dados.

O aprendizado de máquina avançado pode tornar fácil apertar um botão e obter um resultado – e às vezes *fácil demais para não desacelerar e refletir –*, o que aumenta a probabilidade de uma aplicação errada.

Eis algumas perguntas a levar em conta quando sua organização está avaliando a tecnologia e os sistemas de GCH:

- O que você está tentando obter?
- Os usuários sabem o que se espera deles?
- Você sabe qual é o seu retorno sobre o investimento?
- Você está selecionando um sistema de GCH porque a marca dele é a mesma do seu sistema financeiro ou está selecionando o melhor sistema para a sua organização como um todo?
- Você está usando o software mais moderno ou o software que tem os melhores processos para o negócio e a melhor base científica?
- Você está escolhendo o software que vai atender às necessidades da sua futura força de trabalho ou da força de trabalho que você tem hoje?
- Seu sistema permite individualização ou é do tipo "tamanho único"?
- O mais importante: o sistema eleva a qualidade da gestão na sua organização? Ele fornece informações e instruções que tornarão a função dos seus gestores mais eficiente?

O poder da tecnologia, quando combinado ao poder das pessoas, terá um tremendo impacto na transformação do local de trabalho do futuro, desde que você utilize os melhores conhecimentos científicos. E dispor de grandes gestores nos cargos vai garantir que qualquer sistema de medição que você utilize com a sua tecnologia seja produtivo.

CAPÍTULO 52
A melhor tomada de decisões com análise de dados preditiva: Moneyball para gestores

Existem milhões de coisas que você pode medir em uma organização, mas o que os gestores querem mesmo saber é que coisas *realmente contam* quando a questão é fazer o ponteiro se mexer.

O Gallup está há mais de 80 anos no ramo do *big data* e da análise de dados preditiva, o que levou a todas as descobertas que fizemos sobre o ambiente de trabalho em todo o mundo. Dispomos de mais dados sobre os *propósitos* dos 8 bilhões de cidadãos do planeta do que muitas outras instituições.

Nossos dados cobrem de tudo, do engajamento global dos funcionários às competências de gestão universais, a partir da nossa taxonomia de 34 "forças".

A International Data Corporation estima que os dados em todo o planeta dupliquem de tamanho a cada dois anos e que, em 2020, atinjam mais de 44 trilhões de gigabytes – um aumento de 10 vezes desde 2013. Uma economia cada vez mais digital e avanços na ciência de dados amplificam drasticamente o valor analítico do *big data*.

Mas qual é o objetivo de todo esse *big data* e da análise de dados preditiva? E o que as organizações e os líderes podem de fato obter a partir deles?

A resposta do Gallup é: uma tomada de decisões superior.

Os líderes se beneficiam do *big data* e da análise de dados quando encontram descobertas e revelações que os ajudam a criar equipes de alto desempenho e a gerar novos clientes.

O problema é que é mais fácil falar do que de fato passar dos gigabytes para os insights. A maioria dos líderes não precisa de mais dados. Eles precisam de ajuda para maximizar todos os dados de que já dispõem. Segundo um levantamento da KPMG, mais da metade dos executivos (54%) afirma que a maior barreira para o sucesso é identificar que dados devem ser coletados. E 85% afirmam não saber como analisar os dados que coletaram.

UMA CULTURA DE TOMADA DE DECISÕES BASEADA EM DADOS

Segundo uma estimativa da Gartner, *60% dos projetos de* big data *não conseguem ir além dos estágios piloto e de experimentação por causa de problemas de cultura.* A cultura certa começa na diretoria. Os melhores líderes dão respaldo a uma cultura impulsionada por dados ao seguirem uma estratégia claramente definida para gerá-la e sustentá-la.

Uma cultura impulsionada por dados bem-sucedida também exige muita confiança na forma como os líderes utilizam os dados. Algumas fontes de *big data* acarretam uma percepção de risco de violação da privacidade dos funcionários – por exemplo, no rastreamento das atividades de e-mail e agenda ou a preocupação de que as pesquisas com funcionários não sejam de fato anônimas.

O Gallup concluiu que um aspecto importante para tornar a análise de dados preditiva um sucesso cultural é transformar análises complexas em insights simples e de aplicação prática que criem vitórias instantâneas.

COMECE COM UMA AVALIAÇÃO DA ANÁLISE DE DADOS

Depois que uma empresa de serviços globais investiu em novas tecnologias de análise de dados e criou um departamento de ciência de dados, o Gallup realizou uma *avaliação da experiência de dados.* Uma das conclusões da avaliação: três em cada cinco líderes da empresa afirmaram que ainda não obtinham as informações de que precisavam para tomar decisões acertadas a partir do novo sistema de análise de dados.

Os líderes acreditavam que a ciência de dados da empresa estava atrasada em relação aos padrões do setor. Mas a auditoria da experiência de dados mostrou que os problemas mais prementes da empresa eram comunicação e gestão de processos. Faltava à empresa a capacidade de gerir plenamente o ciclo de vida da análise de dados, da solicitação à tomada de decisões, para que a análise de dados ensejasse o sucesso.

Para corrigir esses problemas, a empresa ajustou o foco e lançou uma iniciativa de gestão de mudanças que alinhava melhor as expectativas, competências, protocolos de tomada de decisões e sistemas de cobrança de responsabilidades de seus líderes e da equipe de ciência de dados. Isso resultou em decisões de melhor qualidade.

Eis alguns problemas das empresas de que a análise de dados preditiva do Gallup pode tratar:

- Desenvolvimento de gestores – avaliação de características, desempenho e experiências para maximizar o desempenho e montar equipes vencedoras;
- Atrair e recrutar estrelas para a equipe – análise e aprimoramento da estratégia de busca de fontes;
- Planejamento sucessório – identificação precoce de líderes de alto potencial;
- Identificação das causas da rotatividade – análise das causas e dos custos da rotatividade de funcionários, especificamente dos maiores talentos, e como resolvê-la;
- Refinamento das métricas de desempenho – elaboração de métricas de desempenho adequadas, alinhadas com o desempenho, a cultura e a marca da organização;
- Previsão da automação das funções – identificação de funções que a digitalização vai substituir e planejamento para o treinamento cruzado e a futura força de trabalho;
- Riscos de vazamento e de segurança – combinação de fontes variadas de dados para identificar equipes de alto risco;
- Remuneração e benefícios – criação de recompensas que sejam justas; adequadas ao mercado; e que levem a mais engajamento, bem-estar, desempenho e retenção;
- Avaliação de programas internos – estimativa do retorno das iniciativas e políticas sobre o investimento;
- Diversidade e inclusão – análise de recrutamento, contratação e cultura.

PARA CONCLUIR
O papel da natureza humana nos resultados da empresa

O Gallup alinhavou uma série definitiva de etapas que acompanham o papel que a natureza humana exerce em qualquer organização. Damos a esses passos o nome de Caminho Gallup.

O Gallup identificou e validou esse conjunto de elementos a partir da nossa base de dados de interações entre funcionários e clientes, incluindo 300 mil unidades de negócios do mundo inteiro. Essa é a maior metanálise avançada já realizada sobre o tema da economia comportamental.

Vamos fazer o caminho inteiro, começando do início.

Organizações listadas em bolsa buscam aumentar seus lucros, pois este é o maior impulsionador da valorização das ações. Quando uma empresa tem lucro e a ação se valoriza, tudo é maravilhoso. O emprego de todos está seguro. Os líderes são heróis para os acionistas e para a imprensa e recebem bônus. A empresa pode investir em atividades de crescimento, aumentar a P&D, criar produtos e startups internas, abrir escritórios mundo afora, adquirir empresas, melhorar os benefícios trabalhistas, gastar tempo e dinheiro com as necessidades da comunidade e fomentar continuamente a próxima geração de líderes, porque aquilo que a empresa faz dá certo.

Que papel desempenha a economia comportamental nisso tudo? O aumento do lucro permite prever a valorização das ações em cerca de 80% das vezes. O crescimento real do faturamento permite prever o aumento do lucro em cerca de 80% das vezes.

GALLUP®
Caminho microeconômico
Um modelo comportamental com base econômica para o crescimento orgânico do faturamento

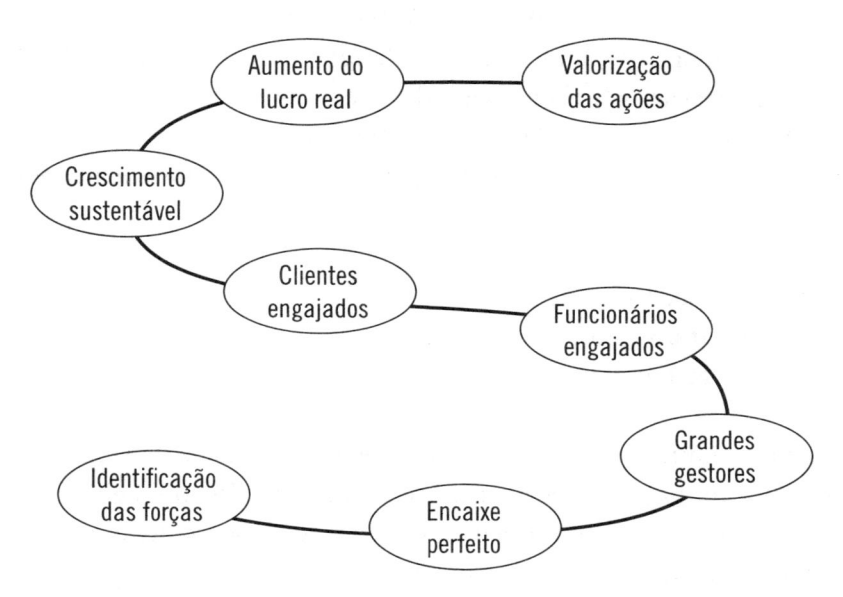

```
                Aumento do          Valorização
                lucro real          das ações
   Crescimento
   sustentável
                Clientes
                engajados           Funcionários
                                    engajados

                                              Grandes
                                              gestores
   Identificação
   das forças           Encaixe
                        perfeito
```

Copyright © 1996-2002, 2007 Gallup Inc. Todos os direitos reservados.

As organizações podem ter um aumento na lucratividade de muitas maneiras: implementando um programa Six Sigma de enxugamento, com forte corte de custos; reestruturando o balancete por meio de uma amortização ou redefinindo a receita; ou simplesmente vendendo uma divisão.

Todos esses métodos aumentam o lucro e, com isso, o preço das ações. Porém a maior probabilidade de crescimento autêntico e sustentável do lucro e das ações decorre do crescimento real do faturamento, sobretudo quando esse crescimento é orgânico. O crescimento orgânico é melhor que o crescimento comprado.

Caso você goste de estatísticas preditivas, sua próxima pergunta certamente será: "Qual a variável da atividade da liderança ou da economia comportamental que permite prever melhor o aumento do faturamento?" A resposta é: um alto engajamento do cliente. Os pesquisadores do Gallup dão a isso o nome de *engajamento do cliente*, em vez de *satisfação do cliente*, porque se sentir satisfeito não permite prever de forma confiável compras em maior número e mais frequentes. Estar *engajado* permite prever melhor o crescimento do faturamento.

A grande descoberta é que, quando o engajamento do cliente aumenta, o faturamento aumenta. Quando o cliente dá uma nota 5 à parceria dele com a sua organização, em uma escala de 5, em comparação com uma nota 4 ou abaixo de 4 (a maioria dos executivos acredita que o 4 é uma boa nota, mas não é), ele fará três coisas que os clientes menos engajados não fazem:

1. Comprar com mais frequência.
2. Pagar mais por transação.
3. Pagar uma margem maior.

A pergunta seguinte é: "O que faz um cliente se engajar?" Resposta curta: ter muita confiança na sua organização. Ser tratado com equidade e respeito. Quando ocorre um problema, você o resolve de maneira rápida e satisfatória. E quando ele tem um vínculo emocional com a sua organização. Resumindo, quando ele não consegue imaginar um mundo sem os produtos e serviços da sua organização.

Nas empresas *business-to-business*, o cliente engajado verá você como um conselheiro de confiança – alguém que entende seu negócio e gera um impacto significativo em seus resultados.

Ao avançar pelo Caminho Gallup, conforme o engajamento do cliente impulsiona o crescimento do faturamento e a valorização das ações, o engajamento do funcionário impulsiona o engajamento do cliente. Você vai constatar a energia poderosíssima que galvaniza sua empresa na interseção entre funcionários e clientes – nem um nem outro isoladamente; a energia reside na interseção.

As unidades de negócios com notas acima da mediana tanto no engajamento do funcionário quanto no engajamento do cliente são, em média, 3,4 vezes mais eficazes em termos financeiros do que as unidades na metade de baixo dessas duas métricas.

Você pode ter produtos incríveis, marketing e publicidade incríveis, uma ótima economia tradicional em geral – mas a alavanca comportamental mais poderosa é o aumento do número de funcionários que estão engajados. Quando você dispõe de funcionários engajados, obtém um efeito dominó previsível: funcionários engajados geram clientes engajados, que geram aumento no faturamento, que aumenta os lucros, que, por fim, valoriza as ações. E, assim, todo mundo sai ganhando.

Para que tudo isso funcione com perfeição, as organizações precisam focar nos pontos fortes – a capacidade de oferecer um desempenho constante, quase perfeito, em determinada atividade – de cada funcionário.

Resta ainda uma demanda da economia comportamental, que é a maior de todas. Caso você não acerte com ela, tudo o mais desmorona. Tendo diagnosticado cuidadosamente os pontos fortes de um indivíduo e atribuído a ele uma função quase perfeita que ele tenha a capacidade natural de desempenhar, cuide para ter um dos melhores gestores do mundo.

Todo o restante no Caminho Gallup se fecha caso o funcionário tenha um chefe ruim.

Quando você concede a cada membro da equipe na sua empresa um grande gestor – um grande mentor –, que se importa com o desenvolvimento e o crescimento deles, você consegue engendrar uma organização com potencial ilimitado.

O segredo é o gerente.

APÊNDICES

APÊNDICE 1
Liderança com pontos fortes: um guia para os 34 temas do teste *CliftonStrengths*

Como seres humanos, somos todos diferentes uns dos outros, e os líderes não são exceção a isso.

Os melhores líderes têm uma consciência afiada dos próprios pontos fortes – e de suas limitações – naturais. Sabem onde investir seu tempo para obter o melhor retorno sobre seus talentos. E sabem em que áreas carecem de aprimoramento e precisam recorrer a outros.

Para ajudá-lo a aprimorar os seus pontos fortes, os da equipe e os das pessoas à sua volta, sugerimos que faça o teste *CliftonStrengths – Descubra seus pontos fortes*.

Para isso, basta usar o código de acesso único encontrado na última página do livro *Descubra seus pontos fortes 2.0*. O teste já ajudou mais de 20 milhões de pessoas, em mais de 100 países, a descobrir e descrever seus pontos fortes.

Nesta seção, para cada um dos 34 temas abordados no teste *CliftonStrengths* você encontrará uma breve definição e algumas dicas para liderar baseado naquele tema específico e para liderar *outras pessoas* que tenham o mesmo ponto forte.

ADAPTABILIDADE

Pessoas com talento excepcional no tema Adaptabilidade preferem seguir o fluxo. Tendem a ser pessoas do "agora", que aceitam as coisas conforme acontecem e descobrem o futuro um dia de cada vez.

COMO LIDERAR QUANDO SE TEM O TALENTO ADAPTABILIDADE

- Às vezes tudo que se pode fazer é ajudar as pessoas a aprender a confiar em si mesmas e encontrar a própria habilidade para lidar com as questões. Quando os outros se sentem impotentes em relação a uma situação, você pode ajudá-las a enxergar que a forma de reagir ainda pode gerar resultado. Ao confiar na capacidade delas e ao ajudá-las a acreditarem no que fazem, você lhes desperta autoconfiança.
- Você não assume as rédeas e tenta controlar tudo. Em vez disso, é um parceiro de viagem na estrada da vida. Sua falta de agenda pessoal ajuda os demais a confiarem na autenticidade da sua participação, sem intenção de manipular. Pergunte às pessoas aonde elas querem chegar e ajude-as a alcançar essa meta. Elas vão saber que você está ao lado delas de verdade.
- Os outros têm um enorme reconhecimento por sua presença no "aqui e agora" quando você está por perto. Concentre seu foco neles – priorize seus sentimentos e suas necessidades. As coisas podem mudar no futuro, mas o aqui e agora é real. Valorize isso, fazendo as pessoas se sentirem especiais ao focar sua atenção naquilo que é importante para elas quando passarem algum tempo juntos.
- Sua capacidade de seguir o fluxo cria certa libertação da ansiedade, tornando as frustrações mais fugazes. É um bom remédio para uma série de outros perfis de talentos. Quando os outros ficam estressados, você enxerga as coisas com distanciamento. Ajude-os a encontrar a serenidade que surge quando alguém se liberta da necessidade de controlar todos os aspectos da vida. Faça com que se sintam livres para que sejam mais felizes, quaisquer que sejam as circunstâncias.
- Reagir à tarefa do momento é um de seus maiores dons. Sua consciência da situação imediata e atenção aos outros faz com que eles se sintam

cuidados. Em alguns casos, você lidera reagindo ao estado emocional das pessoas e ajudando-as a resolver o que é preciso. Isso faz de você um importante parceiro quando os outros necessitam.

- Estabilidade e flexibilidade – essas duas coisas combinam? Claro. Pense na palmeira, cujo tronco segmentado a torna capaz de resistir à força de furacões. De um jeito bem parecido, você ajuda os outros a se sentirem seguros graças à sua falta de rigidez. Planos cuidadosamente elaborados podem sair do rumo por causa de um obstáculo ou desvio no caminho. Você é capaz de ajudá-los a enxergar que esses "desvios" às vezes são rumos necessários, até preferíveis, para chegar ao sucesso final. Ajude-os a persistir quando obstáculos ameaçarem esses planos. Tranquilize-os em relação à capacidade de atravessar a próxima etapa da jornada.
- A paciência é uma virtude, mas talvez seja preciso lembrar isso aos outros de vez em quando. Quem tem necessidade de ação e resultados rápidos pode acabar desistindo com muita facilidade, sem perseverar. Leve conforto e acolhimento incentivando-os a relaxar e deixar a natureza seguir seu rumo. O resultado final pode ser melhor do que qualquer coisa que tiver sido planejada.
- Dê aos outros a permissão necessária para que parem de controlar e comecem a viver. Inspire-os explicando seu ponto de vista, sua experiência e sua sabedoria.
- É muito provável que você consiga oferecer aceitação. Quando um acontecimento, bom ou ruim, ficou no passado, como ajudar as pessoas a aceitá-lo e seguir adiante? Pense em quantas vezes você se conformou com algo que estava além do seu controle. Como se sentiu? Como agiu? Como ajudar os outros a fazer o mesmo?

COMO LIDERAR PESSOAS COM O TALENTO ADAPTABILIDADE

- O que elas mais amam na vida é reagir e responder. Escale-as de modo que seu êxito dependa da capacidade de se ajustar aos imprevistos e tirar proveito deles.
- Conte a elas seus planos, mas, a menos que elas também sejam fortes em Foco, não conte com elas para planejarem junto com você. É provável que se entediem com o trabalho de preparação.

- Examine os outros temas dominantes delas. Se também tiverem talento em Empatia, você pode tentar posicioná-las em uma função à qual sejam sensíveis e conciliar as diversas necessidades de clientes ou convidados. Se Desenvolvimento também for um tema forte delas, escale-as para um papel de mentoria.
- Esteja pronto para liberá-las de reuniões sobre o futuro, como encontros para definição de metas ou sessões de consultoria de carreira. Elas são pessoas "aqui e agora" e vão achar essas reuniões meio irrelevantes.

ANALÍTICO

Pessoas com talento excepcional no tema Analítico buscam razões e causas. Elas têm a capacidade de pensar em todos os fatores que possam afetar uma situação.

COMO LIDERAR QUANDO SE TEM O TALENTO ANALÍTICO

- Pense naquilo que você vai apoiar. Como os outros confiam em sua capacidade analítica, podem seguir suas recomendações sem ter que fazer a própria análise. Isso pode ser bacana, mas, em alguns casos, pode ser que precisem de você para entender que o certo para você não é necessariamente o certo para eles. Ajude-os a identificar os fatores que aumentam a probabilidade de êxito de uma ação ou um produto de acordo com as necessidades e desejos deles, e não seus. Quando as pessoas percebem que você quer o melhor para elas, passam a confiar ainda mais em você.
- Você revela automaticamente aquilo que é autêntico, real e honesto. Os outros contam com você como o "descobridor de verdades" quando surge uma informação potencialmente conflitante ou confusa. Pense nisso como uma forma de apoiar os outros e não espere que eles peçam ajuda. Estenda a mão; eles vão respeitar e confiar ainda mais na sua análise proativa.
- Aqueles que amam esmiuçar ideias se sentirão atraídos pela sua abordagem analítica de busca da verdade. Estimule o debate – o cabo de guerra

de ideias que se desafiam entre si. Transforme em diversão a exploração de novas ideias e separe os fatos das conjecturas. Quando você encontrar uma alma gêmea, faça da discussão e do debate um jogo e crie uma relação satisfatória para ambos.

- Atender a pessoas em crise é uma maneira óbvia de demonstrar compaixão e carinho. Quando os outros ficam sobrecarregados de dados e decisões, você pode se apresentar para ajudar a determinar o que é real e o que pode aumentar as chances deles em situações complicadas.
- Os dados são uma fonte de segurança para muitos; quando uma pesquisa os respalda, aumenta a disposição para aceitar um plano e suas consequências. Como você avaliou cuidadosamente todas as possibilidades e impossibilidades, você oferece a sensação de segurança pela qual muitos anseiam. Faça seu dever de casa com atenção e saiba que os outros estão buscando seguir sua liderança.
- Seu apoio pode proporcionar uma sensação de confiança que permite aos outros confiarem no próprio julgamento. Com esse empoderamento, eles podem seguir adiante e fazer as coisas acontecerem. Quando você acreditar que uma pessoa tomou uma decisão correta, diga isso a ela. Sua crença na opinião e no raciocínio do outro dá a ele a certeza e a força necessárias para seguir adiante.
- Torça pelo outro quando ele fizer algo difícil que você acha que está certo. Talvez ele esteja tentando adivinhar o que você acha ou o que você faria. Elogie os julgamentos corretos e o incentive a encarar o desafio que vem pela frente. Se você acha que a pessoa terá êxito, diga isso a ela.
- Quando outras pessoas buscarem seu conselho na tomada de decisões, proponha dividir seu processo mental em etapas e mostre como isso o ajuda a selecionar as informações. Esteja ciente de que muitos não conseguirão acompanhá-lo nisso. No entanto, alguns vão querer aprender seu método. Embora você já tenha praticado a ponto de isso se tornar automático, tente esmiuçar as etapas que usou na análise. Caso tenha um discípulo empolgado, ensine a ele.
- A orientação pode ser de mão dupla. Forme uma parceria com alguém que tenha talento voltado para a ação. Você pode ajudar essa pessoa a tomar decisões sensatas e ponderadas. Ela pode ajudá-lo a transformar sua análise em ação. Ambos sairão beneficiados e inspirados a crescer.

COMO LIDERAR PESSOAS COM O TALENTO ANALÍTICO

- Se estiver explicando às pessoas uma decisão que já foi tomada, lembre-se de expor com muita clareza a lógica dessa decisão. Para você, a sensação pode ser de estar explicando demais, mas, para elas, esse nível de detalhe é essencial para que se comprometam com a decisão.
- Toda vez que tiver a oportunidade, elogie e reconheça a capacidade de raciocínio delas. Elas se orgulham da própria disciplina mental.
- Lembre-se de que elas têm necessidade de números precisos e rigorosamente levantados. Nunca tente apresentar para elas dados mal elaborados como evidência confiável.
- A descoberta de padrões nos dados tem grande importância na vida delas. Sempre dê a oportunidade para que elas lhe expliquem detalhadamente esses padrões. Isso vai motivá-las e ajudar a fortalecer a relação.
- Você nem sempre vai concordar com essas pessoas, mas leve a sério o ponto de vista delas. Elas devem ter refletido sobre seus argumentos com muito cuidado.

ATIVAÇÃO

Pessoas com talento excepcional no tema Ativação podem fazer as coisas acontecerem ao transformarem pensamentos em ação. Elas querem fazer as coisas o quanto antes, em vez de simplesmente falar delas.

COMO LIDERAR QUANDO SE TEM O TALENTO ATIVAÇÃO

- Para você, tudo é uma questão de atitude. Mostre que suas ideias e princípios não são apenas conversa fiada. Coloque em prática os valores que considera importantes. Faça a diferença. Demonstre sua integridade. Torne seus atos um reflexo de suas palavras.
- A ação pela ação não é suficiente. Honrar os desejos alheios é uma forma de demonstrar respeito. Essa é a direção para onde as pessoas querem ir? Elas estão dispostas a levar adiante o que você iniciar? Certificar-se

de que estão realmente do seu lado, e não apenas promovendo sua própria agenda, aumentará a confiança e o respeito que lhe permite liderar.
- Talentos da Ativação podem ser catalizadores da criação de relacionamentos interpessoais que os levem a um patamar superior. Tem alguém que você possa ajudar? Procure essa pessoa e faça uma proposta. Ao tomar a iniciativa, você pode ampliar o número de pessoas na sua rede ou aprofundar uma conexão que se transforme em uma amizade importante.
- Suas atitudes imediatas em favor de outra pessoa enviam uma mensagem poderosa. Ao mostrar que se importa, você pode formar laços muito mais rapidamente do que dizendo banalidades.
- A estabilidade pode não ser a primeira coisa que vem à cabeça quando se pensa na Ativação. No entanto, a constância é parte da estabilidade – e você está constantemente ajudando os demais a superarem obstáculos e vencerem resistências. Diga com clareza e confiança: você gosta de levar um objetivo adiante e superar obstáculos. Saber que podem contar com você como recurso é uma tranquilidade para as pessoas que carecem do seu talento para a ação.
- Talvez a coragem seja parte da estabilidade que você pode oferecer. Quando os demais relutam em agir e sabem que podem contar com você para ajudar a levar adiante as próprias ideias, eles se sentem confiantes de que não precisarão seguir sozinhos. Podem contar com você para chegar lá mais rápido.
- Uma maneira de liderar os outros é reduzindo o medo do fracasso. "Sem tentar, nunca saberemos" é uma atitude de Ativação. Sua capacidade de incentivar as pessoas e chamá-las para a ação pode ser muito produtiva. Você pode perguntar: "Qual é o pior cenário possível?" Mostrar aos outros que mesmo o lado ruim não é tão apavorante os ajuda a buscar realizar os sonhos mais rapidamente.
- Às vezes, os outros precisam somente da sua energia para passar do receio à ação. O começo pode ser assustador, principalmente quando há incerteza no horizonte. Seu método "um passo de cada vez" pode ajudar a minimizar o fator intimidação. Turbine a confiança alheia para que eles consigam lançar iniciativas e projetos novos. Incentive-os mostrando seu entusiasmo e ajudando a ganhar embalo.

COMO LIDERAR PESSOAS COM O TALENTO ATIVAÇÃO

- Dê a elas responsabilidade pelo lançamento e organização de projetos que se encaixem em suas áreas de especialidade.
- Diga que você sabe que elas são capazes de fazer as coisas acontecerem e que, nos momentos cruciais, você vai pedir a ajuda delas. Suas expectativas lhes darão energia.
- Escale-as em uma equipe que esteja travada e que costume falar mais do que realizar. Isso vai fazer essa equipe se mexer.
- Quando elas reclamarem, ouça com atenção – talvez você fique sabendo de algo. Em seguida, envolva-as falando das novas iniciativas que elas podem conduzir ou das melhorias que podem fazer. Faça isso na hora, antes que a frustração se transforme em negatividade quando surgirem os problemas.
- Analise os outros temas dominantes delas. Quando são fortes em Comando, podem ter potencial para vender e convencer com muita eficácia. Quando são fortes em Comunicação ou Carisma, podem se tornar excelentes recrutadores para você, atraindo possíveis funcionários e estimulando-os a se comprometerem.
- Para evitar que elas se deparem com um excesso de obstáculos, forme parcerias entre elas e pessoas fortes em Estratégico ou Analítico para ajudá-las a enxergar além. Pode ser preciso interceder em favor delas nessas parcerias para que o instinto de ação delas não seja tolhido pela vontade dos parceiros de debater e analisar.

AUTOAFIRMAÇÃO

Pessoas com talento excepcional no tema Autoafirmação confiam na própria capacidade de correr riscos e administrar a própria vida. Elas têm uma bússola interior que lhes dá certeza nas decisões.

COMO LIDERAR QUANDO SE TEM O TALENTO AUTOAFIRMAÇÃO

- Surpreenda admitindo os erros, as estratégias erradas e as decisões ruins que você tomou no passado. Talvez as pessoas não esperem que alguém tão confiante se disponha a revelar fracassos por vontade própria. Na verdade, é por ter aprendido a lidar com os fracassos que você adquiriu a certeza de poder superar quaisquer desafios que encontrar. Seja vulnerável e mostre que sua força vem dessa vulnerabilidade. Isso vai ajudar a confiarem na sua autenticidade.
- Expresse que às vezes você enfrenta medos ao tomar decisões. Não que você ache as decisões assustadoras – você simplesmente pergunta a si próprio: "Se não for eu a fazer isso, quem será?" Uma vez dispondo das melhores informações que pôde apurar, você sabe que é hora de agir. Por compreenderem melhor como você aborda a tomada de decisões, os outros conseguem ver que você é, de fato, confiável.
- Algumas pessoas se aproximam de você porque sua confiança serve de estímulo. Pode ser que elas mesmas não se deem o crédito merecido pela capacidade de tomar decisões acertadas, criar relacionamentos sólidos ou atingir o sucesso na própria vida. Mas seu sistema de crenças diz: "Claro que vocês conseguem!" Você se recorda dos êxitos delas muito mais do que dos fracassos e pode relembrar tudo rapidamente em detalhes. Com um amigo como você, que dá apoio e incentivo, elas podem se aventurar e experimentar.
- Sua independência e autonomia são inegáveis, mas você precisa dar e receber amor. Afinal de contas, você é humano. Ao construir uma relação, leve em conta qual contribuição você pode dar para a vida do outro, e considere também como ele pode contribuir para a sua. Pense em como os outros tornam sua vida mais feliz e mais gratificante e diga isso a eles. Conte que você precisa deles e os valoriza. Explique por quê.
- Confiança – você tem de sobra. Compartilhe histórias de êxitos anteriores para ajudar os outros a perceberem que sua confiança se baseia na experiência. Isso vai acalmar as pessoas quando você apontar uma meta ambiciosa e disser: "É possível fazer isso."
- "Se você deve fazer, você pode." Use essa frase para ajudar as pessoas a

- entenderem que, quando não há opções, elas têm a força e os recursos necessários para fazer o que se exige delas. Decididamente, a inação não é uma opção. A única escolha é tomar a melhor decisão com os fatos disponíveis e agir.
- Ao cogitar uma nova tarefa ou empreendimento, reflita cuidadosamente sobre os talentos, competências e conhecimentos que serão exigidos. Junte uma equipe robusta e prepare-se para entregar o leme a outra pessoa caso seus talentos não sejam os ideais para a função. As pessoas reconhecerão sua capacidade de usar um especialista e garantir que elas estarão em boas mãos. Isso lhes dará tranquilidade e segurança.
- Defina metas ambiciosas. Não hesite em almejar aquilo que é visto como impraticável e impossível – mas que, para você, é simplesmente ousado e empolgante e, mais importante, atingível com um pouco de coragem e sorte. Seu talento de Autoafirmação pode levar você, sua família, seus colegas e sua organização a realizações que, do contrário, ninguém teria imaginado.
- Pergunte aos outros se eles estabeleceram as próprias metas alto o bastante. Pode ser que não ousem sonhar tão grande quanto você. Caso possa contribuir para ampliar o horizonte deles, você estará ensejando vidas grandiosas.

COMO LIDERAR PESSOAS COM O TALENTO AUTOAFIRMAÇÃO

- Escale-as para cargos em que a persistência seja essencial para o sucesso. Elas dispõem da autoconfiança para seguir em frente apesar da pressão para mudar de rumo.
- Dê a elas funções que exijam uma aura de certeza e estabilidade. Nos momentos cruciais, a autoridade interior delas vai acalmar colegas e clientes.
- Apoie o conceito que elas têm de si mesmas de que são agentes da ação. Reforce-o com comentários como "Agora é com você. Você faz acontecer" ou "O que sua intuição está dizendo? Vamos seguir seu instinto".
- Entenda que as crenças das pessoas sobre o que são capazes de fazer nem sempre refletem seus verdadeiros talentos.

- Quando elas têm forte talento em temas como Futurista, Foco, Significância ou Organização, têm potencial para serem líderes em sua organização.

CARISMA

Pessoas com talento excepcional no tema Carisma adoram o desafio de conhecer novas pessoas e conquistá-las. Ficam satisfeitas quebrando o gelo e fazendo conexão com alguém.

COMO LIDERAR QUANDO SE TEM O TALENTO CARISMA

- Você encanta naturalmente. Faça isso com integridade para que as pessoas confiem em você quando for importante. Do contrário, você pode ter contatos, mas não seguidores.
- Os outros podem compartilhar muitas informações a seu respeito, até mesmo em um primeiro encontro. Como você pode coletar e armazenar essas informações de modo que as pessoas sintam que suas contribuições são valorizadas e, quando necessário, protegidas? Invista em um sistema para manter contato com as pessoas fundamentais e registrar os detalhes importantes das conversas. Procure exercer o poder de discrição quando esses detalhes forem delicados, a fim de que confiem em você e mantenham contato.
- Você conquista amigos e fãs aonde quer que vá, é importante que alguns desses contatos se transformem em parcerias de longo prazo. Pense em como fazer esses indivíduos sentirem uma conexão especial com você – além do rápido relacionamento já estabelecido. Como você pode levar relacionamentos importantes a outro patamar? Invista o tempo e a reflexão necessários para fazer isso.
- Os líderes estão o tempo todo construindo redes de confiança, apoio e comunicação ao contactarem e se relacionarem com uma ampla gama de pessoas. Ao criar uma base de apoio, os líderes conseguem ter um impacto que vai além das barreiras de tempo, distância e cultura. Crie

um mapa da sua rede social para definir até que ponto você pode ampliá-la sem deixar de manter uma conexão genuína.
- Compartilhe com os outros a amplitude e a profundidade da sua rede. Saber que você tem contatos em toda parte pode ajudar as pessoas a se sentirem seguras de que você está atualizado com as últimas informações e confiantes no apoio que você pode esperar quando necessitar.
- Saia para conversar com clientes e concorrentes ou envolva-se com a comunidade. Líderes eficazes não acham que sua influência se limita às quatro paredes da organização. Em vez disso, eles reconhecem a rede de conexões mais ampla e aplicam a própria influência no interior dessa rede. Ter uma base de apoio ampla ajuda a garantir a continuidade da existência da organização e as oportunidades para sua expansão.
- Seu talento de Carisma lhe dá a capacidade de acelerar o pulso da sua organização. Reconheça o poder da sua presença e como você pode inspirar uma troca de ideias. O simples fato de iniciar conversas que engajam seus colegas e reunir pessoas talentosas o ajuda a melhorar significativamente o desempenho individual e organizacional.
- Todos os seus encontros e conversas acabam produzindo algo inestimável para aqueles que você está tentando ajudar e orientar – informações de clientes, superiores e colegas. Sempre que puder, espalhe as boas notícias, e não as fofocas. Diga a eles aquilo que estão fazendo bem e qual a percepção alheia. Quando compartilha com as pessoas o produto de sua ampla influência, você valida o sucesso delas no trabalho com outros.

COMO LIDERAR PESSOAS COM O TALENTO CARISMA

- Coloque-as no ponto inicial de contato da sua organização com o mundo exterior.
- Ajude-as a aperfeiçoar o jeito de lembrar os nomes das pessoas que conhecem. Defina para elas uma meta de aprender os nomes – e alguns detalhes pessoais – do maior número de clientes possível. Elas podem ajudar sua organização a fazer muitas conexões no mercado.
- A menos que tenham forte talento em temas como Empatia e Relacionamento, não espere que elas apreciem uma função em que seja importante criar relações próximas com os clientes. Em vez disso, elas podem

- preferir conhecer e conversar com o cliente em potencial, conquistá-lo e passar para o seguinte.
- O forte talento Carisma dessas pessoas vai conquistá-lo e fazer você gostar delas. Ao cogitá-las para novas funções e responsabilidades, procure olhar além do seu próprio gosto pelos pontos fortes genuínos delas. Não deixe o Carisma delas seduzir você.
- Se possível, peça a elas que sejam as construtoras da boa vontade na comunidade em nome da organização. Faça com que representem sua organização em clubes ou reuniões comunitárias.

COMANDO

Pessoas com talento excepcional no tema Comando têm presença. São capazes de assumir o comando de uma situação e de tomar decisões.

COMO LIDERAR QUANDO SE TEM O TALENTO COMANDO

- Como você é conhecido por falar o que pensa, os outros confiam que você não fará joguinhos. Podem encarar o que você disse sem questionar, confiando que você não vai virar casaca depois que saírem da sala. Esse jeito direto gera confiança, e a confiança gera relacionamentos.
- Analise a correlação entre os valores que você declara e os seus atos. São coerentes? Demonstram integridade? Anote os valores que são mais importantes para você. Consegue pensar em exemplos recentes de atitudes suas que confirmam a integridade das suas crenças? Transforme esse checklist "passo a passo" em um item constante da sua autoavaliação, garantindo que os demais confiem no que você diz e respeitem suas atitudes.
- Você tem sentimentos intensos e é capaz de expressar muita emoção. Aja com naturalidade. Diga às pessoas como você se sente e por que elas são importantes para você. Expresse a conexão que outros ficariam com vergonha de admitir em voz alta. Ao falar primeiro, você libera os outros para reconhecerem que o sentimento é recíproco. E, se mesmo

assim elas não conseguirem, você estará criando a oportunidade para uma relação relevante. Expressar carinho, afeto ou preocupação genuínos pode ser um passo poderoso para iniciar ou aprofundar o elo entre um líder e um seguidor.

- Você usa palavras fortes. Expresse seus sentimentos para criar um vínculo com aqueles que valorizam suas convicções como ser humano. Uma relação relevante muitas vezes surge de uma base de valores em comum. Por isso, expor suas crenças pode ser uma forma de os outros "encontrarem" em você o potencial de amigo e defensor. Convide as pessoas a se juntarem a você – talvez elas precisem desse empurrãozinho.
- Às vezes, os outros enxergam o exterior bruto de um indivíduo com o talento Comando e supõem ser uma carapaça impenetrável que o protege de todo sofrimento. Talvez se sintam vulneráveis e enxerguem você como invulnerável. Um relacionamento, porém, depende da vulnerabilidade mútua. Seja aberto. Compartilhe suas dores e sofrimentos. Deixar que os outros vejam o seu lado frágil lhes confere poder equivalente na relação e demonstra confiança.
- As pessoas sabem qual é a sua posição. A segurança de saber que as suas convicções não foram construídas sobre areia movediça dá a elas a confiança de que você sempre estará presente e sempre será fiel àquilo em que acredita.
- As pessoas procuram você quando precisam que alguém seja forte por elas – talvez para fortalecer a própria coragem quando ela vacila ou para servir como porta-voz delas. Quando lhes falta coragem, elas buscam pegar a sua "emprestada". Esteja ciente dessa necessidade que você preenche e pergunte aos outros se gostariam da sua intervenção em defesa deles ou que você os acompanhe em uma missão complicada. Essa atitude de "assumir o controle" acalma e dá segurança em tempos de crise. Diante de um desafio muito difícil, use seu talento de Comando para acalmar os temores dos outros e convencê-los de que as coisas estão sob controle.
- Como você fala as coisas como elas são, as pessoas o procuram quando sentem que você consegue lidar com a verdade. Podem até procurar outros em busca de apoio, mas vão até você para ter uma avaliação franca daquilo que podem ou não fazer ou do que devem ou não fazer. Não se refreie de oferecer conselhos. Pergunte a elas até que ponto estão

comprometidas com o plano em andamento. Pergunte se querem sua opinião sincera. E, se elas responderem "sim", dê sua opinião de modo gentil, mas autêntico.
- Suas palavras poderosas inspiram. Pergunte o porquê de cada missão sem medo de parecer brega ou sentimental. Sua emoção permite que os outros tenham um bom desempenho e se doem. Pode ser que estejam contando com você para dar voz às emoções em torno da causa. Pinte um retrato inspirador com suas palavras.

COMO LIDERAR PESSOAS COM O TALENTO COMANDO

- Dê o maior espaço possível a elas para liderarem e tomarem decisões. Elas não vão gostar se forem supervisionadas muito de perto.
- Ao confrontá-las, aja com firmeza. E, se necessário, exija reparação imediata. Em seguida, cuide para que sejam produtivas assim que possível. Elas vão superar os próprios erros rapidamente, e você deve fazer o mesmo.
- Pode ser que elas intimidem os demais com um estilo direto e assertivo. Talvez seja preciso refletir se a contribuição delas justifica ou não algumas rusgas eventuais. Em vez de forçá-las a aprender a demonstrar empatia e cortesia, um uso melhor do tempo seria ajudar os colegas dessas pessoas a compreenderem que tanta assertividade é, em parte, a razão da eficácia delas – desde que se mantenham assertivas, e não agressivas ou ofensivas.

COMPETIÇÃO

Pessoas com talento excepcional no tema Competição medem quanto progrediram comparando com o desempenho dos outros. Lutam para chegar em primeiro lugar e adoram competir.

COMO LIDERAR QUANDO SE TEM O TALENTO COMPETIÇÃO

- Quem trapaceia nunca vai longe. Lembre-se que vencer a qualquer preço não é vencer; é derrotar a si mesmo. O preço da vitória pode ser maior que a dor da derrota. Por isso, certifique-se que sua integridade permaneça intacta, mesmo no esforço final pela vitória.

- Cuide da confiança que você criou junto às pessoas. Às vezes pode ser hora de "tirar o time de campo" para evitar que seu senso de competição acabe com o respeito que você busca dos outros. Dê-se ao direito de ter uma reação emocional, mas procure fazer isso na hora em que os "juízes" não o vejam.
- Rivais reconhecem um ao outro quase instantaneamente. Quando topar com alguém que compartilha seu desejo de vencer, você pode optar por competir, incentivando um ao outro, ou pode optar por juntar forças para criar uma equipe campeã. Seja qual for a opção, é a oportunidade de formar um vínculo baseado em um jeito de ser em comum.
- Você consegue envolver os outros em uma atividade competitiva semanal, que agrade a todos? Essa é uma forma de criar uma conexão duradoura baseada em interesses recíprocos e uma abordagem em comum para os desafios da vida. Engaje os competidores e aproveite essa oportunidade de se relacionar.
- A competição, apesar de todo o esforço que produz, pode gerar uma impressão negativa em muita gente. Tente extrair da competição o lado divertido; use-a para criar um elo emocional, e não uma barreira. Lembre que nem todo mundo atribui a mesma intensidade emocional a toda atividade e lembre-se de demonstrar que você aceita e respeita que as pessoas possam ter motivos diferentes para "estar no jogo".
- Equipes vencedoras estimulam a confiança. Como você pode ajudar os indivíduos ou uma equipe a darem o melhor de si? Escale os jogadores de modo que eles aproveitem seus pontos fortes; isso lhes dá maior chance de sucesso e segurança. Mostre às pessoas a própria capacidade de desempenho máximo com base em suas habilidades naturais.
- Caso esteja em uma batalha perdida, lembre-se da meta final. Tenha em mente que você está nessa para durar e ajude os demais a também enxergarem isso. Dê a eles a paz de espírito de estarem envolvidos em um esforço contínuo, e não a sensação de ter vivido um fracasso.
- Defenda as pessoas. Verbalize sua crença de que elas podem ser as melhores naquilo. Talvez você enxergue nelas um potencial que elas

mesmas não veem. Aponte os talentos que percebe nelas e ajude-as a transformar esses talentos em pontos fortes.
- Quais são as métricas a serem batidas na sua organização? Exponha-as de modo que todos tenham um alvo claro.
- O número um é a única posição que conta, por isso você tende a se limitar às áreas onde você sabe que pode vencer. Como líder, identifique os nichos de mercado nos quais seu grupo brilha de verdade e defina seus pontos fortes e vantagens competitivas em termos bem específicos. Ao fazer isso, você deixa o grupo e a organização prontos para um êxito sem precedentes, o que sem dúvida aumenta o otimismo coletivo.
- Você está naturalmente sintonizado com as métricas do mundo real usadas para avaliar realizações. Use esse talento para identificar desempenhos de alto nível dentro e fora da sua organização e para identificar *benchmarks* setoriais que realmente contam. Avalie sua organização de acordo com esses padrões e inspire os demais a também ultrapassá-los.

COMO LIDERAR PESSOAS COM O TALENTO COMPETIÇÃO

- Compare as realizações delas às de outras pessoas – sobretudo às de outras pessoas competitivas. Uma ideia é postar o histórico de desempenho de todo o seu pessoal, mas não se esqueça que apenas os competitivos serão estimulados pela comparação pública. Outros podem ficar ressentidos ou constrangidos pela comparação.
- Organize competições para elas. Coloque-as contra outros competidores, mesmo que precise buscá-los em outras unidades além da sua. Competidores altamente motivados desejam competir contra outros que tenham um nível de habilidade bem próximo; colocá-los contra realizadores modestos não vai motivá-los. Leve em conta que uma das melhores formas de geri-las é contratar outras pessoas competitivas e mais produtivas.
- Converse com elas sobre seus talentos. Como qualquer competidor, elas sabem que é preciso ter talento para ser bem-sucedido. Faça a lista dos talentos delas. Diga que elas precisam recorrer a esses talentos para vencer. Evite o "Princípio de Peter" com elas: não dê a entender que vencer é "ser promovido".

COMUNICAÇÃO

Pessoas com talento excepcional no tema Comunicação costumam ter facilidade em expressar seus pensamentos em palavras. São bons conversadores e apresentadores.

COMO LIDERAR QUANDO SE TEM O TALENTO COMUNICAÇÃO

- Você sabe usar a linguagem para "criar narrativas" e manipular. Mas, com o tempo, isso se torna desgastante. Lembre-se que, embora as narrativas possam ser convincentes a curto prazo, elas cobram um preço emocional. Certifique-se de ser não apenas eficaz, mas também ético.
- Cabe a você criar o respeito mútuo. Ajude as pessoas a reconhecerem umas às outras. Leve algum tempo "propagandeando" o que elas de fato fazem bem e a contribuição que são capazes de dar. Tenha em mente que o elogio autêntico incentiva as pessoas, enquanto o elogio falso as prejudica e não é levado a sério.
- Diga a mesma coisa sobre as pessoas na frente delas e quando elas não estão por perto. A constância e a honradez das suas palavras transmitem sua integridade e moldam a confiança que você gera.
- Você tem o poder de captar as emoções das pessoas e colocar em palavras o que sentem – às vezes as palavras não se acham sozinhas. Isso atrai naturalmente as pessoas até você. Por isso, faça perguntas. Tente identificar as questões principais que as pessoas estão tentando comunicar – que alegrias ou tristezas querem expressar. Depois, dê voz a esses sentimentos. Ajudar as pessoas a encontrarem palavras para o que estão sentindo é uma maneira poderosa de fazê-las exprimir e processar as próprias emoções.
- A linguagem é uma chave da cultura. Em qualquer grupo, seja uma família ou uma corporação, pense naquilo que é sugerido pelas palavras que você usa. Nomes expressam expectativas. Que nome você dá às suas reuniões semanais: "Reuniões setoriais"? "Reuniões de pessoal"? "Reuniões de equipe"? "Reuniões qualitativas"? Onde elas são realizadas: na "sala de reuniões"? Na "sala de conferências"? Na "sala de convivência"?

No "centro de treinamento"? Ou no "centro de aprendizado"? Você formula as questões de forma positiva para ajudar os outros a verem que você se importa com eles?

- Capte o sucesso das pessoas em palavras e relacione essas palavras a elas, de preferência por escrito. Use seu talento para encontrar as palavras certas para elogiar, dar feedback e tranquilizar. Seu apoio positivo às realizações alheias ajuda as pessoas a se sentirem seguras em suas funções.
- Pense na sua forma de expressar o tempo. Estamos aqui para durar? Estamos em busca de resultados imediatos ou criando uma reputação duradoura? Na escolha das palavras, leve em conta que a estabilidade gera confiança no futuro. Dê às pessoas a sensação de que o importante é a situação como um todo e que elas têm a liberdade de fazer experiências – e até de fracassar – para tornar as coisas melhores a longo prazo.
- Além de ser porta-voz, torne-se colecionador das histórias de sucesso do seu grupo. Crie uma marca para ele com base no histórico de vitórias. Essa base sólida vai fortalecer a confiança do seu grupo no futuro.
- Em um ambiente organizacional, ofereça-se para ser aquele que redige todas as comunicações "de balanço". Depois das reuniões, mande um e-mail com o resumo aos participantes. Capte os pontos principais e exponha as ações que devem ser adotadas. Sintetize os êxitos. Dê parabéns a quem fez um bom trabalho. Você pode incentivar e inspirar atividades e resultados positivos, assim como realizações futuras.
- Suas palavras influenciam as impressões e as expectativas que as pessoas formam em relação a indivíduos e grupos. Você está fortalecendo ou prejudicando a imagem deles? Quando falar com os outros ou sobre os outros, escolha conscientemente palavras que ofereçam incentivo, inspiração e otimismo.
- Que termos e expressões você utiliza ao pintar um retrato do futuro? O que você diz pode guiar outras pessoas. Por isso, escolha as palavras com cuidado. Elas podem continuar reverberando por mais tempo do que você imagina.

COMO LIDERAR PESSOAS COM O TALENTO COMUNICAÇÃO

- Peça que se informem sobre as anedotas e histórias de acontecimentos interessantes na sua organização. Em seguida, dê a elas a oportunidade de contar aos colegas essas histórias. Elas vão ajudar a dar vida à sua cultura e, dessa forma, fortalecê-la.
- Peça a elas que ajudem os especialistas da organização a fazerem apresentações mais engajadoras. Em algumas situações, você pode pedir que se voluntariem a produzir a apresentação para os especialistas.
- Se você for mandar essas pessoas fazerem cursos de oratória, certifique-se de que as turmas sejam pequenas, com alunos de nível avançado e um instrutor de alto nível. Descobrir que estão aprendendo com iniciantes vai irritá-las.

CONEXÃO

Pessoas com talento excepcional no tema Conexão acreditam no elo entre todas as coisas. Creem que coincidências são raras e que quase tudo que acontece tem um sentido.

COMO LIDERAR QUANDO SE TEM O TALENTO CONEXÃO

- Sua filosofia de vida o incita a ir além do próprio interesse. Dê voz a suas crenças. Aja segundo seus valores. Quando você vai além e dá o que tem, os outros percebem o respeito que você tem por todos os seres humanos, apesar de suas diferenças. O respeito é um subproduto natural das atitudes generosas.
- Busque responsabilidades internacionais ou interculturais que tirem proveito de sua compreensão dos valores comuns inerentes à humanidade. Aumente sua competência global e transforme a mentalidade daqueles que pensam em termos de "nós" e "eles". Agir pelo melhor interesse de todas as partes é um sinal de boa-fé e confiabilidade.
- Você busca o elo recíproco. Elabore boas perguntas para encontrar ra-

pidamente um terreno em comum entre você e cada pessoa que encontrar. Continue a fazer perguntas assim até encontrar outras afinidades. Valorize e celebre as conexões encontradas e comece por elas para criar um relacionamento sólido.

- Quando descobrir áreas em comum com alguém, mostre o quanto você se importa lembrando-se de fazer perguntas sobre a crença ou a atividade partilhada. Use isso como um ponto de partida para conversas mais profundas sobre os demais aspectos da vida do outro. Procure conhecer a outra pessoa por inteiro, em vez de limitar sua conexão a apenas um aspecto de quem ela é.
- Sua capacidade de congregar pessoas em torno de sonhos e sentidos em comum é significativa. Você enxerga o fio comum que interliga tudo. Assuma um papel ativo na interligação da vida de indivíduos diferentes com base nas conexões descobertas. Chame a atenção dos outros para vínculos que eles nem sequer tinham percebido, preparando o terreno para uma amizade ao ajudar pessoas desconhecidas a reconhecerem o que têm em comum. Você pode ajudar os outros a fazerem conexões que influenciarão o resto da vida.
- Seu senso do panorama geral pode gerar serenidade em meio ao caos. Mostre o sentido maior que você enxerga nos acontecimentos à sua volta. Mostre aos outros que um obstáculo no caminho representa apenas uma pequena parte de um todo maior. Ajude-os a enxergar a diferença entre aquilo que é constante e aquilo que é temporário na vida. Enxergue com distanciamento as dificuldades atuais.
- As pessoas se sentem seguras quando estão cercadas daquilo que é familiar e confortável. Quando outros precisarem dessa segurança, ajude-os a se lembrar daquilo que é constante, que é compartilhado – e que há uma rede em volta deles. O simples fato de eles saberem que não estão sozinhos nos momentos difíceis pode gerar paz e confiança.
- A fé pode ser uma força fundamental quando é compartilhada. Caso a fé seja parte de sua relação com outra pessoa, seu apoio pode ter muita importância nas horas de incerteza e medo. Aproxime-se quando souber que alguém necessita das garantias que a fé em comum pode propiciar.
- Você pode se surpreender quando os outros demoram para perceber as conexões que você enxerga com tanta facilidade. Ajude-os a compreen-

der a inter-relação que você vê em acontecimentos e pessoas. Amplie a visão de mundo deles e faça-os pensar em soluções novas ajudando-os a verem o panorama mais amplo. Como eles podem levar os próprios talentos a outro patamar aplicando-os a algo em que nunca tinham pensado? Como podem formar parcerias com gente que consideram muito diferente de si mesmos?
- Você tem consciência das fronteiras e limites criados pela estrutura organizacional, mas os enxerga como fluidos e flexíveis. Use seu talento de Conexão para romper os silos que impedem o compartilhamento de conhecimento entre divisões setoriais, funcionais e hierárquicas, dentro ou fora das organizações. Incentive diferentes grupos a trabalharem juntos rumo a metas em comum.
- Ajude as pessoas a enxergarem o elo entre seus talentos, suas ações, sua missão e o êxito do grupo ou da organização como um todo. Quando elas acreditam no que estão fazendo e sentem fazer parte de algo maior, ficam mais comprometidas com realizações.

COMO LIDERAR PESSOAS COM O TALENTO CONEXÃO

- É provável que essas pessoas tenham uma orientação espiritual e talvez até uma crença fervorosa. Seu conhecimento e, no mínimo, sua aceitação dessa espiritualidade vai permitir que se sintam cada vez mais à vontade perto de você.
- Pode ser que elas sejam receptivas à ideia de refletir sobre a missão de sua organização e ajudar a desenvolvê-la. Sentem naturalmente que fazem parte de algo maior do que si mesmas e vão apreciar contribuir para o impacto de uma declaração de propósitos ou uma meta geral.

CONTEXTO

Pessoas com talento excepcional no tema Contexto gostam de refletir sobre o passado. A forma de compreender o presente é pesquisar a história.

COMO LIDERAR QUANDO SE TEM O TALENTO CONTEXTO

- Conte histórias de sua vida que você acha que levarão os outros a se identificarem. Mostrar vulnerabilidade a ponto de compartilhar uma parte do seu passado pode abrir as portas para a confiança.
- Incentive o compartilhamento de histórias e episódios de vida caso haja disposição para ouvi-los e mostre-se confiável quando lhe fizerem confidências.
- Você se interessa pelas origens, pela história e pelos momentos formadores da vida das pessoas à sua volta. Para você, um ótimo jeito de começar uma conversa é "Conte-me um momento de virada na sua vida". Faça perguntas que ensejem histórias tão divertidas para você ouvir quanto para os outros contarem. Mostrar interesse é demonstrar que você se importa.
- Procure lembrar-se dos detalhes das histórias que ouviu outras pessoas contarem e use-as como pontos de conexão com aquela pessoa. Estar em uma sala e fazer contato visual quando alguém faz um comentário relevante para você e a outra pessoa é uma forma de mostrar que você prestou atenção, se lembrou e criou uma conexão.
- O talento Estabilidade está ligado ao talento Conexão. A crença de que nada no universo é novo significa que já vivenciamos as coisas antes e que voltaremos a vivenciá-las. Relembre as outras pessoas da força delas. Discuta provações anteriores que elas superaram e observe que a fortaleza e a resiliência delas pode lhes proporcionar a confiança e a coragem para encontrar novas formas de triunfar.
- A história ensina a ser paciente, e colocar tudo em perspectiva incentiva a compreensão e a segurança. Expresse o ponto de vista histórico sobre as questões que as pessoas enfrentam atualmente. Ajude-as a ver o passado como ensinamento e a encontrar sabedoria em suas lições.
- Faça perguntas do tipo "Como foi que você chegou a essa decisão?" e "Você já lidou com uma questão ou situação parecida?". Suas perguntas certas e sua condução suave podem ajudar os demais a analisar a situação com distanciamento e a evitar erros recorrentes.
- Ajude as pessoas a compreender a própria vida e circunstâncias mostrando como fazer o elo entre passado, presente e futuro. Trabalhe

- com elas para desenvolver uma linha do tempo da vida delas que inclua as decisões importantes, as provações, os triunfos e os momentos de virada. Pergunte a elas o que aprenderam a cada encruzilhada. E ajude-as a refletir sobre o que podem fazer agora como resultado do que aprenderam.
- Reduzir ideias ou propostas complexas a seus elementos mais básicos ajuda a compreender o propósito ou o raciocínio original que as motivou. Trace a evolução de um plano ou ideia desde sua criação e esclareça o propósito da direção adotada àqueles que fizerem questionamentos. Assim, você fortalece a missão da sua equipe.
- Relembre a seus colegas que os valores e as metas da sua organização se baseiam na sabedoria que deriva do passado. Mantenha viva a história da empresa recontando histórias que resumam sua essência. Essas narrativas podem servir de guia e inspiração no presente ao permitirem que os funcionários compreendam os insights do passado. Pense na ideia de ser o guardião da tradição – ou, pelo menos, dê início à coleta e ao registro dessa sabedoria. As futuras gerações vão agradecer por essa iniciativa.

COMO LIDERAR PESSOAS COM O TALENTO CONTEXTO

- Quando pedir a elas que façam algo, explique demoradamente o raciocínio que levou ao pedido. Elas precisam compreender o contexto de uma rota de ação antes de se comprometerem com ela.
- Qualquer que seja o assunto, peça que coletem histórias reveladoras, ressalte as principais conclusões de cada uma e talvez até organize uma aula sobre elas.
- Peça a elas que reúnam histórias de pessoas se comportando de um jeito que exemplifique os fundamentos da cultura da sua organização. As histórias delas, repetidas em newsletters, cursos de capacitação, sites, vídeos e assim por diante, vão fortalecer a cultura da organização.

CRENÇA

Pessoas com talento excepcional no tema Crença têm alguns valores essenciais que são imutáveis. É a partir desses valores que surge um propósito definido para a vida delas.

COMO LIDERAR QUANDO SE TEM O TALENTO CRENÇA

- O comportamento ético é a base do respeito e da confiança. Há uma expectativa em relação à integridade. Para assegurar a justiça e promover a unidade, comunique com clareza as atitudes que você vai ou não tolerar. A clareza desde o início pode evitar mal-entendidos e prejuízos aos relacionamentos.
- O talento em Crença é mais uma questão de ter uma atitude solícita do que um conjunto específico de crenças morais ou espirituais. Mostre o que significa ser um líder solícito. Envolva sua equipe em uma ação externa a ela mesma – fazendo algo unicamente para ajudar outra pessoa ou grupo. Demonstre seu talento em Crença com atos que digam muito mais do que suas palavras poderiam dizer. Esse nível de integridade vai gerar um respeito real por você.
- Seus valores são uma fonte profunda de sentido para você. Converse com os outros sobre aquilo que é mais relevante na vida deles. O simples fato de ser uma caixa de ressonância para algo tão importante quanto os valores essenciais ajuda a construir relacionamentos. Descubra o que é mais importante para as pessoas no seu entorno, quer você as conheça há muito tempo ou não. Entenda que todos nós temos origens diferentes e passamos por várias etapas na vida e seja compreensivo. Uma relação sempre pode evoluir. A escuta gera conexão.
- Alguns elos se formam quase instantaneamente. Valores em comum aproximam você muito depressa de certas pessoas – às vezes, para a vida toda. Isso pode ser uma fonte de enorme alegria na sua vida e na vida delas. Explorem juntos essas crenças, questionem e conversem sobre aquilo que mais importa na vida de ambos. Em situações assim, os relacionamentos podem crescer a uma velocidade incrível e com profundidade.

- Cuidado para não criar uma turma "nossa" e uma turma "deles" com base em sistemas de crença. Embora ninguém seja neutro em relação aos valores, nem deva ser, leve em conta a mensagem que você transmite com os julgamentos que expressa.
- Algumas de suas crenças são gravadas em pedra. Mesmo em um mundo em transformação, elas nunca mudam. Essa base firme pode ser um fundamento para as relações, as atividades e o ambiente de trabalho que você criar. Quer as pessoas acreditem ou não tanto quanto você, elas sabem a sua posição e podem confiar na estabilidade dessas crenças.
- Sua paixão o deixa equipado para a luta. Nessas batalhas, faça um esforço para ser aquele líder que luta por algo, e não o que luta contra algo. Ser visto sob uma luz positiva pode ajudá-lo a arregimentar, engajar e reter mais apoio à sua causa. As pessoas terão confiança em você por lutar pelo que é certo. Elas confiarão na força das suas convicções.
- O sentido e o propósito do seu trabalho muitas vezes servirão de orientação para as pessoas. Por isso, fale a respeito deles; conte como são importantes na sua vida. Lembre às pessoas por que o trabalho delas é importante e como faz diferença na vida delas e na das outras. Descubra mais sobre como elas podem exprimir seu talento e seus valores por meio do próprio trabalho e ajude-as a encontrar essas conexões.
- Os outros podem ter menos certeza dos próprios valores que você. Caso estejam nessa busca, peça que façam um balanço de onde gastam o próprio tempo e dinheiro. A forma efetiva como usamos nosso tempo, nosso talento e nosso patrimônio diz muito sobre aquilo que realmente valorizamos.

COMO LIDERAR PESSOAS COM O TALENTO CRENÇA

- Elas têm poderosos valores fundamentais. Descubra como alinhar esses valores aos da organização. Por exemplo, converse a respeito de como seus produtos e serviços melhoram a vida das pessoas, discuta como sua empresa encarna a integridade e a confiabilidade ou dê oportunidades para elas irem além para auxiliar colegas e clientes. Dessa forma, por meio das próprias palavras e ações, elas aumentarão a visibilidade dos valores da cultura da sua organização.

- Entenda que elas dão mais valor às oportunidades de proporcionar um serviço de melhor qualidade do que às oportunidades de ganhar mais dinheiro. Encontre formas de reforçar essa tendência natural a servir e você vai vê-las dando o melhor de si.

DESENVOLVIMENTO

Pessoas com talento excepcional no tema Desenvolvimento reconhecem e cultivam o potencial alheio. Identificam sinais de cada pequena melhoria e ficam felizes com evidências de evolução.

COMO LIDERAR QUANDO SE TEM O TALENTO DESENVOLVIMENTO

- Fazer algo de bom por outra pessoa é um sinal de caráter e um convite à confiança. Estenda a mão aos outros ajudando-os a enxergar o próprio potencial e oferecendo-se para trabalhar com eles para desenvolvê-lo. Isso vai aumentar o alcance e a profundidade de seus relacionamentos, e você vai ficar contente ao vê-los progredirem.
- Evite ficar magoado quando buscarem motivos ocultos nas suas boas ações. Pode levar um tempo até eles confiarem plenamente quando você demonstra interesse no desenvolvimento pessoal deles. Permita que o vejam em ação durante várias semanas, meses ou até mesmo anos antes de esperar plena confiança. Nem todo mundo confia com a mesma facilidade que você.
- Você sente um prazer autêntico com a evolução e o desenvolvimento alheios. Seu talento natural para focar nos outros é uma bênção para aqueles que você fomenta. Vibre com eles e mostre que você acredita neles. Seu carinho e sua compaixão toca o coração e coloca as pessoas totalmente do seu lado. Elas nunca vão esquecer seu apoio tão desprendido.
- "Aprendemos mais com aqueles que amamos" é uma frase que você entende e aprecia. Quem ama você? Quem você ama? Cuide para estar

perto o suficiente não apenas para ensinar e guiar, mas também para amar. Comunique seus sentimentos. Seu impacto vai durar para sempre.
- Ao começar a trabalhar no desenvolvimento alheio, reconheça primeiro o progresso que você já constatou. Isso propicia uma base de confiança e segurança. O passo seguinte se torna menos intimidante quando você tranquiliza os outros afirmando sua confiança na capacidade deles por tudo aquilo que já provaram conseguir fazer. Expresse a certeza de que a meta seguinte está ao alcance.
- Quem tem o talento Desenvolvimento ajuda os demais a saírem da zona de conforto. Você proporciona uma "zona de segurança" onde as pessoas têm permissão para tentar, errar e tentar de novo. Prepare-as para o sucesso dizendo a elas que provavelmente será necessária mais de uma tentativa antes de atingir o êxito final. Ajudar as pessoas a terem expectativas adequadas lhes dá segurança e confiança para tentar de novo.
- Incentive as pessoas a um mergulho profundo nos próprios talentos e submeta-as ao teste. Com você, elas têm um colchão de segurança para não sentir o impacto total de um fracasso. Você oferece apoio para que elas corram os riscos necessários para tirar o máximo proveito dos próprios talentos.
- Desafie os outros fazendo boas perguntas, que forcem a imaginação. Qual foi a melhor coisa que já fizeram? Quanto já imaginaram conseguir fazer? O que sonham fazer? O que fariam se não houvesse obstáculos nem barreiras à sua escolha?
- Seu método de fomento é uma reação espontânea às pessoas em volta, o que faz de você um mentor inspirador para muita gente. Reflita sobre o que há de melhor no seu estilo e método como mentor e extraia lições. Adote aquelas que forem as melhores para você e use-as para incentivar e defender seus mentorados.
- Você pode se sentir compelido a aconselhar mais gente do que consegue. Para realizar esse impulso natural, pense na ideia de ser um "mentor do momento". Muitos dos momentos mais memoráveis e tocantes do desenvolvimento ocorrem em instantes isolados, quando as palavras certas são ditas na hora certa – palavras que deixam clara a compreensão, reacendem uma paixão, abrem os olhos para uma oportunidade ou mudam o rumo de uma vida.

COMO LIDERAR PESSOAS COM O TALENTO DESENVOLVIMENTO

- Escale-as onde elas consigam ajudar os outros a evoluírem na organização. Por exemplo, dê a oportunidade de serem mentoras de uma ou duas pessoas ou de darem uma aula sobre um tema da empresa, como segurança, benefícios ou atendimento ao cliente. Se necessário, pague a inscrição para elas fazerem parte de uma organização local de capacitação.
- Elas podem ser boas candidatas a cargos de supervisor, líder de equipe ou gestor. Caso já ocupem um cargo executivo ou de gestão, procure na mesma unidade de negócio pessoas que possam ser transferidas para cargos com responsabilidades maiores na organização. Pessoas com talento para esse tema desenvolvem outras e as preparam para o futuro.
- Esteja ciente de que elas podem proteger colegas com problemas de desempenho muito além do momento em que seria preciso transferi-los ou demiti-los. Ajude-as a focar seus instintos em preparar os outros para o sucesso, e não em defender pessoas que estão passando por dificuldades. A melhor ação de desenvolvimento em relação a uma pessoa em dificuldade é encontrar para ela uma oportunidade diferente, onde ela possa realmente brilhar.

DISCIPLINA

Pessoas com talento excepcional no tema Disciplina gostam da rotina e de coisas estruturadas. O que descreve melhor seu mundo é a ordem que elas criam.

COMO LIDERAR QUANDO SE TEM O TALENTO DISCIPLINA

- Você nunca relaxa, e os outros vão respeitá-lo por seus princípios firmes. Esteja à altura dos padrões que você estabeleceu, e seus atos serão o espelho da sua integridade.
- Os outros podem contar com você para garantir que cada detalhe seja executado com absoluta precisão. Sua Disciplina pode se tornar uma

base para a confiança quando eles veem que você atende às expectativas deles o tempo todo. Eles aprendem a respeitar sua entrega constante.
- Seu forte senso de ordem faz de você um tremendo parceiro para aqueles que recorrem à sua disciplina como complemento da deles. Descubra e valorize as características positivas que os outros têm e você não e construa uma relação baseada na apreciação mútua. Quando uma pessoa aprende a confiar em você, e você nela, temos uma parceria ideal.
- Mostre gentileza em relação aos outros cuidando dos detalhes que eles certamente deixarão de notar. Adote a mentalidade de um amigo atencioso e busque maneiras de libertar as outras pessoas dos detalhes que as atrapalham. Você pode tornar a vida delas melhor – e conquistar o respeito delas ao mesmo tempo.
- Você é previsível e constante. Faz o que é exigido quando é exigido – ou até antes. Compartilhe seus cronogramas com os outros e mostre a eles o progresso constante que você tinha prometido. As pessoas se sentirão seguras para confiar a você projetos quando percebem que suas ações sempre acompanham suas palavras.
- Nem todo mundo nasceu com seu senso de ordem. Divida com os outros a serenidade e a compostura que você obtém dessa organização mostrando que tem tudo sob controle. Ajude-os a perceber que cada etapa será completada no prazo e que todo o projeto seguirá conforme o planejado. Eles ficarão livres para fazer aquilo que fazem bem porque saberão que nada importante vai escapar por entre os dedos.
- Seus objetivos de desempenho estimulam seus esforços; você gosta de executar. Ao perceberem sua produtividade, os outros também podem se basear em seus objetivos de desempenho. Detalhe suas tarefas, metas e prazos e compartilhe-os com os colegas interessados que podem utilizar seu exemplo como inspiração para os próprios esforços no trabalho.
- Tentar impor seus sistemas e estruturas àqueles que carecem de um talento forte de Disciplina simplesmente não funciona. Em vez de tentar "converter" aqueles que parecem precisar de seu senso de ordem, tente descobrir o que fazem bem e lhes dê apoio e incentivo nessas áreas.

COMO LIDERAR PESSOAS COM O TALENTO DISCIPLINA

- Conceda a elas a oportunidade de estruturar situações aleatórias ou caóticas. Como não se sentirão confortáveis em situações assim, confusas e disformes – e não espere que se sintam assim –, elas não vão sossegar enquanto a ordem e a previsibilidade não forem restabelecidas.
- Quando houver coisa demais para fazer em determinado período, lembre-se da necessidade delas de priorizar. Leve o tempo necessário para organizar as prioridades e, uma vez pronto o cronograma, siga-o à risca.
- Quando for apropriado, peça a elas que ajudem você a planejar e organizar o seu trabalho. Você pode recrutá-las para revisar seu sistema de gestão do tempo ou até suas ideias de reengenharia de alguns processos do seu departamento. Diga aos colegas que esse é um dos talentos deles e incentive-os a procurar uma ajuda parecida.
- Essas pessoas brilham na elaboração de rotinas que as ajudam a trabalhar com eficiência. Quando são forçadas a trabalhar em uma situação que exige flexibilidade e reatividade, incentive-as a elaborar um número fixo de rotinas, cada uma delas adequada a determinado conjunto de circunstâncias. Dessa forma, elas terão uma reação previsível à qual recorrer, qualquer que seja a surpresa.

EMPATIA

Pessoas com talento excepcional no tema Empatia são capazes de perceber os sentimentos alheios, imaginando-se no lugar do outro.

COMO LIDERAR QUANDO SE TEM O TALENTO EMPATIA

- Quando os outros se deparam com situações preocupantes, ajude-os a destrinchá-las e a lidar com as próprias emoções complexas. Respeite seus sentimentos, dando-lhes a liberdade de expressar o que precisarem expressar, mesmo que os sentimentos delas não reflitam os seus. Reconheça e lide com essas emoções com franqueza para gerar confiança.

- Sendo a confiança tão fundamental para você, muitos dos seus parceiros provavelmente se sentirão confortáveis para abordá-lo e compartilhar pensamentos, sentimentos, preocupações e necessidades. Encoraje-os. Eles vão valorizar enormemente sua discrição e seu desejo sincero de ajudar.
- Ver a felicidade alheia é motivo de alegria para você. Por isso, é provável que você identifique oportunidades para valorizar os êxitos das pessoas e reforçar positivamente suas realizações. A cada oportunidade, envie uma palavra gentil de apreciação ou reconhecimento. Ao fazer isso, é provável que você deixe nelas uma impressão profunda e cativante.
- Às vezes você tem a capacidade de compreender aquilo que as outras pessoas sentem antes mesmo que elas percebam. Essa consciência extraordinária pode ser incômoda ou reconfortante, dependendo de como você conta à pessoa. Faça perguntas que orientem suavemente a pessoa rumo ao reconhecimento daquilo que você já detectou. Ajude-a a dar nome aos próprios sentimentos e criar o próprio caminho do autoconhecimento.
- Sensível aos sentimentos alheios, você é o primeiro a perceber a temperatura emocional de uma sala. Use seu talento para construir uma ponte de compreensão e apoio mútuo. Seus talentos de Empatia são mais importantes em momentos de provação, porque eles demonstram sua preocupação como líder, o que gera segurança e lealdade.
- A paciência e a compreensão são suas marcas principais. Escute as pessoas com calma; não faça julgamentos apressados. Dar tempo e espaço para as pessoas clarearem as próprias ideias e sentimentos em um entorno seguro estimula uma sensação de estabilidade e tranquilidade.
- É provável que as pessoas escolham você como confidente ou mentor. Deixe claro que esse tipo de relacionamento é satisfatório para você, de modo que elas que se sintam à vontade para abordá-lo. Incentive-as colocando em palavras seu sentimento em relação às aspirações delas; inspire e guie seus sonhos imaginando-os com elas.
- Seus talentos de Empatia permitem que você antecipe acontecimentos e reações. Como você é um bom observador dos sentimentos alheios, é provável que pressinta o que está para acontecer na organização antes que todo mundo fique sabendo. Ajude as pessoas a ficarem alertas à

medida que as emoções positivas crescem, para que, como grupo, vocês tirem proveito dessa expectativa de gerar esperança.

COMO LIDERAR PESSOAS COM O TALENTO EMPATIA

- Preste atenção se elas chorarem, mas não exagere na reação. As lágrimas fazem parte da vida delas. Elas podem até se emocionar mais do que a própria pessoa que vive uma alegria ou uma tragédia.
- Ajude-as a enxergar o talento em Empatia como um dom especial. Pode ser algo que parece tão natural que elas acham que todo mundo sente o mesmo que elas, ou a força do sentimento pode até deixá-las envergonhadas. Mostre a elas como usar esse talento de maneira vantajosa para todos.
- Teste a capacidade delas de tomar decisões de maneira instintiva, e não lógica. Elas podem ser incapazes de explicar o motivo pelo qual consideram determinada atitude correta, mas muitas vezes terão razão. Pergunte a elas: "Qual é a sua intuição em relação ao que devemos fazer?"
- Cuide para que elas trabalhem com indivíduos positivos e otimistas. Elas vão ser influenciadas por esses sentimentos e ficar motivadas. Por outro lado, afaste-as dos pessimistas e dos céticos. Eles deprimem quem tem um forte talento de Empatia.

ESTUDIOSO

Pessoas com talento excepcional no tema Estudioso têm um enorme desejo de aprender e querem melhorar o tempo todo. O processo de aprendizado as empolga mais do que o resultado.

COMO LIDERAR QUANDO SE TEM O TALENTO ESTUDIOSO

- Seja sincero e admita que você ainda está aprendendo. Mostrar-se vulnerável e aberto em relação à própria jornada de aprendizado o coloca em pé de igualdade com os demais e indica expectativas mútuas, e não egoístas.

- Respeite o conhecimento que é superior ao seu. Alguns líderes sentem necessidade de estar mais "à frente" do que os subordinados em todos os aspectos. Isso é irreal e improdutivo, além de impedir o avanço. Mostre respeito demonstrando interesse e reconhecimento por aquilo que os outros sabem e são capazes de saber. Dê ouvidos a eles e confie na especialidade deles nesses temas.
- Aprender com alguém cria uma vulnerabilidade e uma descoberta mútuas. Sempre pense em outras pessoas que você pode convidar para aprender com você. Demonstrar atenção a ponto de pedir a alguém que se una a seu aprendizado cria uma lembrança compartilhada e uma oportunidade em comum de forjar um vínculo.
- Reconheça e comemore o sucesso do aprendizado alheio, seja ele um projeto finalizado, um diploma, uma boa nota ou uma melhora. Explique que você percebeu o trabalho árduo envolvido no crescimento pessoal. Enfatize que o resultado é importante, mas reconheça também o mérito da jornada. Reafirme o valor do aprendizado e o valor do estudioso.
- Ao investir no crescimento pessoal de alguém, você está dizendo: "Você é importante. Você está aqui para ficar. Você vale meu investimento." Isso ajuda o outro a saber que você espera uma relação duradoura – e não fugaz. Confirme esse sentimento afirmando-o em alto e bom som. Diga às pessoas que você tem um compromisso de longo prazo com elas.
- Aprender leva tempo. Sua paciência com o aprendizado alheio transmite o recado de que as pessoas não são descartáveis, e sim que você valoriza, acredita e apoia o crescimento delas.
- Seu entusiasmo pelo aprendizado pode ser compartilhado por muitas pessoas na organização. Atice essa paixão criando um programa de aprendizado contínuo em toda a organização.
- Estudos confirmam o elo entre aprendizado e desempenho. Quando se tem a oportunidade de aprender e crescer, o engajamento, a produtividade e a lealdade aumentam. Busque formas de medir se as pessoas sentem que suas necessidades de aprendizado estão sendo atendidas, para criar metas individualizadas e recompensar realizações no aprendizado. Essas recompensas e a constatação do progresso mensurável podem inspirar a busca de metas de aprendizado ainda maiores.

COMO LIDERAR PESSOAS COM O TALENTO ESTUDIOSO

- Escale-as em funções que exijam estar atualizado em áreas de rápidas mudanças. Elas vão gostar do desafio de cuidar da própria competência.
- Qualquer que seja a função, elas estarão ansiosas para aprender fatos, habilidades ou conhecimentos novos. Explore formas inovadoras para que aprendam e continuem motivadas. Do contrário, elas podem sair à caça de um ambiente de aprendizado mais interessante. Por exemplo, quando elas não tiverem oportunidades de aprender no trabalho, incentive-as a fazer cursos. Lembre-se: não é preciso necessariamente promovê-las; elas só precisam continuar aprendendo. O que lhes dá energia é o processo de aprendizado, não necessariamente o resultado.
- Incentive-as a se tornarem mestres ou especialistas na área delas. Cuide para que façam as aulas necessárias para que isso ocorra. Se for preciso, ajude-as a obter o apoio financeiro para dar continuidade à formação. Não deixe de reconhecer o aprendizado delas.
- Faça-as trabalharem ao lado de especialistas que sempre as incentivem a aprender mais.
- Peça a elas que criem grupos internos de discussão ou apresentações. Talvez não exista jeito melhor de aprender que ensinar aos demais.

EXCELÊNCIA

Pessoas muito talentosas no tema Excelência focam nos pontos fortes como forma de estimular a excelência pessoal e coletiva. Buscam transformar algo forte em algo espetacular.

COMO LIDERAR QUANDO SE TEM O TALENTO EXCELÊNCIA

- Reconheça que você faz algumas coisas bem e outras não tão bem. Incentive os demais a revelar que também têm dificuldade constante em algumas áreas e os apoie quando fizerem isso. O simples fato de estar aberto dá às pessoas "permissão" para serem elas mesmas de forma sincera.

- Os outros podem sentir necessidade de ouvir sua mensagem mais de uma vez até acreditarem que você espera sinceramente que elas brilhem onde são brilhantes e que está evitando seus "pontos cegos". Repita a mensagem até que ouçam, compreendam e confiem nela. Há quem precise saber que você não vai surpreender depois dizendo que a pessoa é fraca ou fracassou. Foque o tempo todo na excelência delas até que confiem de verdade que essa sempre será sua ênfase.
- Use seu talento em Excelência para libertar. Com grande frequência, as pessoas acham que precisam estar à altura da expectativa de serem boas em tudo, alunos nota dez ou funcionários completos. Mas você não espera tudo de todo mundo – espera que as pessoas sejam mais daquilo que já são. Deixe claro que você valoriza os talentos específicos e o brilho pessoal de cada um. Talvez você venha a ser o único, na vida daquela pessoa, a enxergar os talentos dela dessa maneira.
- Aponte os momentos de excelência que você perceber no desempenho alheio. Às vezes, as pessoas não reconhecem as próprias áreas de grandeza. Diga a elas que você enxerga quando e onde elas são verdadeiramente talentosas. Às vezes limitamos a noção de "talento" a setores óbvios, como o esporte ou a música. Amplie a visão que elas têm de dom e de si mesmas. Diga que elas são talentosas como amigas, organizadoras ou comunicadoras. Você pode mudar uma vida e se tornar um defensor daquela pessoa.
- A forma mais garantida de destruir o senso de segurança de alguém é pedir que faça várias vezes algo para o qual ele não está devidamente preparado. Em vez disso, deixe as pessoas fazerem e melhorarem aquilo que fazem de melhor e veja a confiança delas crescer.
- Apoie as pessoas em áreas onde elas não sejam brilhantes. Dê-lhes confiança ajudando-as a encontrar parceiros ou sistemas complementares que as liberem do fracasso.
- Não deixe seu talento em Excelência ser prejudicado pelo senso comum, que manda achar o que está quebrado e consertar. Identifique e invista nos aspectos das pessoas e das organizações que estão dando certo. Gaste a maior parte dos seus recursos reforçando e incentivando os bolsões de excelência que identificar.
- Explique os conceitos de Excelência àqueles que nunca pensaram em trabalhar apenas com aquilo que fazem bem. Destaque as vantagens

de viver segundo este princípio: "Tire proveito de seus talentos e dons naturais." É mais produtivo. Estabelece expectativas mais altas, e não mais baixas. É o uso mais eficaz e eficiente da energia e dos recursos. E é mais divertido.

- Você provavelmente não terá a oportunidade de observar tudo que as pessoas fazem muito bem. Por isso, incentive os outros a serem guardiões e cuidadores do próprio talento. Peça que estudem os próprios êxitos: o que elas fizeram melhor em situações vencedoras? Como poderiam fazer o mesmo com mais frequência? Inspire-as a sonhar. Diga que você está à disposição para esse tipo de discussão – e que esse é um dos grandes prazeres da sua vida.
- Como líder, você tem a responsabilidade de extrair o máximo dos recursos da sua organização – e talento é o maior recurso de qualquer empresa. Você enxerga talento nos outros. Use sua autoridade e ajude seus colegas a enxergarem os próprios talentos e a maximizá-los escalando as pessoas para cargos em que elas possam desenvolver e aplicar pontos fortes. Para cada necessidade, existe uma pessoa com um talento compatível. Selecione e recrute com cuidado e você terá uma organização repleta de oportunidades para brilhar.

COMO LIDERAR PESSOAS COM O TALENTO EXCELÊNCIA

- Agende uma hora com elas para discutir detalhadamente seus pontos fortes e montar uma estratégia para usá-los em prol da organização. Elas vão gostar dessas conversas e fazer muitas sugestões práticas sobre como seus talentos podem ser utilizados da melhor forma.
- Ajude ao máximo possível essas pessoas a elaborarem uma trajetória de carreira e um plano de remuneração que lhes permita continuar crescendo rumo à excelência na função. Instintivamente, elas vão querer continuar seguindo uma trajetória de pontos fortes e podem não gostar de estruturas de carreira que as obriguem a sair desse rumo para aumentar o poder aquisitivo.
- Peça a elas que liderem uma força-tarefa para investigar as melhores práticas da organização. Peça também que ajudem a desenvolver um programa para medir e valorizar a produtividade de cada funcionário.

Elas vão gostar de pensar em uma definição de excelência na organização como um todo, assim como em cada função específica.

FOCO

Pessoas com talento excepcional no tema Foco escolhem um rumo, seguem nele e fazem as correções necessárias para continuar nos trilhos. Priorizam e depois agem.

COMO LIDERAR QUANDO SE TEM O TALENTO FOCO

- Os outros vão respeitá-lo porque você sabe o que é importante e concentra sua atenção naquilo. Certifique-se de não delegar o que não é essencial. Antes de pedir a alguém que faça alguma coisa, pergunte a si mesmo se isso afeta o desempenho final. Caso não mereça seu tempo, talvez não mereça o tempo de ninguém, e é melhor nem pedir. Os outros confiarão no seu julgamento.
- Sendo uma pessoa com forte talento em Foco, você sabe que a vida é uma questão de escolhas. Lembre-se que todo mundo é responsável pelas próprias decisões. Demonstre aos outros que você compreende e respeita as escolhas que fizeram na vida.
- Recue um pouco e pense nas prioridades da sua vida. Use seus talentos em Foco para mirar não apenas nos projetos importantes, mas também nas pessoas. Defina metas e estratégias para dar a essas pessoas o tempo e a atenção que merecem como parceiros na sua vida. Inclua essas metas na sua lista diária de coisas a fazer e tique as caixinhas realizadas.
- Em quem você deve investir no trabalho? Quem torna sua vida melhor todos os dias graças a seus esforços no trabalho? Demonstre apreciação por aqueles que permitem a você ser tão eficiente. Reconheça o papel das pessoas na sua eficácia e não se esqueça de estender a mão quando elas precisarem de ajuda.
- Amplie os efeitos do seu talento em Foco estendendo o tempo que você usa para planejar com antecedência. Por exemplo, quando seu

hábito for planejar um ano antes, tente planejar três anos antes. Amplie gradualmente o período de previsão. Compartilhe suas ideias com os outros. Saber que você está focado e pensando no futuro lhes dará segurança agora.

- Quando dividir metas de longo prazo com sua família e sua equipe de trabalho, diga que elas fazem parte das suas projeções futuras. Dê a elas a garantia de que você as valoriza e precisa delas e que estarão sempre junto com você.
- Durante a vida, vamos agregando responsabilidades e tarefas que às vezes perdem o sentido para nós. Ajude os outros a limpar um pouco do entulho acumulado na vida. Faça perguntas como: "Quais são as maiores prioridades em sua vida e seu trabalho?", "O que você mais gosta quando faz isso?" e "O que aconteceria se você parasse de fazer isso?". Ao abordar essas questões, você pode ajudar as pessoas a focarem – ou "refocarem" – a própria energia e oferecer a elas uma perspectiva nova sobre o futuro.
- Invista em sua organização orientando as trajetórias de carreira dos funcionários mais promissores de sua empresa. Quando der mentoria a outros, ajude-os a elaborar trajetórias de carreira e planos de ação bem definidos que garantam suas aspirações.
- Dispor de objetivos de desempenho mensuráveis, específicos e tangíveis é crucial para sua eficiência. Você costuma definir metas de curto prazo para si mesmo, porque elas mantêm afiados seus talentos em Foco. Compartilhe com seus colegas suas metas, sistemas de medição e objetivos de desempenho. Você vai aumentar o senso de equipe e inspirá-los a monitorar o próprio progresso pessoal em relação aos objetivos mais amplos da organização.

COMO LIDERAR PESSOAS COM O TALENTO FOCO

- Defina metas com cronogramas, e deixe-as resolverem como atingi-las. Elas vão trabalhar melhor em um ambiente onde podem controlar os acontecimentos no trabalho.
- Verifique essas pessoas regularmente – com a frequência que elas considerarem útil. Elas vão prosperar com essa atenção constante porque

gostam de conversar sobre as metas e sobre seu progresso rumo a elas. Pergunte-lhes com que frequência vocês devem se reunir para discutir metas e objetivos.
- Não espere que elas sempre sejam sensíveis aos sentimentos alheios; a realização do trabalho costuma ser a principal prioridade. Fique atento ao risco de passarem por cima dos outros para alcançar sua meta.
- Elas não se dão bem em situações de constante transformação. Para lidar com isso, ao informá-las de uma mudança, use uma linguagem à qual elas sejam receptivas. Por exemplo, fale em termos de "novas metas" ou "novas métricas de sucesso", dando à mudança uma trajetória e um propósito. É assim que elas pensam naturalmente.
- Organize para elas a participação em um seminário de gestão do tempo. Pode ser que elas não brilhem naturalmente nesse aspecto, mas, como o tema Foco as leva a caminhar em direção às metas com a maior velocidade possível, elas vão apreciar uma eficiência maior com uma gestão eficaz do tempo.

FUTURISTA

Pessoas com talento excepcional no tema Futurista são inspiradas pelo futuro e como ele pode vir a ser. Elas animam os outros com sua visão.

COMO LIDERAR QUANDO SE TEM O TALENTO FUTURISTA

- Ao ajudar os outros a imaginarem o que pode acontecer, cuide para que suas visões sejam ancoradas na realidade. Muitos não vão sentir a mesma facilidade que você para visualizar como as coisas serão daqui a décadas. Por isso, forneça o máximo de detalhes possível sobre o que essas pessoas podem fazer para ser parte do futuro. Uma atitude realista vai ajudar a aumentar a confiança em suas ideias visionárias.
- Considerando sua habilidade natural para enxergar à frente, em alguns momentos você pode ver tendências perturbadoras no horizonte. Mesmo que você prefira falar de possibilidades a falar de problemas, ajude

os outros a verem possíveis obstáculos e elimine-os antes que causem dificuldades. Eles passarão a depender de você para isso e a confiar no que você vê.
- Uma das melhores formas de criar conexão com alguém é escutar. Pergunte a seus liderados sobre seus sonhos. Peça que descrevam o futuro ideal para eles. Em algum ponto da história deles, seus talentos de Futurista devem encontrar uma conexão. Aproveite-a para fazer perguntas que ajudem a pessoa a ter clareza para falar das próprias aspirações. Ela se sentirá mais próxima de você simplesmente porque você demonstrou interesse em suas esperanças e sonhos.
- Você enxerga o futuro com mais clareza do que os outros. Sonhe um pouco pelas pessoas. Diga que os sonhos são possíveis se as pessoas se voltarem para eles. Talvez você enxergue nelas talentos para os quais estão cegas ou oportunidades que não levaram em conta. Investir tempo e energia na reflexão sobre possibilidades e naquilo que é bom para os outros mostra atenção e amizade. Mostra que você é um líder.
- Às vezes as pessoas têm um medo exagerado do presente porque não conseguem enxergar além, um futuro em que "tudo vai passar". Você tem o dom da perspectiva; seu pensamento não se prende às circunstâncias atuais. Ajude os outros a desenvolverem e encontrarem a calma que você tem – sabendo que outro dia virá e que as preocupações atuais ficarão para trás.
- Ao refletir sobre o futuro, converse com seus liderados sobre as emoções deles. Caso suas visões sejam distantes demais para a imaginação deles ou se tudo parecer muito incerto, isso pode gerar preocupação ou desconforto. Pergunte às pessoas como elas se enxergam nos cenários que você apresenta e ajude-as a entender que são cenários do tipo "e se", e não planos do tipo "tem que ser assim". Elas têm o controle do próprio destino.
- Como você tem o dom do pensamento futuro, não deve causar surpresa se as pessoas o escolherem como uma caixa de ressonância quando necessitam de direcionamento e de orientação. Talvez você já tenha desempenhado a vida inteira o papel de guia dos outros. Reflita sobre esse papel. Pondere as perguntas que deveria fazer. O que os outros necessitam de você? Como descobrir? Dispor de um conjunto de perguntas

quando você for procurado ajuda a combinar seus conselhos com as expectativas e aspirações alheias.
- Você inspira os outros com suas imagens do futuro. Quando expuser sua visão, descreva tudo em detalhes, com palavras e metáforas claras, de modo que os outros consigam compreender seu pensamento expansivo. Torne suas ideias e estratégias mais concretas fazendo esboços, planos de ação passo a passo ou modelos em miniatura para que seus colegas consigam entender melhor sua visão.

COMO LIDERAR PESSOAS COM O TALENTO FUTURISTA

- Dê a elas tempo para refletir, escrever a respeito e planejar produtos e serviços de que sua organização vai precisar no futuro. Crie oportunidades para que compartilhem seus pontos de vista nas newsletters, nas reuniões ou nos encontros setoriais da empresa.
- Coloque-as no comitê de planejamento. Faça com que apresentem a própria visão baseada em dados de como será a organização daqui a três, cinco ou dez anos. E faça repetirem essa apresentação a cada seis meses, mais ou menos. Dessa forma, elas podem refiná-las com novos dados e insights.
- Quando sua organização precisar da adesão das pessoas à mudança, peça a elas que contextualizem essa mudança dentro das necessidades futuras da empresa. Peça que preparem uma apresentação ou escrevam um artigo colocando em perspectiva esse novo direcionamento. Elas podem ajudar os outros a se distanciarem das incertezas do presente e se empolgarem com as possibilidades do futuro.

HARMONIA

Pessoas com talento excepcional no tema Harmonia buscam o consenso. Não gostam de conflitos; em vez disso, procuram áreas de concordância.

COMO LIDERAR QUANDO SE TEM O TALENTO HARMONIA

- Você demonstra respeito pelos outros, valorizando suas contribuições e ajudando-os a serem ouvidos. Em alguns casos, talvez seja preciso destacar que o ponto de vista de cada um é precioso e merece respeito, mesmo que não haja concordância. Aprenda a comunicar de forma breve porém eficaz o valor da escuta.
- As vozes mais altas não são as únicas que devem ser ouvidas. Às vezes você precisa interromper um debate e ajudar cada um a dar sua opinião. Ao fazer isso, garanta um ambiente de confiança e respeito para que os mais reservados se sintam à vontade para expressar suas opiniões. Ao deixar claro que as decisões são melhores quando todas as vozes são ouvidas, os outros terão fé em seus motivos e uma probabilidade maior de participar dos momentos de debate.
- Seus talentos em Harmonia tornam a vida mais agradável. Você reduz o estresse diminuindo os conflitos e atritos. Invista um tempo na contextualização do propósito mais amplo da sua organização. Quando as tensões aumentarem, relembre aos demais a missão maior que une a todos. Além de esfriar o conflito, isso pode ajudar os outros a atingirem um patamar mais alto, baseado em um propósito em comum. Outros se aproximarão de você porque você pondera as opiniões de todos e respeita seus pontos de vista.
- A busca de um terreno em comum é algo natural para você. Sua procura pela harmonia entre indivíduos e grupos mostra que você se importa e melhora as relações individuais e coletivas. Quantos pontos em comum você consegue achar a cada interação na sua equipe? Faça a conta e veja se consegue aumentar essa média com o tempo. Quanto maior o número de pontos de conexão, maior a oportunidade de estabelecer relações relevantes e duradouras.
- Sua abordagem serena e compreensiva permite que todos fiquem conectados ao grupo, mesmo quando há divergências. Relembre a todos que a força de um grupo é a capacidade de levar para a mesa uma variedade de ideias de maneira respeitosa. Seu jeito de apaziguar pessoas com ideias opostas ajuda todos do grupo a sentirem a segurança de que, qualquer que seja o problema, o grupo permanecerá intacto.

- Você acalma os outros, aparando arestas e ajudando todos a manterem a cabeça no lugar. Garanta que ninguém seja magoado por palavras impensadas, ditas no calor do momento. Criar uma atmosfera de dignidade e respeito ajuda os outros a se sentirem seguros na hora de compartilhar seus pontos de vista.
- Crie e incentive interações e fóruns onde as pessoas sintam que suas opiniões são ouvidas de verdade. Assim você estimula o engajamento, aumenta os níveis individuais de realização e contribui para o desempenho geral da equipe. Isto, por sua vez, gera esperança para o futuro.
- Refine seu talento para resolução de conflitos sem agitação incorporando competências e conhecimento. Torne-se hábil na condução da resolução de conflitos passo a passo e convide alguém para aprender com você. Encoraje e inspire cada um a se tornar especialista em encontrar soluções por meio do consenso. Aprenda e ensine ao mesmo tempo.

COMO LIDERAR PESSOAS COM O TALENTO HARMONIA

- Encontre áreas e questões nas quais você e elas concordam e avalie regularmente esses tópicos com elas. Cerque-as de outras pessoas fortes em Harmonia. Elas sempre ficarão mais focadas, mais produtivas e mais criativas quando souberem que têm respaldo.
- Não se surpreenda se elas concordarem com você mesmo quando você não tem razão. Às vezes, em nome da harmonia, elas fazem "sim" com a cabeça mesmo quando acham sua ideia ruim. Por isso, talvez você precise de outras pessoas que expressem instintivamente as próprias opiniões para ajudar a manter sua clareza de raciocínio.

IDEATIVO

Pessoas com talento excepcional no tema Ideativo são fascinadas por ideias. Conseguem encontrar conexões entre fenômenos aparentemente díspares.

COMO LIDERAR QUANDO SE TEM O TALENTO IDEATIVO

- Conhecer o propósito por trás da sua busca do novo pode ajudar os outros a confiarem em você para tomar as decisões certas. Explique o motivo daquilo que você faz. Ajude as pessoas a verem que você está buscando melhorar o status quo, explicar melhor o mundo e fazer descobertas que, no fim das contas, sejam úteis para a humanidade.
- Simplifique. Todas as suas ideias, possibilidades e desvios podem confundir algumas pessoas. Você enxerga a simplicidade dos princípios subjacentes; explique aos outros, para que eles também consigam ver. Quanto mais claras as coisas para as pessoas, maior a certeza delas de que você está fazendo o certo e o que faz sentido. Ajude as pessoas a fazerem conexões entre o que é e o que pode ser.
- Os outros têm enorme apreciação por sua imaginação criativa e sua busca permanente de novas ideias. Convide-as para essa viagem com você. Peça que sonhem junto com você. A empolgação compartilhada de ideias e possibilidades, mesmo vinda de setores e abordagens completamente diferentes, pode ser a base de uma relação mutuamente satisfatória.
- Faça parcerias com pessoas de mentalidade prática – que podem tornar suas ideias realistas e concretizá-las. Você pode servir de inspiração; elas podem ajudá-lo a realizar seus sonhos. As diferenças entre vocês são o que os une e os torna mais bem-sucedidos do que seriam se estivessem isolados. Demonstre consideração e reconhecimento pela contribuição alheia.
- Os temas Estabilidade e Ideativo podem parecer incompatíveis. Você está sempre em busca de ideias que fogem do convencional e enxerga as coisas por ângulos novos. Verbalize o fato de que não está em busca de destruir o que existe – que, no fundo, você quer melhorar as coisas. Você entende que a segurança não vem da manutenção do status quo nem de continuar fazendo as coisas como sempre foram feitas. A segurança é uma questão de garantir que você está preparado para o futuro.
- É preciso correr riscos. Mesmo assim, é possível acalmar os outros explicando que esses riscos são calculados, e não imprudentes. Aumente a confiança ajudando-os a enxergar a lógica por trás da busca do novo e mantenha-os informados ao longo do caminho.

- Você tem uma química natural com o pessoal de pesquisa e desenvolvimento; você aprecia a mentalidade dos visionários e sonhadores da sua organização. Passe um tempo com integrantes criativos da equipe e participe de suas sessões de brainstorming. Convide pessoas que você sabe que têm boas ideias a participar. Sendo um talentoso líder Ideativo, você pode contribuir para ideias que inspiram e fazê-las acontecer.
- Encontre pessoas em outros setores da vida que gostem de falar de ideias e construa relacionamentos satisfatórios e de apoio mútuo. O conhecimento e os sonhos que elas têm sobre uma área desconhecida para você pode servir de inspiração. Alimentem a necessidade recíproca de pensar grande.

COMO LIDERAR PESSOAS COM O TALENTO IDEATIVO

- Elas têm ideias criativas. Posicione essas pessoas em locais onde essas ideias serão valorizadas.
- Incentive-as a pensar em ideias ou insights úteis que você possa compartilhar com seus melhores clientes. A partir das pesquisas Gallup, fica evidente que, quando uma empresa ensina algo deliberadamente a seus clientes, o nível de fidelidade aumenta.
- Elas precisam saber que tudo se encaixa. Quando tomar decisões, mostre demoradamente como cada uma delas se baseia na mesma teoria ou conceito.
- Quando uma decisão específica não se encaixa em um conceito mais abrangente, explique a elas que a decisão é uma exceção ou um experimento. Sem essa explicação, elas podem começar a temer que a organização esteja se tornando incoerente.

IMPARCIALIDADE

Pessoas com talento excepcional no tema Imparcialidade têm plena consciência de que precisam tratar todo mundo do mesmo jeito. Adoram a rotina estável e regras e procedimentos claros, que possam ser seguidos por todos.

COMO LIDERAR QUANDO SE TEM O TALENTO IMPARCIALIDADE

- Cultive a confiança submetendo-se a todas as regras e programas que você tiver aprovado para seu grupo ou organização. Quando você respeita as regras, demonstra respeito pelos princípios, dá o tom de equanimidade e incentiva a obediência pacífica.
- Embora outros possam tirar partido dos benefícios do cargo, provavelmente você abre mão deles, preferindo viver de acordo com o mesmo conjunto de padrões e expectativas dos outros membros da sua organização. Adapte plenamente essa política "em pé de igualdade" para angariar respeito e solidificar sua base de apoio.
- Ser capaz de prever como os outros vão agir – e reagir – nos ajuda a traçar com confiança o rumo de um relacionamento. Pense em como sua Imparcialidade influencia a relação que os outros constroem com você. Você está sempre presente nas horas de necessidade? Você demonstra compaixão e preocupação de forma constante? Analise os fundamentos das suas relações mais próximas e veja o que descobre em relação ao papel que seu talento de Imparcialidade desempenha. Em seguida, reflita sobre como você pode utilizar esses padrões para expandir o número de amizades em sua vida.
- Quando demonstra seu reconhecimento pelo valor que outra pessoa atribui à justiça e à equidade, você valida quem ela é e cria uma base de apoio e compreensão. Você pode se sair melhor em relacionamentos com pessoas que vivem de acordo com princípios parecidos. Busque oportunidades de elogiar aqueles cujos valores e ideais você admira. Diga-lhes como eles tornam o mundo melhor. Ao fazer isso, você demonstra que está prestando atenção no que eles fazem melhor e que se importa com eles.
- Outras pessoas encontram conforto em saber aquilo que é esperado e aquilo que não é tolerado. Informe quais são as normas, para que elas não as violem sem intenção.
- Quando os outros conhecem seus códigos de comportamento, podem contar com sua constância na aplicação deles. Verbalize a importância da constância em suas expectativas relacionadas a si mesmo e aos outros. Fazendo isso, as pessoas não apenas conhecerão as regras, mas

também seus princípios subjacentes. Isso vai ajudá-las a prever seu comportamento em situações que não são cobertas pelas regras.
- Quando os outros pedirem sua ajuda, talvez estejam em busca do conforto da sua imparcialidade. Garantir que podem contar com você será um incentivo.
- Você pode concluir que é um defensor dos mais fracos. Isso faz você se sentir bem. Significa que seu apoio não é voltado apenas para os que lideram, mas para todos. Incentive quem está sofrendo. Certifique-se de levar em conta o conceito de sucesso de cada pessoa. Talvez elas estejam lutando para chegar lá de uma forma que não é adequada para elas e precisem de algum redirecionamento. Ajude-as a aproveitarem ao máximo as oportunidades encontrando um padrão que dê certo para elas.

COMO LIDERAR PESSOAS COM O TALENTO IMPARCIALIDADE

- Quando você precisar implantar práticas coerentes para a sua organização, peça que elas o ajudem.
- Quando elas ocuparem funções analíticas, peça que trabalhem com dados coletivos, e não individuais. É provável que elas sejam mais competentes na descoberta de regras gerais que podem ser extraídas a respeito de um grupo, e não regras específicas sobre esse ou aquele indivíduo.
- Se, como gestor, você tiver problemas com políticas que exigem a aplicação equânime das regras, de forma absoluta e sem favoritismo, peça ajuda a elas. As explicações e justificativas serão naturais para elas.
- Em situações que exigirem tratar pessoas diversas de forma equânime, peça a essas pessoas que contribuam para o desenvolvimento das regras e dos procedimentos.

INCLUSÃO

Pessoas com talento excepcional no tema Inclusão aceitam os outros. Demonstram que têm consciência dos excluídos e fazem um esforço para incluí-los.

COMO LIDERAR QUANDO SE TEM O TALENTO INCLUSÃO

- Sua completa falta de elitismo inspira respeito e honradez. Os outros podem confiar em você para encontrar um terreno em comum e reconhecer a contribuição de cada um à equipe e a toda a organização.
- A aceitação automática é parte do seu jeito de ser. Você não fica debatendo os méritos e as desvantagens de incluir alguém. Se alguém está lá, é para ser bem recebido e trazido para perto. Ajude os outros a enxergarem além das aparências e peça que levem em conta os sentimentos alheios. As pessoas vão perceber que você é merecedor de respeito quando virem o respeito que você tem pelos outros.
- Todo mundo precisa de um amigo com talento em Inclusão. Você ajuda as pessoas a se sentirem acolhidas e imediatamente faz com que elas sejam parte de algo maior do que elas próprias. Quando alguém se sente como um forasteiro no lugar errado, você toma a iniciativa de convidá-lo a participar. Nunca hesite em incluir, mesmo quando for contestado. Saiba que estará sempre fazendo a coisa certa.
- Estimule os mais novos na sua organização. Seja um grande amigo. Conheça pelo nome, apresente uns aos outros para ajudá-los a encontrar pontos em comum. Dessa forma, você vai ganhar muitos melhores amigos. É difícil esquecer a pessoa que fez você se sentir pertencente pela primeira vez em um lugar onde você se sentia inseguro.
- Você promove a estabilidade e a segurança quando todo mundo sabe que não será excluído. Ser coerente com seus convites e aberto para uma ampla variedade de pessoas ajuda os outros a saberem que também serão acolhidos sempre que precisarem.
- Sua atitude de "sempre tem lugar para mais um" promove a inclusão, em vez da competição, quando alguém novo entra para o grupo. Quando os outros veem que o círculo se abre para acomodar a todos, têm menos instinto territorial e sentem mais segurança de ter um lugar no grupo. Aumente ainda mais essa confiança pedindo a alguém que assuma a orientação dos recém-chegados.
- Seja um "mentor inclusivo". Compartilhe suas ideias para ajudar as pessoas a se sentirem acolhidas. Há quem precise de um empurrãozinho atencioso para sair da zona de conforto e tomar a iniciativa de incluir

alguém no próprio círculo. Quando você oferece esse empurrãozinho, proporciona a todos mais oportunidades de crescimento.
- Tenha em mente que as pessoas vão se relacionar mutuamente por seu intermédio. Você atua como um condutor de informações; consegue se conectar com todas as pessoas do grupo e as mantém conectadas de forma eficaz. Veja como essa rede que você criou se multiplica dia após dia.

COMO LIDERAR PESSOAS COM O TALENTO INCLUSÃO

- Elas se interessam em fazer com que todos se sintam parte da equipe. Peça a elas que trabalhem em um programa de orientação para novos funcionários. Elas ficarão animadas por pensar em formas de acolher novos recrutas.
- Capitalize o talento de Inclusão dessas pessoas focando-as no cliente. Quando bem escaladas, elas podem se revelar muito eficazes na quebra de barreiras entre cliente e empresa.
- Como é provável que não gostem de produtos ou serviços de elite, feitos para uma categoria seleta de clientes, coloque-os para trabalhar com produtos ou serviços projetados para um mercado mais amplo. Planejar como jogar uma rede que pegue mais peixes é algo que agrada a elas.
- Quando for adequado, proponha que elas atuem como elo entre a organização e as entidades sociais da comunidade.

INDIVIDUALIZAÇÃO

Pessoas com talento excepcional no tema Individualização se interessam pelas qualidades singulares de cada um. Têm um dom para descobrir como pessoas diferentes conseguem trabalhar juntas de forma produtiva.

COMO LIDERAR QUANDO SE TEM O TALENTO INDIVIDUALIZAÇÃO

- Às vezes você sabe mais sobre as pessoas do que elas gostariam que você soubesse. Saiba guardar confidências e só compartilhe suas impressões em encontros individuais. É a própria pessoa que deve decidir se aceita que você compartilhe seus insights com os demais.
- Os outros confiam em seu instinto em relação às qualidades singulares das pessoas. Fortaleça essa confiança focando o máximo possível no lado positivo quando lhe pedirem para contar suas impressões a respeito de alguém.
- Fique firme na sua tendência a tratar cada pessoa individualmente, conforme suas necessidades, estilo e pontos fortes. Muitas pessoas podem ver isso como favoritismo e desconfiar de você. Esteja pronto para defender sua Individualização sob uma ótica de excelência no desempenho e sob uma perspectiva humana. Isso trará confiança nas suas decisões.
- A profundidade dos seus insights sobre as pessoas muitas vezes as surpreende, sobretudo quando você as conhece há pouco tempo. Talvez você já tenha ouvido muitas vezes a pergunta "Como você sabe disso?". À medida que os relacionamentos evoluem, os outros vão querer conhecer em maior profundidade suas ideias e insights sobre as próprias ações, motivações e talentos. Você serve de espelho para eles, e seu ponto de vista é inestimável. Peça que falem mais sobre si mesmos e teste suas impressões. Aceite e valide o que lhe contarem.
- Talvez você tenha o dom de presentear – escolher o presente perfeito para as pessoas – mesmo aquelas que você não conhece tão bem. Leve alegria à vida delas com pequenas surpresas. Encontrar um mimo e dar um presente inesperado pode melhorar rapidamente um relacionamento. Permita-se fazer um gesto assim e desfrute dos olhares de surpresa e deleite. Quem pode resistir a um presente escolhido a dedo?
- Sua percepção individualizada é essencial para gerar estabilidade. Ajude as pessoas usando sua atenção natural em prol dos desejos e necessidades delas para posicioná-las nos papéis certos. A confiança e a segurança delas aumentam quando fazem aquilo que sabem fazer melhor.

- "Todas as generalizações são falsas, inclusive esta" é uma frase da qual você pode gostar. Saber que você tem consciência da situação específica de cada pessoa faz com que elas se sintam compreendidas e seguras. Deixe claro que, apesar das regras ou do senso comum, você vai levar em conta os talentos e necessidades específicos de cada uma ao tomar decisões sobre as oportunidades que elas podem aproveitar.
- Às vezes as pessoas são mais previsíveis para você do que para elas próprias. Use seu talento para perceber padrões de comportamento e ajude-as a enxergar o que elas não veem. Talvez você possa ajudá-las a aproveitar talentos que utilizam pouco ou a evitar armadilhas em que elas sempre caem. Dê feedback que as ajude a simplificar seus sonhos e aspirações.
- Você tem uma consciência instintiva de que as pessoas são mais produtivas quando o ambiente é adequado a seus talentos. Sempre que for adequado, implemente políticas que permitam a seus colegas trabalharem segundo o próprio estilo – políticas que lhes permitam expressar a própria individualidade, seja com a roupa que usam, a decoração do espaço de trabalho ou os horários de trabalho. Com essas políticas, você vai engajar e inspirar seus colegas e empoderá-los para que façam seu melhor trabalho.
- Você transita sem esforço por um amplo leque de estilos e culturas e personaliza intuitivamente suas interações. De forma consciente e proativa, faça uso pleno desses talentos liderando iniciativas comunitárias e de diversidade em sua organização.

COMO LIDERAR PESSOAS COM O TALENTO INDIVIDUALIZAÇÃO

- Peça a elas que participem do seu comitê de seleção. Elas saberão julgar os pontos fortes e fracos de cada candidato. Ao escolher as pessoas certas para as funções certas usando o próprio talento de Individualização, elas também ajudam a melhorar a produtividade da organização.
- Quando for adequado, peça a elas que projetem programas de pagamento por desempenho em que todos os funcionários possam usar seus pontos fortes para maximizar a remuneração.
- Peça a elas que lecionem em uma turma de treinamento interno ou que deem mentoria a outros funcionários. Elas podem descobrir um dom para identificar que cada pessoa aprende de um jeito diferente.

- Atente para os outros temas predominantes delas. Se os talentos de Desenvolvimento e Organização também forem fortes, elas podem ter potencial para serem gestoras ou supervisoras. Se os talentos forem Comando e Carisma, é provável que sejam muito eficientes em transformar clientes potenciais em consumidores.

INPUT

Pessoas com talento excepcional no tema Input sentem necessidade de colecionar e arquivar. Podem acumular informações, ideias, objetos e até relacionamentos.

COMO LIDERAR QUANDO SE TEM O TALENTO INPUT

- Transforme-se em uma autoridade respeitada garantindo que as informações que fornece são atualizadas e precisas. Cheque com várias fontes só para ter certeza e ajude os demais a distinguir entre fatos e opiniões.
- Você angaria respeito fazendo seu dever de casa e fornecendo aos outros as informações de que necessitam para ter êxito. Quando eles percebem que você dedicou tempo e assumiu a responsabilidade de fazer uma pesquisa minuciosa, é impossível não reconhecer seu desejo de fazer um bom trabalho e confiar nas suas conclusões categóricas.
- As pessoas serão atraídas por você como líder por enxergarem sua riqueza de recursos e seu conhecimento sobre informações e eventos recentes. Explique quanto você gosta de responder às perguntas delas e pesquisar sobre suas questões mais urgentes. Use seu talento de Input para conectar-se com os outros e esteja disponível como alguém em quem se pode confiar para receber ajuda.
- Ao encontrar outras pessoas que compartilham seus interesses, pense além da oportunidade imediata de aprendizado e reflita sobre as possibilidades de relacionamento. Será que é o começo de uma amizade? Convide essa pessoa a participar da descoberta de oportunidades de ir em busca de um interesse mútuo, seja uma exposição ou uma palestra.

Use seu talento de Input como uma ponte para um relacionamento e tome a iniciativa de fazer o convite.
- Sua base de conhecimento serve como fundamento para a estabilidade. Quando os outros sabem que você pesquisou o assunto do momento com a minúcia e a profundidade que lhe são características, sentem confiança no bom senso das suas decisões. Compartilhe a abrangência do seu trabalho de pesquisa.
- Você não se limita a coletar informações. Você as armazena para o momento em que se revelarem úteis. Ao produzir embasamento e documentação para iniciativas que podem parecer arriscadas para alguns, você assegura que eles estão avançando na direção certa.
- Sua mente é como uma esponja – você absorve informações naturalmente. Porém, assim como a função primordial de uma esponja não é guardar para sempre aquilo que absorve, seu cérebro também não deve simplesmente armazenar informações. O input sem o output pode levar à estagnação. À medida que você reúne e absorve informações, fique de olho em indivíduos e grupos que podem se beneficiar do seu conhecimento e compartilhe-o com eles.
- Exponha-se aos pensamentos e ideias dos outros. Em seguida, realize um debate profundo sobre eles. Por meio desse processo, você se tornará uma pessoa que aprende e ensina ao mesmo tempo.

COMO LIDERAR PESSOAS COM O TALENTO INPUT

- Foque na curiosidade investigativa natural delas pedindo que estudem um tema que seja importante para a sua organização. Ou escale-as para uma função com muito foco em pesquisa. Elas gostam do conhecimento que deriva da pesquisa.
- Preste atenção nos outros temas fortes delas. Se também forem boas em Desenvolvimento, podem brilhar como professores ou treinadores salpicando as aulas com fatos e histórias interessantes.
- Ajude-as a elaborar um sistema de armazenamento das informações que colecionam para assegurar que a encontrem quando elas e a organização precisarem.

INTELECÇÃO

Pessoas com talento excepcional no tema Intelecção se caracterizam pela atividade intelectual. São introspectivas e apreciam a discussão intelectual.

COMO LIDERAR QUANDO SE TEM O TALENTO INTELECÇÃO

- Quando analisa cuidadosamente o raciocínio alheio para depois dar sua opinião sincera, você ajuda as pessoas a evitarem armadilhas e erros. Elas reconhecerão sua disposição honesta para ajudá-las rumo ao sucesso e passarão a confiar em você para isso.
- Sua pura capacidade intelectual levará alguns a respeitá-lo e reverenciá-lo. Prove seu valor lembrando que ideias sem ação nem sempre ajudam muito. Use seu dom de Intelecção para fazer a diferença e seu respeito será merecido.
- Engajar os demais em um debate intelectual e filosófico é uma das suas formas de dar sentido às coisas. Também é uma forma de criar relacionamentos. Canalize suas perguntas provocativas para pessoas que têm o mesmo gosto pelo exercício do debate. Elas vão procurar você como amigo e colega que afia o raciocínio delas – e alguém com quem sempre querem passar o tempo.
- Alguns vão querer que você pense junto com eles, enquanto outros vão querer que você pense no lugar deles. Talvez você consiga formar relacionamentos com algumas pessoas porque enxerga as coisas por um ângulo diferente do delas. No caso de pessoas com ideias fixas e voltadas para a ação, você pode ser o tipo de companheiro de ideias que aumenta a chance de êxito. Mostre que se importa de verdade dividindo seus pensamentos com as pessoas.
- Lembre-se de dar um passo para trás de vez em quando, para que os outros possam seguir o fio do seu raciocínio. Nem todo mundo estará pronto para suas decisões sem ter acompanhado o caminho que o levou até lá. Compartilhe os passos mentais que seguiu até chegar a suas conclusões para que ninguém se preocupe achando que seu raciocínio carece de fundamento.

- Ajude os outros a compreenderem sua necessidade de solidão e espaço para reflexão. Explique que isso é uma simples consequência do seu estilo intelectual e que resulta do desejo de valorizar ao máximo seus relacionamentos e suas oportunidades. Saber que você reflete profundamente sobre o que é melhor para as pessoas e para a organização pode ser muito reconfortante.
- Incentive os outros a usarem plenamente o próprio capital intelectual reformulando perguntas e engajando-os no diálogo. Ao mesmo tempo, saiba que sempre haverá quem fique intimidado e precise de tempo para refletir antes de ser chamado a participar. Ajude as pessoas a utilizarem o intelecto da melhor forma para elas. Depois, inspire-as a usarem o jeito próprio de pensar para sonhar e meditar sobre o futuro.
- As pessoas vão procurar sua opinião porque gostam da análise sensata que você faz das ideias e das iniciativas. Tenha em mente que você atua melhor quando tem tempo de seguir uma trilha intelectual e ver aonde ela vai dar. Envolva-se na vanguarda de projetos e iniciativas para que seu raciocínio possa ter um impacto maior sobre os resultados de longo prazo.

COMO LIDERAR PESSOAS COM O TALENTO INTELECÇÃO

- Incentive-as a encontrarem períodos longos para simplesmente filosofar. Para algumas pessoas, um tempo de pura reflexão não é produtivo, mas para quem tem um forte talento em Intelecção, é quase certo que será. Elas saem de períodos tranquilos de reflexão com mais clareza e autoconfiança.
- Discuta detalhadamente os pontos fortes delas. Elas vão gostar da introspecção e do autoconhecimento.
- Dê a elas a oportunidade de apresentarem seus pontos de vista aos demais no setor. A pressão de comunicar as próprias ideias as força a redefinir e esclarecer os pensamentos.
- Esteja preparado para juntá-las com alguém com forte talento em Ativação. Esses parceiros animados as levarão a colocar em prática pensamentos e ideias.

ORGANIZAÇÃO

Pessoas com talento excepcional no tema Organização conseguem organizar, mas também dispõem de uma flexibilidade que complementa essa habilidade. Elas gostam de determinar como todas as peças e recursos podem ser organizados em prol da produtividade máxima.

COMO LIDERAR QUANDO SE TEM O TALENTO ORGANIZAÇÃO

- O ideal é que as pessoas lhe contem a verdade, porque você depende de um feedback sincero para fazer importantes correções de rota quando necessário. Cuide para que as pessoas saibam que você espera a verdade e que elas não serão punidas por lhe dizerem exatamente o que pensam. Da mesma forma, fomente o respeito mútuo, sendo franco com elas.
- Ao criar sistemas, planos ou maneiras novas de executar as coisas, seja extremamente transparente. Ser muito aberto em relação ao próprio processo mental vai ajudar as pessoas a compreenderem e acompanharem seu raciocínio.
- Investir tempo na reflexão sobre o que é ideal para outras pessoas e como colocá-las no caminho do sucesso só vai gerar amor por você. Talvez você enxergue com muito mais clareza aquilo que sabem fazer bem e com facilidade. Diga a elas o que está vendo e dê a "permissão" para que sejam como são e façam aquilo que fazem melhor. Você vai libertá-las para uma vida mais satisfatória se for capaz de minimizar as frustrações e maximizar as alegrias.
- Às vezes, os outros simplesmente precisam que você venha ao socorro deles. Sobrecarregados por conflitos e dissonância, eles podem estar emocionalmente indefesos. Quando perceber que alguém está sobrecarregado, intervenha e ajude a simplificar as coisas. Mostre como todas as peças podem ser arrumadas e encaixadas – e reduza o caos.
- Sua capacidade de lidar de maneira fluida com a complexidade é uma tranquilidade para as pessoas que precisam de um plano ou de uma agenda definidos. Quando você consegue manter a confusão o mais longe possível e se orienta em meio a uma infinidade de informações

para dizer aquilo que é preciso saber e fazer, as pessoas se sentem mais seguras e bem mais certas de que tudo vai ficar bem.
- Às vezes, os planos mais bem elaborados mergulham no caos. Ao tratar dos problemas antes mesmo que os outros percebam que ocorreu um problema, você ajuda as pessoas a continuarem na zona de conforto. Comandar um barco onde todos obedecem talvez nem seja tão importante para você, mas comandar um barco que não balança é. Muitas pessoas precisam desse tipo de liderança para sentir segurança, algo que você pode proporcionar.
- Você não apenas pode ajudar as pessoas a participarem das atividades que mais convêm a elas, como também pode ajudá-las a descobrir o que não deveriam estar fazendo e incentivá-las a parar de fazer. Pode ser que elas se sintam presas a calendários e compromissos; você pode libertá-las. Inspire-as a pensar em formas de reorganizar as próprias responsabilidades, de modo a tornar a vida mais satisfatória e produtiva.
- Pode ser que, antes de reorganizarem seu tempo e suas responsabilidades para ter um futuro mais gratificante, as pessoas precisem de um olhar mais claro e concreto sobre a própria situação. Incentive-as a preencher uma agenda que mostre tudo que fazem durante uma semana. Peça que não omitam uma hora sequer. Depois, encontre formas de juntar, eliminar ou acrescentar atividades que melhorem a qualidade de vida delas.

COMO LIDERAR PESSOAS COM O TALENTO ORGANIZAÇÃO

- Elas vão prosperar quando tiverem um desafio novo, então dê a elas quantos puder, levando em conta o nível de conhecimento e competência.
- Pode ser que elas tenham talento para ser supervisoras ou gestoras. Seus talentos de Organizador permitem que descubram como pessoas com pontos fortes bem diferentes podem trabalhar juntas.
- Preste atenção nos outros temas principais delas. Quando elas também têm um forte talento em Disciplina, podem se tornar excelentes organizadoras, capazes de definir rotinas e sistemas para a realização do trabalho.
- Tenha em mente que o *modus operandi* dessas pessoas, na montagem de equipes, se baseia na confiança e nos relacionamentos. Elas podem rejeitar aqueles que considerem desonestos ou incompetentes.

PENSAMENTO ESTRATÉGICO

Pessoas com talento excepcional no tema Pensamento Estratégico criam formas alternativas de seguir adiante. Em qualquer cenário, elas conseguem identificar rapidamente os padrões e as questões relevantes.

COMO LIDERAR QUANDO SE TEM O TALENTO PENSAMENTO ESTRATÉGICO

- Ao tomar decisões, discuta as alternativas com os envolvidos de modo sincero e minucioso. Ajude-os a aprender a confiar em seu processo de análise de todas as alternativas e depois trabalhar rumo à solução ideal.
- Esteja ciente de seus próprios vieses. Você está pesando as possibilidades de forma objetiva ou se inclinando em direção a vontades pessoais e zonas de conforto? Dê a cada opção o que ela merece. Recorra à ajuda de um bom parceiro de reflexão para assegurar a tomada das decisões certas pelos motivos certos. Os demais vão respeitar sua integridade e seu desejo de objetividade.
- Aplique seu pensamento estratégico aos relacionamentos. Ponha no papel uma lista das pessoas que têm mais influência positiva em sua vida. Em seguida, mapeie coisas específicas que você pode fazer para reinvestir ainda mais tempo e esforço em cada relacionamento.
- Quais são suas metas para sua família? E para os amigos próximos? Quais são as metas deles? Volte seu dom de pensamento estratégico para as pessoas importantes na sua vida. Alguém tem um sonho, mas só enxerga obstáculos? Alguém está se sentindo em um impasse, sem opções? Você pode ajudar os outros a driblarem um caminho pedregoso apontando rotas alternativas. Mostre que você se importa auxiliando-os a descobrirem novas possibilidades.
- Estude demoradamente as estratégias usadas por líderes eficazes que você respeita ou admira. O input é igual ao output. Os insights obtidos por você provavelmente terão um efeito estimulante e enriquecedor no seu pensamento estratégico. Avise os outros que você não se limita às próprias ideias e que suas opções e escolhas têm respaldo em pesquisas.

Quando constatarem a perspectiva histórica e o aconselhamento externo que você valoriza, as pessoas vão reconhecer a base sólida em que você fundamenta suas ideias.
- Enquanto os outros pensam em adotar apenas o caminho já testado e aprovado, você enxerga muitas possibilidades que poderiam resultar de pegar um caminho menos usual. Reserve algum tempo específico para pensar nos "e se" e adote uma posição de líder nessa área. Explique que você acredita que focar apenas no já ocorrido pode ser mais limitante do que esclarecedor e ajude os demais a compreender os benefícios de pesar cuidadosamente todas as opções. Sua reflexão de mente aberta dará aos demais uma sensação de segurança de que você está sempre em busca do melhor rumo a seguir.
- Envolva-se na vanguarda de novas iniciativas ou empreendimentos. Sua abordagem inovadora, porém metódica, será crucial para o início de uma empreitada, porque vai impedir que os criadores desenvolvam uma visão bitolada e contraproducente. Amplie a visão deles e aumente as chances de sucesso.
- Seu pensamento estratégico impede uma visão alcançável de se deteriorar e parecer uma fantasia maluca. Faça pessoas e organizações levarem plenamente em conta todos os caminhos possíveis rumo à realização de uma visão. Um planejamento sensato pode remover obstáculos antes que eles apareçam e inspirar os demais a seguirem em frente.
- Torne-se conhecido como recurso para consulta entre aqueles que ficarem confusos com um problema específico ou tolhidos por um obstáculo ou barreira. Ao enxergar naturalmente um caminho onde os demais estão convencidos de que não há, você os incentiva e os leva ao sucesso.

COMO LIDERAR PESSOAS COM O TALENTO PENSAMENTO ESTRATÉGICO

- Escale-as na vanguarda da sua organização. A capacidade que elas têm de prever problemas e soluções será inestimável. Peça que destrinchem todas as possibilidades e encontrem a melhor forma de seu departamento seguir em frente. Proponha que relatem a você a estratégia mais eficaz.

- Reconheça o forte talento Pensamento Estratégico dessas pessoas mandando-as para um seminário de planejamento estratégico ou voltado para o futuro. O conteúdo vai aguçar as ideias.
- É provável que elas tenham talento para colocar ideias e pensamentos em palavras. Para refinar o raciocínio delas, peça que apresentem suas ideias aos colegas ou que escrevam seus pensamentos para distribuição interna.

POSITIVO

Pessoas com talento excepcional no tema Positivo têm um entusiasmo contagiante. São bem-humoradas e conseguem empolgar os outros em relação ao que vão fazer.

COMO LIDERAR QUANDO SEU TALENTO É POSITIVO

- Algumas pessoas estão tão acostumadas a ouvir primeiro o que é negativo que vão ficar desconfiadas dos seus comentários sempre positivos. Continue sendo assim, e permita que as pessoas confiem, com o passar do tempo, em sua capacidade de sempre ressaltar o lado positivo das coisas – na sua vida e na delas.
- Faça questão de que seus elogios sempre sejam sinceros – e nunca vazios ou falsos. Estudos mostram que o falso elogio é mais prejudicial do que a crítica. Se você acredita em algo, diga. Se não acredita, demonstre respeito pela inteligência e pelo juízo alheio, sem ceder à tentação da bajulação hipócrita.
- Seu talento Positivo faz de você alguém naturalmente generoso nos elogios. Nunca se é generoso demais – são pouquíssimas as pessoas que pensam receber reconhecimento demais na vida. Elogie livremente. Faça elogios específicos. Faça elogios pessoais. Espalhe bons sentimentos e reconhecimento autêntico pelos outros. Crie nas pessoas a expectativa de cada interação com você.
- Nos momentos difíceis, você pode ser um dos poucos pontos brilhantes na vida de alguém – um farol. Nunca subestime esse papel. As pessoas

vão procurá-lo porque precisam do estímulo que você oferece o tempo todo. Demonstre que está à disposição. Pergunte do que elas necessitam. Isso vai renová-las.

- Seja aquela pessoa cujo humor é sempre positivo e estimulante. Por causa desse seu jeito de ser, você não recorre ao insulto, ao humor insensível nem ao sarcasmo. Essa abordagem positiva com certeza será percebida pelos demais, e você vai influenciar o clima ao seu redor.
- Você tem um dom natural para aumentar a confiança alheia. Sempre busque formas de surpreender as pessoas fazendo as coisas certas de maneira certa. Valorize-as. Veja como elas se fortalecem e ficam mais seguras de si por causa do seu elogio.
- Seu otimismo lhe permite conviver com soluções que ficam aquém da perfeição. Por causa disso, você incentiva as pessoas a evoluírem, em vez de insistir na perfeição. Continue buscando e explique aos outros o potencial de situações abaixo do ideal. Ao fazer isso, você as incentiva a se sentirem livres para correr riscos tentando melhorar a situação, mesmo sem saber qual a solução completa.
- Dê destaque à dramaticidade dos momentos. Se todo mundo merece quinze minutos de fama, talvez caiba a você preparar o palco. Valorize os quinze minutos de cada um tornando-os grandiosos e dignos de importância duradoura.
- Seu otimismo ajuda os demais a criarem expectativas. Fale do futuro. Fale daquilo que é possível. Peça que os outros compartilhem as oportunidades e possibilidades que enxergam. O simples fato de dizê-las em voz alta gera expectativas e, em alguns casos, realidades.
- Às vezes, sentimentos são o resultado da ação; às vezes, sentimentos são a causa da ação. Insista na valorização, use a terapia do riso e injete música e drama na sua organização. O impacto positivo na "economia emocional" vai influenciar a produtividade, o suporte mútuo e o faturamento.
- Ao criar ambientes positivos, não deixe de protegê-los e fomentá-los. Sempre que possível, isole você e os demais dos rabugentos crônicos, dos reclamões e dos criadores de caso. A negatividade deles é tão contagiosa quanto a sua positividade. Passar tempo deliberadamente em ambientes muito positivos vai revigorar e alimentar o otimismo do seu grupo.

COMO LIDERAR PESSOAS COM O TALENTO POSITIVO

- Peça a elas que ajudem a planejar eventos que sua empresa organiza para os melhores clientes, como lançamento de produtos ou grupos de usuários.
- Elas têm um entusiasmo contagiante. Leve isso em conta ao colocá-las em equipes de projetos.
- Elas gostam de celebrar. Quando outras pessoas atingirem metas, peça àqueles com talento Positivo que deem ideias para reconhecer e comemorar o feito. Eles serão mais criativos que os demais.
- Preste atenção nos outros temas importantes deles. Quando também têm forte talento em Desenvolvimento, eles podem se mostrar excelentes treinadores ou professores porque levam empolgação à sala de aula. Se Comando for um dos temas mais fortes, eles podem brilhar em vendas porque dispõem de uma combinação poderosa de assertividade e energia.

PRUDÊNCIA

Pessoas com talento excepcional no tema Prudência podem ser mais bem descritas pelo enorme cuidado quando tomam decisões ou fazem escolhas. Elas anteveem os obstáculos.

COMO LIDERAR QUANDO SE TEM O TALENTO PRUDÊNCIA

- Você inspira confiança por ser naturalmente cauteloso e ponderado em relação a temas sensíveis. Utilize esses talentos para aproveitar as oportunidades de lidar com questões delicadas e conflitos.
- Os outros respeitam o tempo que você dedica a fazer as coisas certas e do jeito certo. Avise quando precisar de um tempo de reflexão antes de tomar uma decisão. Confie que eles vão reconhecer que você faz isso pelo bem deles.
- Você compreende a importância e o peso de cada relacionamento e leva essa responsabilidade a sério. Quando você decide acrescentar uma pes-

soa à sua vida, cuida bem da relação. Invista em atividades e conversas que mantenham a proximidade e abra seu coração para as pessoas mais importantes. Como você sabe, relações para a vida inteira são difíceis de encontrar e merecem e exigem sua atenção e seu amor.
- Tenha em mente que os elogios são raros – e inestimáveis para muitas pessoas. Por isso, ao dar reconhecimento aos outros, pense em marcar a ocasião com uma lembrança concreta. Dar a alguém um símbolo visível do seu reconhecimento faz a lembrança do elogio durar muito.
- Em vez de correr riscos temerários, você prefere abordar as decisões com cautela. Confie em seus instintos quando acreditar que algo é bom demais para ser verdade. Sua prudência e cautela faz com que os outros se sintam protegidos e seguros em relação a suas conclusões.
- Os outros apreciarão a reflexão cuidadosa envolvida em cada decisão sua. Explique as opções que analisou e por que você optou por um rumo específico. Leve em conta que eles também têm interesse na sua decisão. Peça opiniões e pondere-as com o mesmo cuidado que pondera as suas.
- Modere a tendência alheia a agir aleatoriamente estabelecendo um período de "reflexão" antes de tomar decisões. Sua cautela pode ser útil para impedir que os outros sejam impulsivos e levá-los a decisões sensatas.
- Quando tiver muito conhecimento sobre um assunto, mostre aos demais os benefícios da pesquisa e da análise que você fez. Incentive-os a tentar algo quando você achar que é a coisa certa a ser feita. Mostre evidências que dão respaldo.

COMO LIDERAR PESSOAS COM O TALENTO PRUDÊNCIA

- Não as escale em papéis que exijam julgamentos instantâneos. É provável que elas sintam desconforto ao tomar decisões com base no puro instinto.
- Quando for necessário ter cautela, como em situações sensíveis a questões jurídicas, de segurança ou de precisão, peça a elas que assumam a liderança. Elas vão instintivamente antecipar quais podem ser os riscos e como manter você a salvo.

- Elas provavelmente brilham na negociação de contratos, sobretudo nos bastidores. Dentro dos limites da descrição do cargo, peça a elas que desempenhem esse papel.
- Não as coloquem no papel de receber pessoas, buscar novos clientes ou ampliar as redes de sua organização. O tipo de entusiasmo que essas funções exigem pode não fazer parte do repertório delas.
- Nos relacionamentos, elas são seletivas e sensíveis, portanto não as transfira de equipe o tempo todo. Elas precisam estar seguras de que as pessoas em volta são competentes e confiáveis, e leva tempo para se adquirir essa confiança.
- Elas são notórias por elogiar pouco. Mas, quando o fazem, saiba que é merecido.

REALIZAÇÃO

Pessoas com talento excepcional no tema Realização trabalham arduamente e têm muita energia. Para elas, estar ocupado e produtivo é uma enorme satisfação.

COMO LIDERAR QUANDO SE TEM O TALENTO REALIZAÇÃO

- Os demais respeitam sua dedicação ao trabalho. O trabalho árduo e a produtividade são sinais visíveis de que você é alguém em quem se pode confiar para fazer as coisas bem. Esteja à altura dessa confiança. Entregue quando disser que vai entregar.
- Forme vínculos com os outros trabalhando ao lado deles. O trabalho árduo em conjunto pode ser uma experiência formadora de laços. Quando os outros veem que você está disposto a arregaçar as mangas e trabalhar ao lado deles, você cria uma conexão. Mostrar às pessoas que você as enxerga de igual para igual, e não de cima para baixo, pode inspirar o sentimento de confiança e respeito.
- Como definir e atingir metas é de absoluta importância para você, aplique essa filosofia de vida a outros aspectos. Você não tem passado tem-

po suficiente com as pessoas relevantes na sua vida? Pense em alguém que importa para você, pegue um projeto que ambos queiram realizar e defina um cronograma. Você se sentirá bem por aquilo que fizeram e pelo tempo que passaram juntos.

- Todos os dias, coloque pelo menos uma meta dos seus relacionamentos pessoais na lista de coisas a fazer. Assim, você fará as pessoas se sentirem valorizadas pelo seu tempo e investimento. Além disso, você terá a satisfação de ticar todos os dias uma caixinha de "feito".
- Os outros podem contar com a sua crença na importância do trabalho árduo e do esforço dedicado e passam a esperar isso de você. Enxergam sua constância e seu esforço como exemplo daquilo que é necessário para gerar uma vida segura e estável, dando-lhes uma sensação de estabilidade. Conte às pessoas qual é a sensação de dar sempre tudo de si. Lute para ajudá-las a ver que a única coisa que podemos controlar na vida é nosso próprio esforço.
- Sua energia faz com que os outros o enxerguem como uma rocha. Você está sempre trabalhando; nunca parece ficar cansado. As pessoas até sentem pena de você, por conta de tantas horas de trabalho. Explique a elas, com delicadeza, que, embora nem todo mundo trabalhe assim, é assim que você se sente bem. Pergunte a elas o que faz com que se sintam bem em relação ao trabalho. Lute para compreender e auxiliar os demais, fazendo-os confiar no próprio estilo de trabalho.
- Sua energia tremenda e seu desejo de realizar o máximo possível servem de inspiração para os outros. Você consegue incentivar as pessoas tomando conhecimento de suas metas e perguntando se estão progredindo. Ao ajudar os demais a montarem cronogramas e checklists, você pode ajudá-los a realizar seus planos e sonhos.
- Estabelecer metas e prazos, algo que o motiva tanto, também pode ajudar os demais a gerir os enormes projetos de que cuidam. Você pode tornar administrável um empreendimento complicado e de grandes proporções ao subdividi-lo e criando marcos ao longo do caminho. Quando alguém o procura em busca de orientação sobre uma missão colossal, compartilhe seu método para gerir o todo dividindo-o em fatias.

COMO LIDERAR PESSOAS COM O TALENTO REALIZAÇÃO

- Quando você tem projetos que exigem trabalho extra, chame quem tem esse ponto forte. Lembre-se que a frase "Quando quiser que algo seja feito, chame quem está ocupado" costuma ser verdadeira.
- Entenda que essas pessoas gostam de estar ocupadas. Ficar sentado em reuniões costuma ser muito chato para elas. Portanto, ou você as deixa fazer o trabalho delas ou dá um jeito de obrigá-las a participar de reuniões apenas quando é realmente necessário e elas podem participar com pleno engajamento.
- Ajude-as a mensurarem o que já fizeram. Elas podem gostar de monitorar o próprio horário. Porém, mais importante que isso, elas precisam de um método de medição da produção acumulada. Medições simples, como o número de clientes que atenderam, clientes que conhecem pelo nome, arquivos que analisaram, potenciais clientes contatados ou pacientes atendidos ajudam a dar um senso de definição.
- Forme uma relação com elas trabalhando junto. O trabalho árduo em conjunto costuma ser uma experiência formadora de vínculos para os talentos fortes em Realização. E mantenha longe delas aqueles com baixa produtividade. "Acomodados" os aborrecem.
- Quando elas terminam uma tarefa, raramente querem descansar ou receber uma missão mais fácil como recompensa. Ficarão muito mais motivadas se você lhes der reconhecimento pela realização e, na sequência, uma nova meta que as desafie.
- Em geral, elas precisam de menos sono e acordam mais cedo que a maioria. Procure-as quando a missão exigir essas características. Além disso, faça perguntas como "Até que horas você ficou trabalhando para terminar isso?" ou "Que horas você chegou hoje de manhã?". Elas vão gostar desse tipo de atenção.
- Você pode ficar tentado a promovê-las simplesmente por causa da iniciativa delas. Isso pode ser um equívoco se as afastar daquilo que fazem melhor. Uma ideia mais interessante seria identificar seus outros temas e pontos fortes e buscar oportunidades para que façam ainda melhor aquilo que já fazem bem.

RELACIONAMENTO

Pessoas com talento excepcional no tema Relacionamento apreciam relações próximas com os demais. Elas encontram enorme satisfação no trabalho árduo com os amigos para atingir uma meta.

COMO LIDERAR QUANDO SE TEM O TALENTO RELACIONAMENTO

- Relacionamentos importantes geram confidências. Mantenha e reforce sua confiança guardando os segredos levados até você. Basta uma brecha para esvaziar uma represa.
- Você sabe que aprofundar uma amizade acarreta um risco inerente, mas se sente mais à vontade do que a maioria na aceitação desse fato. Diga isso. Reconheça em alto e bom som e diga ao outro que a profundidade da relação gerou confiança da sua parte e deu a você segurança para revelar mais a seu respeito.
- Tenha tempo suficiente para ficar a sós com as pessoas importantes da sua vida. Solidifique relacionamentos e crie energia emocional para compartilhar com outras pessoas. É isso que fica. Não desperdice oportunidades de mostrar que você se importa.
- Sendo forte em Relacionamento, talvez você dê mais amor e amizade do que a maioria das pessoas. Conte que sua relação com elas é uma fonte de felicidade em sua vida. Pergunte a elas como isso aumenta a felicidade delas. Demonstre que você se importa com a qualidade de vida delas oferecendo compaixão, atenção e interesse pelo bem-estar delas.
- Amizades próximas de longa duração são muito gratificantes para você. Quer sejam na família, no círculo de amizades ou na organização, diga aos outros que você espera que essas relações durem a vida toda. Defina uma expectativa de apoio mútuo, compreensão e estabilidade contínuos.
- Você se sente mais "em casa" em situações informais do que nas formais. Mas as organizações que crescem em tamanho e complexidade costumam exigir sistemas que são mais formais. Mesmo diante dessas realidades do local de trabalho, você tem como ajudar os outros a compreenderem que a importância crucial dos relacionamentos não

muda. Crie uma ilha de informalidade no meio do oceano formal da sua organização.
- Você dá mais do que recebe. Mas, para que sua generosidade continue, é preciso garantir que o que se recebe esteja à altura do que se dá. Identifique pessoas e eventos realmente gratificantes para você e reserve tempo para elas. Isso vai lhe dar ainda mais energia para dividir com quem o procura em busca de esperança.
- Você cria relacionamentos que duram, o que lhe permite ter uma perspectiva de profundidade inigualável sobre a vida e as vitórias das pessoas. Ajude-as a enxergar o panorama mais amplo. Destaque as realizações e os padrões de sucesso delas. Mostre, de todos os jeitos possíveis, que a vida delas fez diferença.

COMO LIDERAR PESSOAS COM O TALENTO RELACIONAMENTO

- Ajude-as a identificar as metas dos colegas. Elas têm uma probabilidade maior de criar vínculos quando compreendem suas metas e aspirações.
- Pense na ideia de pedir a elas que criem relacionamentos genuínos com pessoas cruciais, que você quer reter. Elas podem ser funcionários fundamentais, que ajudam a manter bons contribuidores na sua organização por meio da formação de vínculos.
- Preste atenção nos outros temas fortes dessas pessoas. Se elas tiverem evidências de forte talento em Foco, Organização ou Autoafirmação, talvez tenham potencial para ser gestores. O funcionário sempre vai se esforçar mais por alguém que sabe que estará lá por ele e que deseja o sucesso alheio. Quem é forte em Relacionamento tem facilidade para estabelecer esse tipo de relação.
- Elas podem muito bem ter o dom da generosidade. Chame a atenção delas para isso e mostre como a generosidade delas as ajuda a influenciar e criar conexões com quem está em volta. Elas vão apreciar sua percepção e sua relação com elas se fortalecerá.

RESPONSABILIDADE

Pessoas com talento excepcional no tema Responsabilidade assumem a responsabilidade psicológica por aquilo que dizem que vão fazer. Elas têm um compromisso com valores estáveis, como honestidade e lealdade.

COMO LIDERAR QUANDO SE TEM O TALENTO RESPONSABILIDADE

- Você pode ser a consciência moral dos demais. Quando uma pessoa ou organização está envolvida em algo que parece errado, um alarme dispara na sua cabeça, e você se sente obrigado a cuidar do assunto. Comece pela fonte; faça perguntas para conhecer a verdade e o motivo. Expresse com franqueza sua preocupação. Sempre que for possível e eticamente aceitável, deixe o responsável corrigir a situação por conta própria. Se necessário, dê o passo seguinte para reparar o erro e aliviar sua consciência.
- É importante valorizar e reconhecer a força moral e a integridade. Não deixe de dar valor e reafirmar aquilo que é certo, pelo menos com frequência igual – e, de preferência, maior – àquela com que você aponta o que há de errado. Isso será percebido e fará com que você seja respeitado.
- Você não consegue evitar sentir-se responsável pelos outros, sobretudo pelas pessoas com quem mais se importa. Consulte-as com frequência. Como elas estão? Como você pode ajudar? Demonstre todos os dias sua compaixão, se puder, e saiba que você está levando calor humano à vida dessas pessoas.
- Ao cometer um erro que afeta outra pessoa, procure-a o mais rápido possível e tente consertar. Peça desculpas, claro, mas vá além do pedido e faça a reparação. Em seus relacionamentos, ao assumir os próprios erros, você descobrirá que o perdão virá com maior facilidade e que a intimidade será recuperada com mais rapidez.
- Seu senso de responsabilidade gera naturalmente uma sensação de segurança. As pessoas sabem que podem contar com você para que as coisas sejam feitas de maneira correta e no prazo. Em vez de carregar

sozinho todo o peso da responsabilidade, divida um pouco, para que cada membro da equipe contribua para a estabilidade do grupo.
- Você é um líder que gosta de servir. O conceito de "serviço" costuma aplicar-se a consumidores, membros e usuários, mas às vezes é negligenciado quando se trata de subordinados. Fale com seus subordinados sobre seu desejo de servir a eles e apoiá-los – e que pedir sua ajuda é uma forma de reconhecimento que você aprecia.
- Você assume naturalmente a responsabilidade por todo projeto em que se envolve. Compartilhe essa responsabilidade incentivando os demais a fazerem o mesmo. Seja o defensor deles e conduza-os proativamente pela oportunidade de vivenciar os desafios de ser responsável. Ao fazer isso, você estará contribuindo para o crescimento e o desenvolvimento de todos.
- A responsabilidade psicológica é um resultado das escolhas que são feitas. Em vez de atribuir responsabilidades, mencione-as deixando as pessoas escolherem por qual contribuição querem ser responsáveis. Deixe-as tomar uma iniciativa autêntica, em vez de simplesmente aceitarem tarefas.

COMO LIDERAR PESSOAS COM O TALENTO RESPONSABILIDADE

- Sempre que possível, evite colocá-las em situações de equipe com colegas indiferentes.
- Entenda que elas têm iniciativa própria e exigem pouca supervisão para garantir que as tarefas serão completadas.
- Coloque-as em posições que exigem uma ética irrepreensível. Elas não vão decepcioná-lo.
- De tempos em tempos, pergunte quais responsabilidades novas elas gostariam de assumir. Ser voluntário as motiva, então dê essa chance a elas.
- Muitas vezes, elas podem impressionar você pela capacidade de entrega, levando-o a cogitar uma promoção a um cargo de gestão. *Tome cuidado.* Pode ser que prefiram fazer o trabalho por conta própria a responsabilizar-se pelo trabalho alheio. Nesse caso, vão achar frustrante gerir outras pessoas. Talvez seja melhor ajudá-las a encontrar outras formas de crescer dentro da organização.

RESTAURAÇÃO

Pessoas com talento excepcional no tema Restauração são especialistas em lidar com problemas. Elas são boas para descobrir o que há de errado e corrigir.

COMO LIDERAR QUANDO SE TEM O TALENTO RESTAURAÇÃO

- As pessoas confiam em você porque você completa ciclos, restabelece a ordem e resolve problemas. Você restaura a integridade dos sistemas e garante que funcionem de maneira confiável. Quando você demonstra disposição para fazer isso sempre que necessário, as pessoas passam a contar com você.
- Você é atraído por situações que outros podem considerar insolúveis. Mostre que quanto mais as probabilidades parecem estar contra você, mais motivado você fica para resolver o problema e corrigir as coisas. As pessoas vão respeitar a intensidade da sua determinação em enfrentar trabalhos difíceis e aprender a confiar em você.
- As pessoas valorizam sua disposição de intervir e resolver problemas. Seu desejo de corrigir as coisas é um sinal de que você se importa. Resolva problemas antes mesmo que outros percebam que eles existem e comunique isso às pessoas. Isso demonstrará sua preocupação e seu comprometimento.
- Talvez as pessoas precisem mais de você quando elas próprias se sentem fragilizadas. Seu instinto o leva a ampará-las e oferecer apoio emocional. Seja um socorrista. Procure as pessoas necessitadas o mais rápido possível e ofereça seu apoio e carinho. Elas sempre vão se lembrar que você as ajudou a se recuperar de dores físicas ou emocionais e vão considerá-lo como um dos apoiadores mais próximos.
- Você é naturalmente atraído por situações que precisam de uma virada. Use seus talentos de Restauração e elabore um plano de ação para revitalizar um projeto, organização, negócio ou equipe em declínio. Os outros se sentirão mais seguros sabendo que você está cuidando do caso.

- Use seu talento de Restauração para pensar em formas de tornar os cronogramas, sistemas e iniciativas "à prova de problemas". Saber que você já fez uma análise de variáveis e tomou precauções para prevenir erros ajuda os outros a se sentirem seguros.
- Use seu talento de Restauração para ser aquele que pergunta "Como levar isto ao próximo patamar?". Nada termina de vez, porque sempre há algo a melhorar. Seja o instigador e o inspirador de níveis cada vez mais altos de realização e serviço.
- Deixe claro para os outros que você não olha apenas para erros e defeitos. Valorize as pessoas pelos níveis atuais de serviço e desempenho. E, quando elas sugerirem um jeito de melhorar ainda mais, incentive esse desejo de excelência.

COMO LIDERAR PESSOAS COM O TALENTO RESTAURAÇÃO

- Coloque essas pessoas em cargos nos quais sejam pagas para resolver os problemas dos seus melhores clientes. Elas gostam do desafio de descobrir e remover obstáculos.
- Quando elas resolverem um problema, não deixe de comemorar o feito. Toda situação errada que é corrigida é um êxito para elas, e elas precisam que você encare assim. Mostre a elas que os outros passaram a confiar na capacidade delas de desmontar obstáculos e seguir em frente.
- Pergunte a elas como gostariam de se aprimorar. Mostre que você concorda que esses aprimoramentos devem servir como metas para os seis meses seguintes. Elas vão gostar desse tipo de atenção e precisão.

SIGNIFICÂNCIA

Pessoas com talento excepcional no tema Significância querem ter um enorme impacto. Elas são independentes e priorizam projetos baseados na influência que terão sobre a organização ou as pessoas à sua volta.

COMO LIDERAR QUANDO SE TEM O TALENTO SIGNIFICÂNCIA

- Compartilhe seu desejo de atingir grandes metas. Seja franco em relação àquilo que o motiva e peça o mesmo dos outros. Isso levará a uma confiança compartilhada.
- Seu impacto sobre o mundo depende quase inteiramente do número de pessoas que acreditam em você como líder. Seja sempre fiel a si mesmo, em público ou em particular, e as pessoas notarão sua autenticidade.
- Suas aspirações, em geral, serão mais elevadas que as dos outros. Durante a longa e íngreme ascensão ao topo, lembre-se de recompensar a si mesmo e aos outros reconhecendo e festejando marcos. Reitere a significância da meta e a importância da contribuição de cada indivíduo para ela. Diga que eles são parceiros valorizados nessa empreitada e respalde suas palavras dando a eles parte do prêmio. Caso a parceria seja bem-sucedida, pode durar muito tempo.
- Aplausos, reconhecimento e valorização, vindos de uma plateia apreciada, vai levá-lo a níveis cada vez mais altos de desempenho. De quem é a aprovação que você mais valoriza? De um dos pais, um irmão, um professor, um chefe? Sua cara metade? Você já falou quanto a aprovação deles é crucial para você? Diga como se importa com a opinião deles. Garanta que elas compreendam o poder da própria percepção e o papel valioso que desempenham em sua motivação e em sua vida.
- Um impacto duradouro é importante para você. Você quer criar algo que faça a diferença além do momento presente. Compartilhe esse desejo com os demais. Ajude-os a entender que a sua visão não é de glória imediata, mas de longo prazo. Eles se sentirão melhor se souberem a profundidade do seu compromisso.
- Liderar equipes cruciais ou projetos relevantes traz à tona o melhor de você. Sua maior motivação pode ocorrer quando os riscos são muito altos. Conte aos outros que, na hora da decisão, você sempre pede a bola. Eles ficarão mais tranquilos com a sua confiança para assumir grandes riscos e carregar a responsabilidade em seus próprios ombros.
- Você passa tempo pensando na enormidade do que quer alcançar e no que isso representa tanto no presente quanto no futuro. Ajude os outros a refletirem sobre o próprio legado. Pergunte o que eles buscam. Como

querem ser conhecidos? O que querem deixar para trás? Mostre a eles uma visão que vai além do momento atual e ajude-os a avaliar as escolhas que fazem todos os dias.
- Seu talento em Significância muitas vezes o coloca sob os holofotes. Use a oportunidade para direcionar a atenção positiva para outros. Sua capacidade de defender os outros e prepará-los para o sucesso pode ser a maior prova da sua Significância.

COMO LIDERAR PESSOAS COM O TALENTO SIGNIFICÂNCIA

- Dê um jeito para que elas se destaquem pelos motivos certos. Do contrário, elas podem tentar fazer isso acontecer por conta própria, talvez de forma indevida.
- Escale-as de modo que possam se associar a pessoas com credibilidade, produtivas e profissionais. Elas gostam de estar cercadas pelo que há de melhor.
- Incentive-as a elogiar outros colegas com grandes realizações. Elas gostam de fazer os outros se sentirem bem-sucedidos.
- Quando elas alegarem excelência – e certamente o farão –, ajude-as a imaginar os pontos fortes que terão que desenvolver para fazer essas alegações. Ao dar mentoria a elas, não peça que baixem suas aspirações; em vez disso, sugira que adotem *benchmarks* para desenvolver os pontos fortes relevantes.
- Como dão muito valor à percepção alheia, a autoestima pode sofrer quando elas não obtêm o reconhecimento merecido. Nessas horas, chame a atenção delas para os pontos fortes e as incentive a definir novas metas baseadas neles. Essas metas vão ajudar a reenergizá-las.

APÊNDICE 2
Q12: Os 12 elementos da grande gestão

Os pesquisadores do Gallup passaram décadas estudando organizações, equipes e indivíduos produtivos. Os 12 elementos do engajamento oferecem a descrição mais concisa e abrangente daquilo que é necessário para criar uma cultura engajadora e produtiva no ambiente de trabalho.

Q01. Eu sei o que se espera de mim no trabalho.
No mundo inteiro, um em cada dois funcionários "concorda muito" que sabe o que se espera dele no trabalho. Se aumentarem essa proporção para oito em cada dez, as organizações poderiam ter uma redução de 22% no turnover, 29% em incidentes de segurança e um aumento de 10% na produtividade.

Expectativas claras são a necessidade mais básica e fundamental do funcionário. Aqueles que "concordam muito" que a descrição da função está alinhada com o trabalho que fazem têm uma probabilidade 2,5 vezes maior de estarem engajados, em comparação com os demais funcionários. A maior armadilha do primeiro elemento é que o gestor supõe que a simplicidade dessa afirmação significa que a questão exige apenas uma solução básica: "Se as pessoas não sabem o que se espera, é só eu falar."

Mas ajudar os funcionários a compreenderem o que o gestor e a organização esperam exige muito mais do que simplesmente falar o que precisa ser feito. O funcionário precisa dominar os fundamentos do próprio trabalho, que não se limitam ao *job description*. Infelizmente, menos da metade dos funcionários (43%) "concorda muito" em ter uma descrição clara da função, e ainda menos (41%) "concordam muito" que o *job description* está alinhado com o trabalho pedido. E, quando os líderes não conseguem articular uma estratégia clara e alinhada com as expectativas dos gestores e dos funcionários, isso complica ainda mais esse elemento do desempenho. Em muitos casos, os funcionários são responsabilizados por tarefas que não casam com o *job description*, o que pode confundi-los e frustrá-los na tentativa de executar suas tarefas e tomar decisões cotidianas.

O que os melhores fazem: As organizações e os gestores precisam acertar este ponto para otimizar o desempenho. Os gestores mais eficientes definem e discutem as expectativas explícitas *e* implícitas para o papel de cada funcionário e da equipe. Eles traçam um quadro de desempenho excepcional e ajudam os funcionários a compreenderem como o trabalho deles se alinha com o sucesso dos colegas, do setor e de toda a organização. Os melhores gestores envolvem os funcionários na definição de expectativas e oferecem feedback frequente, formal e informal, para ajudá-los a cumprir e ultrapassar essas expectativas. À medida que as prioridades, os papéis e as circunstâncias mudam, os grandes gestores avaliam e refinam continuamente as expectativas.

Q02. Eu disponho dos materiais e equipamentos necessários para fazer meu trabalho corretamente.

No mundo inteiro, um em cada três funcionários "concorda muito" que dispõe dos materiais e dos equipamentos de que precisam para fazer o próprio trabalho corretamente. Se duplicarem essa proporção, as organizações podem ter um aumento de 11% na lucratividade, uma redução de 35% nos incidentes de segurança e um aumento de 28% na qualidade.

Dos 12 elementos, o de materiais e equipamento é o indicador mais forte de estresse na função. Embora essa frase seja de natureza funcional, é um elemento que mede tanto as necessidades físicas de recursos quanto as possíveis barreiras entre empregador e empregado. Os funcionários ficam frustrados com o gestor ou a organização por terem criado metas e expectativas que parecem impossíveis de atingir. Mas, assim como as expectativas, materiais e equipamentos não são apenas um checklist de ferramentas que as organizações distribuem aos funcionários. Eles incluem os recursos tangíveis e intangíveis necessários para o funcionário fazer seu trabalho. Na força de trabalho atual, informação e empoderamento costumam ser tão necessários quanto tecnologia e materiais de escritório.

O que os melhores fazem: Embora exista uma forte correlação entre este elemento e o estresse na função, os gestores podem se consolar com este fato encorajador: todo mundo quer fazer um trabalho bem-feito. Quer ser produtivo. O segredo para melhorar este elemento reside no envolvimento, no julgamento e nas ações do gestor com sua equipe. Os gestores mais eficientes não pressupõem. Eles perguntam e escutam as necessidades dos funcionários, defendem a causa quando eles precisam de verba da organização e são transparentes em relação àquilo que conseguem ou não conseguem oferecer. Os melhores gestores também são engenhosos. Eles encontram formas de aproveitar ao máximo a engenhosidade e os talentos da equipe quando não é possível atender integralmente aos pedidos de verba dos funcionários. Os melhores gestores trabalham com funcionários e líderes para conseguir aquilo que os subordinados precisam, seja pedindo aos melhores membros da equipe que compartilhem seu conhecimento ou com dicas profissionais e conselhos para encontrar tempo e aprender com fontes educacionais gratuitas.

Q03. No trabalho, eu tenho a oportunidade de fazer o que faço de melhor todos os dias.

No mundo inteiro, um em cada três funcionários "concorda muito" em ter a oportunidade de fazer o que faz de melhor todos os dias. Se duplicarem essa proporção, as organizações podem ter um aumento de 6% nas notas de engajamento dos clientes, 11% na produtividade e uma redução de 30% na rotatividade e de 36% nos incidentes de segurança.

Uma das estratégias mais poderosas para gestores e organizações é dar aos funcionários oportunidades de aplicar o melhor do eu natural (seus talentos), assim como suas competências e conhecimentos. Como principal característica que os funcionários procuram em um novo emprego – e cuja ausência é um dos principais motivos de pedidos de demissão – está a possibilidade de as pessoas conseguirem fazer no trabalho aquilo que fazem de melhor. Quando isso acontece, as organizações onde elas trabalham obtêm um ganho em atração de funcionários, engajamento e retenção. Infelizmente, às vezes as empresas hesitam em dar muita ênfase às competências ou realizações individuais por temerem que outros se sintam magoados ou excluídos. Mas as diferenças individuais dão às empresas oportunidades não apenas de promover os interesses do negócio, mas de melhorar a carreira e a vida dos funcionários. E as organizações que sabem incluir esse elemento na estratégia de capital humano têm maior probabilidade de atrair e reter funcionários.

O que os melhores fazem: Combinar a pessoa certa com a função certa é uma responsabilidade complicada. Os gestores bem-sucedidos começam compreendendo aquilo que uma função exige e depois procurando conhecer os funcionários como indivíduos. Criam um ambiente de desenvolvimento do desempenho onde há diálogo, conscientização e reconhecimento de talentos o tempo todo. Conversam com cada funcionário sobre seu valor único e aprendem como cada um contribui com valor para a equipe enquanto vão fazendo ajustes regulares para alinhar o trabalho, quando possível, aos talentos dos membros da equipe. Compreendem que, sendo realistas, os funcionários terão tarefas e responsabilidades que não se enquadram exatamente na categoria do "o que eu faço de melhor". Mas garantem que o papel de cada funcionário, como um todo, aproveite ao máximo seus talentos e pontos fortes. E procuram oportunidades de carreira que empoderem os funcionários no uso de seus talentos e pontos fortes. No fim das contas, os melhores gestores sabem onde seus funcionários brilham e os posicionam de modo a engajá-los como indivíduos que também geram valor para a organização.

Q04. Nos últimos sete dias, recebi reconhecimento ou elogios por ter feito um bom trabalho.

No mundo inteiro, um em cada quatro funcionários "concorda muito" em ter recebido reconhecimento ou elogios por ter feito um bom trabalho na semana anterior. Se aumentarem essa proporção para seis em cada dez, as organizações podem ter um aumento de 28% na qualidade, reduzir em 31% o absenteísmo e em 12% o shrinkage.

É difícil encontrar funcionários de alto desempenho. E, quando a organização os contrata, precisa fazer com que esses funcionários se sintam valorizados por seu trabalho e suas contribuições. Do contrário, corre o risco de perdê-los. Funcionários que não se sentem devidamente reconhecidos têm uma probabilidade duas vezes maior de dizer que vão pedir demissão em até um ano. E, considerando o baixo número de funcionários que "concordam muito" com esse item, esse elemento de engajamento e desempenho pode ser uma das maiores oportunidades perdidas para líderes e gestores. O reconhecimento no ambiente de trabalho motiva, gera um senso de realização e faz os funcionários se sentirem valorizados pelo trabalho que realizam. O reconhecimento também envia aos demais funcionários uma mensagem em relação ao que é considerado sucesso. Por isso, além de comunicar a apreciação, recompensar feitos pessoais e proporcionar motivação, os líderes e gestores podem usar o reconhecimento para reforçar junto aos demais funcionários os comportamentos desejados.

O que os melhores fazem: O desafio do quarto elemento consiste em sua especificidade e seu imediatismo. Muitas empresas tentam aumentar o reconhecimento implementando ferramentas com base em tecnologias para obter feedback imediato e baseado nos pares. Embora essas ferramentas possam ajudar a fortalecer um ambiente rico em reconhecimento, as organizações precisam ser cautelosas para não confiar excessivamente nelas. O reconhecimento ideal é altamente individualizado. O que é relevante para uma pessoa pode não ser para outra. Em um estudo Gallup, os funcionários revelaram que o reconhecimento público por meio de um prêmio é a forma mais *memorável* de reconhecimento, seguida pelo reconhecimento particular do chefe, de um colega ou de um cliente. Os melhores gestores aprendem como cada funcionário gosta de ser reconhecido e os elogiam por fazer um bom trabalho e atingir suas metas, enfatizando ao mesmo tempo por que aquele desempenho foi importante. No mesmo estudo Gallup, os funcionários revelaram que o reconhecimento mais *significativo* veio do próprio gestor, líder ou CEO. A tecnologia, por si só, não deve nunca substituir o reconhecimento cara a cara. Os líderes e gestores mais eficientes estimulam um ambiente rico em reconhecimento, em que o elogio vem de várias fontes simultâneas.

Q05. Meu supervisor, ou alguém no trabalho, parece se importar comigo como pessoa.
No mundo inteiro, quatro em cada dez funcionários "concordam muito" que seu supervisor, ou alguém no trabalho, parece se importar com eles como

pessoas. Se duplicarem essa proporção para oito em cada dez, as organizações podem ter uma melhoria de 8% nas notas de engajamento dos clientes, reduzir em 46% os incidentes de segurança e em 41% o absenteísmo.

O funcionário precisa saber que é mais do que apenas um número. Precisa saber que alguém se preocupa com ele primeiro como pessoa e depois como funcionário. O quinto elemento do engajamento pode parecer um aspecto "leve" da gestão, mas há recompensas importantes quando as pessoas trabalham em um ambiente onde se sentem seguras. Isso aumenta a probabilidade de fazerem experiências com ideias novas e compartilharem informação e apoio umas com as outras na vida profissional e pessoal. Elas ficam preparadas para dar ao gestor e à organização o benefício da dúvida e se sentem mais equipadas para atingir um equilíbrio entre trabalho e vida pessoal. Por sua vez, isso aumenta a probabilidade de defenderem o empregador.

O que os melhores fazem: Como não existe um jeito de fabricar o carinho por alguém, não é surpreendente que poucos gestores e equipes tomem atitudes definidas para atender a essa necessidade dos funcionários. Esse é um dos elementos com menor probabilidade de receber foco do gestor e da equipe depois que eles recebem os resultados de engajamento. Mas as melhores organizações, gestores e equipes focam, *sim*, no atendimento a essa necessidade dos funcionários investindo neles por meio de conscientização, tempo e intencionalidade. Eles conhecem os funcionários como indivíduos, realizam avaliações formais e, acima de tudo, mostram respeito por eles. Os gestores mais bem-sucedidos criam oportunidades de desenvolvimento e crescimento na carreira, ao mesmo tempo que estimulam um ambiente de colaboração de equipes e coesão. Ao fazerem isso, os funcionários se sentem genuinamente valorizados e respeitados.

Q06. Há alguém no trabalho que incentiva meu desenvolvimento.
No mundo inteiro, três em cada dez funcionários "concordam muito" que alguém no trabalho incentiva seu desenvolvimento. Se elevarem essa proporção para até seis em dez, as organizações podem ter uma melhoria de 6% nas notas de engajamento dos clientes, de 11% na lucratividade e uma redução de 28% no absenteísmo.

Os dados do Gallup mostram que a falta de desenvolvimento e crescimento na carreira é o principal motivo para os funcionários deixarem o emprego. O desenvolvimento faz parte de um contrato social não escrito que o trabalhador espera ao ser contratado. No entanto, o desenvolvimento pessoal e profissional não ocorre no vácuo. Exige esforço e atenção. O funcionário precisa de ajuda para navegar pela carreira, seja por meio de incentivo, mentoria, proteção, exposição, visibilidade ou atribuição de tarefas desafiadoras. Um mal-entendido comum a respeito deste elemento de engajamento é achar que "desenvolvimento" é o mesmo que "promoção". Não são a mesma coisa. Promoções são eventos isolados. O desenvolvimento é um processo de compreensão dos talentos e pontos fortes específicos de cada pessoa e de encontrar papéis, cargos e projetos que lhe permitam colocá-los em prática.

O que os melhores fazem: O desenvolvimento se refere à relação entre gestor e funcionário, que deve incluir a definição de metas, a melhoria do desempenho e a avaliação do progresso. Os grandes gestores discutem o crescimento e o desenvolvimento profissional com os funcionários mais de uma vez por ano. Conversam constantemente com os funcionários e criam oportunidades de aprendizado, crescimento, aquisição de novas competências, tentativa de formas diferentes de fazer as coisas e atribuição de desafios empolgantes. Os melhores gestores não enxergam o desenvolvimento como um produto acabado. Eles atuam como mentor para os funcionários, identificando vitórias e derrotas, motivando-os a ir além do que acham que são capazes, interligando-os com possíveis mentores e cobrando responsabilidade pelo desempenho.

Q07. No trabalho, minhas opiniões parecem contar.
No mundo inteiro, um em cada quatro funcionários "concorda muito" que suas opiniões contam no trabalho. Se duplicarem essa proporção, as organizações podem reduzir em 22% a rotatividade, em 33% os incidentes de segurança e aumentar em 10% a produtividade.

Os dias em que gestores e líderes tinham que saber tudo estão acabando rapidamente, à medida que as organizações aceitam o fato de que estão vivenciando mudanças, concorrência e estagnação do crescimento orgânico sem precedentes. Nenhum líder ou gestor consegue sobreviver isolado nem detém todas as respostas. Pedir contribuições individuais e levá-las em conta proporciona uma tomada de decisões mais informada e resultados melhores. Esse elemento de engajamento é poderoso e mede o senso de valor e a contribuição dos funcionários. Revela se eles se sentem valorizados por seus insights e se têm oportunidade para dar contribuições significativas ao ambiente de trabalho. Por estarem na linha de frente, os funcionários querem saber se o empregador leva em conta essa contribuição ao implementar mudanças. Sentem-se empoderados quando têm uma oportunidade e um canal para expressar suas opiniões para alguém que vai ouvi-los sem retaliação.

O que os melhores fazem: Os líderes e gestores mais bem-sucedidos extraem com frequência e sinceridade o ativo que representa o conhecimento de seus funcionários para levar a mudança adiante, resolver problemas e inovar em prol do crescimento. Escutam o que está acontecendo na base da empresa e pedem contribuições ao longo do caminho. A forma como o gestor ouve e processa os pensamentos e ideias dos funcionários pode moldar o sentimento de valorização ou não dos funcionários por suas contribuições. Os melhores gestores promovem um diálogo aberto e incentivam a criatividade e novas ideias que podem influenciar positivamente os resultados do negócio. Também oferecem um feedback aberto e honesto sobre as opiniões e ideias dos funcionários – defendendo as boas e tratando das inviáveis. Os grandes gestores criam ciclos de feedback para que as pessoas se sintam envolvidas no processo de tomada de decisões, saibam o que acontece quando dão uma opinião ou sugestão e entendam por que uma recomendação pode ser inviável.

Q08. A missão ou propósito da minha organização me faz sentir que meu trabalho é importante.

No mundo inteiro, um em cada três funcionários "concorda muito" que a missão ou propósito de sua organização faz com que sintam que sua função é importante. Se duplicarem essa proporção, as organizações podem reduzir em 34% o absenteísmo, em 41% os incidentes de segurança com pacientes e melhorar em 19% a qualidade.

A ausência de muitos elementos de engajamento – clareza na função, equipamento e recursos adequados, trabalho alinhado com os próprios talentos, feedback constante – pode criar obstáculos reais à produtividade. É fácil entender por que os funcionários precisam desses elementos para realizar bem seu trabalho. O mesmo não pode ser dito do oitavo elemento. Trata-se de uma necessidade estritamente emocional e de nível mais elevado, como se o funcionário não conseguisse reunir energia para fazer tudo que poderia fazer sem saber como sua função se encaixa no quadro geral. Os dados dizem que é exatamente isso que acontece. Se um emprego fosse apenas um emprego, onde a pessoa trabalha não importaria. Mas o funcionário quer que sua função tenha um sentido. Na verdade, entre os millennials, esse elemento mostrou-se um dos mais fortes impulsionadores da retenção. Por motivos que transcendem as necessidades práticas preenchidas pela remuneração, as pessoas buscam um propósito mais elevado para a própria contribuição. O funcionário quer acreditar no que o empregador faz. As pessoas gostam da sensação de pertencer a uma comunidade, seja ela a empresa, o time ou a igreja. No entanto, muitos líderes e gestores acham que colocar a declaração de missão da organização na parede basta para que os funcionários sintam essa conexão. Não basta.

O que os melhores fazem: Muito mais do que qualquer elemento, os gestores não podem ser os únicos responsáveis pela missão e pelo propósito, mas o papel que desempenham é importante. Os gestores precisam ajudar os funcionários a compreenderem como o papel deles se encaixa no panorama mais amplo. Os gestores mais eficientes cultivam um senso de propósito entre os funcionários quando esclarecem a missão da organização e ajudam os funcionários a descobrirem como o cargo deles contribui para atingir a missão ao interligá-la a suas tarefas diárias. Os grandes gestores criam oportunidades para que os funcionários compartilhem seus momentos e suas histórias relacionadas à missão sobre como a organização está realizando seu propósito. Mas os líderes também desempenham um papel importante para assegurar que a missão e o propósito sejam claramente declarados e alinhados à experiência do funcionário. O funcionário sabe quando a missão de uma organização é apenas conversa fiada e precisa ser capaz de vivenciar a missão real dentro da cultura e entregá-la ao atender às necessidades do cliente.

Q09. Meus colegas estão comprometidos em fazer um trabalho de qualidade.

No mundo inteiro, um em cada três funcionários "concorda muito" que seus colegas estão comprometidos em fazer um trabalho de qualidade. Se duplicarem essa proporção, as empresas podem reduzir em 31% a rotatividade e o absenteísmo, melhorar em 12% o lucro e aumentar em 7% as notas de engajamento dos clientes.

Confiar que os colegas compartilham um compromisso com a qualidade é vital para um excelente desempenho de equipe. E à medida que o trabalho se torna cada vez mais interconectado, interdependente e baseado em projetos, esse elemento se torna crucial. Aquele que tem o pior desempenho em uma equipe é que determina o padrão da equipe. Os funcionários precisam estar em um ambiente onde exista confiança mútua e respeito pelos esforços e resultados uns dos outros. Isso começa com uma consciência profunda dos padrões de trabalho e das expectativas da equipe. Numa proporção de seis para um, as pessoas ficam mais incomodadas com um colega capaz que não se esforça do que com um colega que se esforça, mas não tem muita capacidade. No caso dos funcionários altamente produtivos, existe uma enorme diferença entre ser escalado para uma equipe e realmente se identificar com essa equipe. O funcionário gosta de saber que todos na equipe estão se esforçando.

O que os melhores fazem: Os funcionários podem ficar ressentidos quando têm um colega que não está contribuindo ou que é considerado responsável por um desempenho abaixo da média. Os grandes gestores não ficam sentados deixando a equipe se desgastar. Estabelecem padrões de desempenho e cobrança e garantem que todos os membros da equipe sejam responsabilizados por eles. São gerentes que fomentam um ambiente onde os funcionários sempre podem produzir um trabalho de alta qualidade definindo padrões de qualidade para cada tarefa ou função, certificando-se que os novos membros da equipe entendem a importância da qualidade, reconhecendo os funcionários que brilham e fazendo cada membro da equipe compartilhar suas expectativas em relação a um trabalho de qualidade durante as reuniões de equipe. E os gestores que trabalham em ambientes transdisciplinares e matriciais têm um dever a mais. Embora possam não ter autoridade para dar mentoria a funcionários que não são subordinados diretos, eles têm, sim, a responsabilidade de discutir expectativas com os líderes de projetos, buscar feedback sobre a experiência dos funcionários em outros departamentos e trabalhar cruzando fronteiras entre setores para estabelecer níveis de qualidade em comum. O alinhamento transdisciplinar é crucial para aplicar padrões de qualidade a estruturas matriciais.

Q10. Eu tenho um melhor amigo no trabalho.
No mundo inteiro, três em cada dez funcionários "concordam muito" que têm um melhor amigo no trabalho. Se aumentarem essa proporção para seis em dez, as empresas podem reduzir em 28% os incidentes de segurança, aumentar em 5% as notas de engajamento dos clientes e em 7% o lucro.

O décimo elemento de engajamento é o mais polêmico dos doze. Mais do que qualquer outra afirmação do Q12, "Eu tenho um melhor amigo no trabalho" tende a gerar perguntas e ceticismo. Mas um fato persiste: isso permite prever o desempenho. Pesquisas iniciais sobre o engajamento dos funcionários e os elementos do Q12 revelaram uma tendência social peculiar entre os funcionários de equipes de alto desempenho. Quando eles têm um senso profundo de afinidade com os membros da equipe, tomam atitudes positivas que beneficiam o negócio – atitudes que, do contrário, talvez nem cogitassem.

O impacto das amizades depende do contexto – nossa vida social e o efeito dela no desempenho não existem no vácuo. Da mesma forma, os elementos Q12 não existem isolados; atuam em conjunto para criar a experiência de trabalho do funcionário. Ter um melhor amigo no trabalho é algo muito poderoso para prever a retenção quando as pessoas sabem o que se espera delas e dispõem dos materiais e equipamentos para fazer o trabalho.

Além da validade científica ou dos resultados do negócio, porém, existe uma premissa muito simples: ignorar as amizades é ignorar a natureza humana. Mesmo assim, muitas organizações continuam praticando políticas que dissuadem ou até mesmo desencorajam as pessoas de socializarem ou ficarem amigas.

O que fazem os melhores: Os melhores empregadores admitem que as pessoas querem criar amizades significativas e que a lealdade à empresa se baseia nesses relacionamentos. Mas as amizades no trabalho precisam ser colocadas em um contexto adequado. Os gestores não devem tentar fabricar amizades nem fazer com que todos sejam amigos. Em vez disso, devem criar situações em que as pessoas possam se conhecer. Os melhores gestores buscam oportunidades para reunir a equipe em eventos, incentivar as pessoas a compartilharem histórias sobre si mesmas e planejar tempo de socialização no trabalho quando isso não prejudicar o atendimento ao cliente ou outros resultados de desempenho.

Na maioria das equipes e organizações, a questão do melhor amigo não deve ser a maior prioridade. Na verdade, quando as organizações não atendem às necessidades básicas dos funcionários (como expectativas claras, a oportunidade de fazer o que se faz de melhor, um gestor que se importa com eles e oportunidades de desenvolvimento), as amizades acabam ensejando sessões de lamentação. Por outro lado, quando as necessidades básicas são atendidas, as amizades podem gerar uma dinâmica poderosa em que conversas informais se transformam em discussões inovadoras sobre como a organização pode crescer.

Q11. Nos últimos seis meses, alguém no trabalho falou comigo sobre meu progresso.
No mundo inteiro, um em cada três funcionários "concorda muito" que alguém no trabalho falou com ele sobre seu progresso nos últimos seis meses. Se duplicarem essa proporção, as organizações podem reduzir em 38% os incidentes de segurança, em 28% o absenteísmo e aumentar em 11% o lucro.

Por mais complexas que sejam as avaliações de desempenho – indicadores balanceados de desempenho, feedback 360 graus, autoavaliações e relatórios de pontuação forçada –, a afirmação que revela a maior correlação entre as percepções das avaliações e o efetivo desempenho do funcionário é incrivelmente simples: "Nos últimos seis meses, alguém no trabalho falou comigo sobre meu progresso." Essa afirmação não especifica se a discussão foi uma avaliação oficial. O mais importante para o funcionário é que ele fica sabendo como está se saindo, como seu trabalho é percebido e o que o futuro guarda. Não há nada de errado com as avaliações formais, e existem muitos motivos para recomendá-las. Mas o êxito com o 11º elemento do engajamento se resume ao que ocorre *entre* as avaliações de desempenho. Quando o gestor verifica regularmente o progresso dos funcionários, aumenta a probabilidade de que os membros da equipe recebam uma remuneração justa e permaneçam na empresa, diminui a chance de que sofram acidentes e mais do que duplica a probabilidade de que recomendem a empresa como um ótimo lugar para trabalhar.

O que fazem os melhores: Os melhores gestores sabem que, para que os funcionários cresçam em suas funções, primeiro precisam saber onde se encontram. Os melhores gestores sabem que o feedback é essencial para o engajamento e o desempenho do funcionário. Eles ajudam o funcionário a enxergar onde se situa na trajetória profissional e colaboram com ele para definir metas de desenvolvimento. Os gestores mais eficientes modificam o feedback para adaptá-lo à personalidade, situação e potencial de cada funcionário. Fazem verificações regulares com os funcionários e, sem microgerenciar, ajudam a melhorar o desempenho deles esclarecendo as expectativas para a função, elaborando e monitorando métricas de desempenho, informando-se sobre as metas e encontrando formas criativas de ajudá-los a atingirem suas metas. Acima de tudo, esses gestores atuam como mentores – motivando, orientando e direcionando os funcionários.

Q12. No último ano, eu tive oportunidades no trabalho para aprender e crescer.

No mundo inteiro, um em cada três funcionários "concorda muito" que tem oportunidades no trabalho para aprender e crescer. Se duplicarem essa proporção, as organizações podem reduzir em 39% o absenteísmo, em 36% os incidentes de segurança e aumentar em 41% a produtividade.

O desejo de aprender e crescer é uma necessidade básica do ser humano e é essencial para manter o impulso e a motivação do funcionário. Este elemento também é crucial em uma época em que as empresas estão sedentas por crescimento orgânico. Quando as pessoas crescem, as empresas crescem e aumentam a probabilidade de sobreviver. Quando o funcionário sente que está aprendendo e evoluindo, dedica-se mais e com maior eficiência. Porém, quando é obrigado a fazer a mesma coisa todos os dias, sem a chance de aprender algo, raramente mantém o entusiasmo ou a empolgação com a própria função. Muitos líderes e gestores atribuem erroneamente esse elemento a uma simples questão de treinamento *adicional*. Mas aprender e crescer pode ocorrer de várias formas: encontrando um jeito melhor de cumprir uma função, obtendo uma promoção ou aprendendo uma nova competência. Os melhores funcionários nunca estão totalmente satisfeitos. Sempre estão em busca de formas melhores e mais produtivas de trabalhar. E, onde existe crescimento, existe inovação.

O que os melhores fazem: Para muitas pessoas, o progresso em uma função é o que separa uma carreira de um simples emprego. Para melhorar e desenvolver funcionários, os gestores bem-sucedidos os desafiam. Os melhores gestores criam oportunidades individuais de aprendizado atreladas a um plano de desenvolvimento individual mais amplo e fazem checagens constantes do progresso dos funcionários perguntando o que estão aprendendo e com que frequência aplicam aquilo que aprenderam a seus cargos. Os grandes gestores compreendem que aprender e crescer são um processo sem fim. Avaliam as competências dos funcionários, buscam formas de alinhar essas competências com as metas e aspirações de longo prazo e elaboram metas de curto prazo para cada funcionário. Acima de tudo, esses gestores ajudam os funcionários a enxergarem o valor das novas oportunidades e buscam incentivá-los a assumirem novas responsabilidades ou até novos cargos que possam reforçar seus talentos individuais.

Para obter material complementar
sobre o conteúdo dos apêndices, acesse:

Referências e notas

Este livro abrange uma ampla gama de pesquisas. Para mais detalhes sobre as pesquisas Gallup e outros estudos citados, consulte esta seção expandida de referências. No caso de algumas referências, incluímos comentários extras. Note que as estatísticas sem citação provêm de pesquisas e estudos Gallup.

INTRODUÇÃO: O novo propósito mundial

BUREAU OF LABOR STATISTICS. *Labor force statistics from the current population survey.* Washington, D.C.: BLS, 19 jan. 2018. Disponível em: https://www.bls.gov/cps/cpsaat08.htm. Acesso em: 19 nov. 2018.

CLIFTON, J. *Killing small business.* Gallup News, 10 dez. 2015. Disponível em: https://news.gallup.com/opinion/chairman/186638/killing-small-business.aspx. Acesso em: 19 nov. 2018.

CLIFTON, J. *What the whole world wants.* Gallup News, 17 dez. 2015. Disponível em: https://news.gallup.com/opinion/chairman/187676/whole-world-wants.aspx?g_source=link_NEWSV9&g_medium=&g_campaign=item_&g_content=What%2520the%2520Whole%2520World%2520Wants. Acesso em: 19 nov. 2018.

CLIFTON, J. *Corporate boards: Failing at growth.* Gallup News, 3 ago. 2016. Disponível em: https://news.gallup.com/opinion/chairman/194132/corporate-boards-failing-growth.aspx?g_source=link_NEWSV9&g_medium=TOPIC&g_campaign=item_&g_content=Corporate%2520Boards%3a%2520Failing%2520at%2520Growth. Acesso em: 19 nov. 2018.

CLIFTON, J. *The world's broken workplace.* Gallup News, 13 jun. 2017. Disponível em: https://news.gallup.com/opinion/chairman/212045/world-broken-workplace.aspx?g_source=link_NEWSV9&g_medium=TOPIC&g_campaign=item_&g_content=The%-2520World%27s%2520Broken%2520Workplace. Acesso em: 19 nov. 2018.

DeSILVER, D. *5 facts about the minimum wage.* Pew Research Center, 4 jan. 2017. Disponível em: http://www.pewresearch.org/fact-tank/2017/01/04/5-facts-about-the-minimum-wage/. Acesso em: 19 nov. 2018.

DESJARDINS, J. *Visualizing the size of the U.S. national debt.* Visual Capitalist, 8 set. 2016.

Disponível em: http://money.visualcapitalist.com/visualizing-size-u-s-national-debt/. Acesso em: 19 nov. 2018.

DRUCKER, P. F. *The practice of management: A study of the most important function in American society*. Nova York: Harper & Brothers, 1954.

GALLUP. *State of the global workplace*. Nova York: Gallup Press, 2017.

KAMP, K. *By the numbers: The incredibly shrinking American middle class*. billmoyers.com, 20 set. 2013. Disponível em: https://billmoyers.com/2013/09/20/by-the-numbers-the-incredibly-shrinking-american-middle-class/. Acesso em: 19 nov. 2018.

KENG, C. *Employees who stay in companies longer than two years get paid 50% less*. Forbes, 22 jun. 2014. Disponível em: https://www.forbes.com/sites/cameronkeng/2014/06/22/employees-that-stay-in-companies-longer-than-2-years-get-paid-50-less/. Acesso em: 19 nov. 2018.

ROTHWELL, J. *No recovery: An analysis of long-term U.S. productivity decline*. Washington, D.C.: Gallup and the U.S. Council on Competitiveness, 2016.

STATISTA. *Number of full-time employees in the United States from 1990 to 2017 (in millions)*. 2018. Disponível em: https://www.statista.com/statistics/192356/number-of-full-time-employees-in-the-usa-since-1990/. Acesso em: 19 nov. 2018.

TRADING ECONOMICS. *United States GDP*. Dez. 2018. Disponível em: https://tradingeconomics.com/united-states/gdp. Acesso em: 19 nov. 2018.

ESTRATÉGIA

CAPÍTULO 1. O que os CEOs e diretores de RH precisam mudar?

GALLUP. *How millennials want to work and live*. 2016. Disponível em: https://www.gallup.com/workplace/238073/millennials-work-live.aspx. Acesso em: 7 dez. 2018.

CAPÍTULO 2. Por que é tão difícil empreender uma transformação organizacional

Em um estudo Gallup com 4 mil funcionários em tempo integral e parcial, na França, Alemanha, Espanha e Reino Unido, menos de um em cada quatro funcionários "concordou muito" que a liderança de sua empresa os deixa entusiasmados com o futuro.

AGRAWAL, S.; HARTER, J. K. *The cascade effect of employee engagement: A longitudinal study: Technical report*. Omaha, Nebraska: Gallup, 2010.

DUNBAR, R. I. M. Neocortex size as a constraint on group size in primates. *Journal of Human Evolution*, v. 20, p. 469-493, 1992.

FOWLER, J. H.; CHRISTAKIS, N. A. Dynamic spread of happiness in a large social network: Longitudinal analysis over 20 years in the Framingham heart study. *BMJ*, v. 337, a2338+, 2008.

GALLUP. *First, break all the rules: What the world's greatest managers do differently*. Nova York: Gallup Press, 2016.

HERNANDO, A.; VILLUENDAS, D.; VESPERINAS, C.; ABAD, M.; PLASTINO, A. Unravelling the size distribution of social groups with information theory in complex networks. *The European Physical Journal B*, v. 76, n. 1, p. 87-97, 2010.

LIBERTY, E.; WOOLFE, F.; MARTINSSON, P.; ROKHLIN, V.; TYGERT, M. al. Randomized algorithms for the low-rank approximation of matrices. *Proceedings of the National Academy of Sciences*, v. 104, n. 51, p. 20167-20172, 2007.

CAPÍTULO 3. As duas características inegociáveis de um líder

Em uma revisão de cinco décadas de pesquisas Gallup sobre liderança, encontramos um amplo leque de características de liderança bem-sucedidas: intensidade, catalização, responsabilização, flexibilidade, orientação para metas, planejamento, percepção individualizada, networking estratégico, apreciação de talentos, liderança de equipes, orientação para o negócio, conceitualização, busca de conhecimento, pensamento estratégico, competitividade, coragem, orquestração, estrutura, entusiasmo, investimento, visão e conceito.

EMOND, L. *Microsoft CHRO: A conversation about succession management*. Gallup.com, 16 jul. 2018. Disponível em: https://www.gallup.com/workplace/237113/microsoft-chro-conversation-succession-management.aspx. Acesso em: 6 dez. 2018.
NEWPORT, F.; HARTER, J. *What Americans value in the president, workers value in their CEO*. Gallup.com, 26 set. 2017. Disponível em: https://news.gallup.com/opinion/polling-matters/219932/americans-value-president-workers-value-ceo.aspx. Acesso em: 6 dez. 2018.

CAPÍTULO 4: Junte inúmeras equipes

Para liderar com eficiência, o Gallup concluiu que os executivos inspiram os demais por meio de sua visão; maximizam os valores da organização criando responsabilização e liderando as mudanças; e dão mentoria e criam uma base de apoio, desenvolvendo pessoas, construindo relacionamentos e comunicando com eficiência.

AGRAWAL, S.; HARTER, J. K. *The cascade effect of employee engagement: A longitudinal study: Technical report*. Omaha, Nebraska: Gallup, 2010.
WIGERT, B.; MAESE, E. *The manager experience study*. Gallup Working Paper. Omaha, Nebraska: Gallup, 2018.

CAPÍTULO 5: Tome as decisões certas

Em um estudo Gallup de 2018 com 4 mil funcionários em tempo integral e parcial na Europa, 41% deles na França, 33% no Reino Unido, 26% na Alemanha e 27% na Espanha "concordaram muito" que sua empresa tem a mentalidade certa para reagir rapidamente às necessidades do negócio.

GARAMONE, J. *Improving the science of decision making*. U.S. Department of Defense Science Blog, 5 maio 2013. Disponível em: http://science.dodlive.mil/2013/05/05/improving-the-science-of-decision-making/. Acesso em: 7 dez. 2018.
GREATHOUSE, J. *5 time-tested success tips from Amazon founder Jeff Bezos*. Forbes, 30 abr. 2013. Disponível em: https://www.forbes.com/sites/johngreathouse/2013/04/30/5-time-tested-success-tips-from-amazon-founder-jeff-bezos/. Acesso em: 7 dez. 2018.

KAHNEMAN, D. *Rápido e devagar: duas formas de pensar*. Rio de Janeiro: Objetiva, 2012.
FLINT, H. Resumo do livro *Rápido e devagar*, de Daniel Kahneman. Hugh Flint.com, 10 set. 2016. Disponível em: http://www.hughflint.com/book-reviews/book-summary-by-thinking-fast-and-slow-by-daniel-kahneman/. Acesso em: 7 dez. 2018.

CULTURA

CAPÍTULO 6: O que é cultura organizacional?

Em um estudo Gallup de 2018 com 4 mil funcionários em tempo integral e parcial na França, na Alemanha, na Espanha e no Reino Unido, cerca de um em cada três funcionários de cada país "concordaram muito" que recomendariam a empresa como lugar de trabalho.

GALLUP. *Gallup's approach to culture: Building a culture that drives performance*. 2018. Disponível em: https://www.gallup.com/workplace/232682/culture-paper-2018.aspx. Acesso em: 7 dez. 2018.

CAPÍTULO 7: A importância da cultura

GALLUP. *The relationship between engagement at work and organizational outcomes: 2016 $Q^{12®}$ meta-analysis: Ninth edition*. 2016. Disponível em: https://news.gallup.com/reports/191489/q12-meta-analysis-report-2016.aspx. Acesso em: 7 dez. 2018.
GALLUP. *State of the global workplace*. Nova York: Gallup Press, 2017.

CAPÍTULO 8: Como mudar a cultura

KOI-AKROFI, G. Y. Mergers and acquisitions failure rates and perspectives on why they fail. *International Journal of Innovation and Applied Studies*, v. 17, n. 1, p. 150-158, 2016.
RATANJEE, V. *Why HR leaders are vital for culture change*. Gallup.com, 27 fev. 2018. Disponível em: https://www.gallup.com/workplace/234908/why-leaders-vital-culture-change.aspx. Acesso em: 7 dez. 2018.

A MARCA EMPREGADORA

CAPÍTULO 9: Como atrair a nova força de trabalho

A maioria dos funcionários, e não apenas os millennials, prefere procurar empregos on-line. Uma exigência básica é tornar as oportunidades de emprego fáceis de achar na internet, além de amigáveis e visualmente atraentes. Os sites devem incluir conteúdo convincente, que descreva claramente o que diferencia sua organização da concorrência – seu propósito, as intenções da marca e a cultura. Considerando que 85% dos millennials acessam a internet pelo smartphone, se você deseja atraí-los, faça com que seu site ofereça uma boa experiência no celular.

Apenas uma em quatro pessoas que procuram emprego, sobretudo da Geração X e os baby-boomers, ainda usa o jornal para procurar vagas de trabalho.

GALLUP. *Gallup's perspective on: Designing your organization's employee experience*. 2016. Disponível em: https://www.gallup.com/workplace/242240/employee-experience-perspective-paper.aspx. Acesso em: 7 dez. 2018.

GALLUP. *How millennials want to work and live*. 2016. Disponível em: https://www.gallup.com/workplace/238073/millennials-work-live.aspx. Acesso em: 7 dez. 2018.

CAPÍTULO 10: Como contratar funcionários-estrela

AMBADY, N.; ROSENTHAL, R. Thin slices of expressive behavior as predictors of interpersonal consequences: A meta-analysis. *Psychological Bulletin*, v. 111, n. 2, p. 256-274, 1992.

Viés [verbete]. (n.d.) *Psychology Today*. Disponível em: www.psychologytoday.com/us/basics/bias. Acesso em: 7 dez. 2018.

BUCHANAN, R. D.; FINCH, S. J. *History of psychometrics*. ResearchGate, 2005. Disponível em: https://www.researchgate.net/publication/230267368_History_of_Psychometrics. Acesso em: 7 dez. 2018.

CHRISTENSEN-SZALANSKI, J. J.; BEACH, L. R. Experience and the base-rate fallacy. *Organizational Behavior & Human Performance*, v. 29, n. 2, p. 270-278, 1982.

DRONYK-TROSPER, T.; STITZEL, B. Lock-in and team effects: Recruiting and success in college football athletics. *Journal of Sports Economics*, v. 18, n. 4, p. 376-387, 2015.

GLADWELL, M. *Blink: A decisão num piscar de olhos*. Rio de Janeiro: Sextante, 2005.

GRINNELL, R. Availability heuristic. *Psych Central*, 2016. Disponível em: https://psychcentral.com/encyclopedia/availability-heuristic/. Acesso em: 7 dez. 2018.

MOORE, D. A. *Overconfidence: The mother of all biases*. Psychology Today, 22 jan. 2018. Disponível em: https://www.psychologytoday.com/us/blog/perfectly-confident/201801/overconfidence. Acesso em: 7 dez. 2018.

PENNSYLVANIA STATE UNIVERSITY. *Similar-to-me effect in the workplace*. 17 abr. 2015. Disponível em: https://sites.psu.edu/aspsy/2015/04/17/similar-to-me-effect-in-the-workplace/. Acesso em: 7 dez. 2018.

SHAHANI-DENNING, C. *Physical attractiveness bias in hiring: What is beautiful is good*. Hofstra University, 2003. Disponível em: http://www.hofstra.edu/pdf/orsp_shahani-denning_spring03.pdf. Acesso em: 7 dez. 2018.

THE UNIVERSITY OF TEXAS AT EL PASO. *Master list of logical fallacies*. Disponível em: http://utminers.utep.edu/omwilliamson/ENGL1311/fallacies.htm. Acesso em: 7 dez. 2018.

CAPÍTULO 11: Análise de contratação: a solução

A combinação de quatro critérios de contratação (experiências e realizações anteriores, tendências inatas, entrevistas múltiplas e observações na função) pode turbinar a taxa de sucesso das contratações em 20% a 70%.

O estudo de cem anos de Schmidt et al. (2006) concluiu que muitos métodos de seleção podem melhorar a previsão do desempenho, entre eles testes gerais de competência mental, entrevistas de emprego (estruturadas e desestruturadas), testes de integridade e personalidade, checagens de referências, dados biográficos, experiência anterior, amostras do trabalho e os métodos usados em centros de avaliação. Os pesquisadores podem usar muitos desses métodos para medir as cinco características ou tendências inatas (motivação, estilo de trabalho, iniciativa, colaboração, processo mental) e combiná-las para maximizar a previsão do desempenho. O estudo concluiu que a competência mental geral foi o fator isolado mais forte de previsão do desempenho e que muitos dos outros métodos foram substancialmente complementares na previsão do desempenho. Pode-se obter uma aproximação da competência mental geral de formas variadas, entre elas testes diretos de competência mental ou processo mental, experiências e realizações anteriores, testes de conhecimento do julgamento situacional e períodos de experiência no emprego.

HARTER, J. K.; HAYES, T. L.; SCHMIDT, F. L. *Meta-analytic predictive validity of Gallup selection research instruments (SRI)*. Omaha, Nebraska: Gallup, 2004.

SCHMIDT, F. L.; RADER, M. Exploring the boundary conditions for interview validity: Meta-analytic validity findings for a new interview type. *Personnel Psychology*, v. 52, p. 445-464, 1999.

SCHMIDT, F. L.; ZIMMERMAN, R. D. A counterintuitive hypothesis about employment interview validity and some supporting evidence. *Journal of Applied Psychology*, v. 89, n. 3, p. 553-561, 2004.

SCHMIDT, F. L.; OH, I. S.; SHAFFER, J. A. *The validity and utility of selection methods in personnel psychology: Practical and theoretical implications of 100 years of research findings*. 2016. Disponível em: https://www.testingtalent.net/wp-content/uploads/2017/04/2016-100-Yrs-Working-Paper-on-Selection-Methods-Schmit-Mar-17.pdf. Acesso em: 7 dez. 2018.

YANG, Y. et al. *The Gallup manager assessment: Technical report*. Omaha, Nebraska: Gallup, 2013.

CAPÍTULO 12: Onde encontrar um histórico das futuras estrelas

GALLUP. *Great jobs, great lives. The 2014 Gallup-Purdue Index report*. 2014. Disponível em: https://news.gallup.com/reports/197141/gallup-purdue-index-report-2014.aspx. Acesso em: 7 dez. 2018.

GALLUP. *Great jobs, great lives. The relationship between student debt, experiences and perceptions of college worth: Gallup-Purdue Index 2015 report*. 2015. Disponível em: https://news.gallup.com/reports/197144/gallup-purdue-index-report-2015.aspx. Acesso em: 7 dez. 2018.

GALLUP. *2017 college student survey: A nationally representative survey of currently enrolled students*. 2017. Disponível em: https://news.gallup.com/reports/225161/2017-strada-gallup-college-student-survey.aspx. Acesso em: 7 dez. 2018.

CAPÍTULO 13: Cinco perguntas para a ambientação

ADKINS, A. *Only 35% of U.S. managers are engaged in their jobs*. Gallup.com, 2 abr. 2015. Disponível em: https://www.gallup.com/workplace/236552/managers-engaged-jobs.aspx. Acesso em: 7 dez. 2018.

GALLUP. *State of the American workplace*. 2017. Disponível em: https://www.gallup.com/workplace/238085/state-american-workplace-report-2017.aspx. Acesso em: 7 dez. 2018.

GALLUP. *State of the global workplace*. Nova York: Gallup Press, 2017.

GALLUP. *Gallup's perspective on aligning compensation with your talent management strategy*. Omaha, Nebraska: Gallup, 2018.

CAPÍTULO 14: Um atalho para o desenvolvimento: conversas com base nos pontos fortes

O funcionário engajado passa menos tempo trabalhando sozinho e mais tempo em comunicação com seu gestor. Infelizmente para as organizações, os funcionários menos engajados estão passando mais tempo com os clientes, possivelmente contaminando-os com sua negatividade.

As metanálises Gallup de estudos experimentais e quase experimentais das intervenções baseadas em pontos fortes em 49.495 unidades de negócio mostra melhorias substanciais em engajamento dos funcionários, produtividade, lucro, retenção, segurança e percepções do cliente. Além disso, em metanálises do engajamento de 23.640 indivíduos e de desempenho de vendas de 10.592 equipes em 21 estudos, aqueles que receberam feedback tanto dos pontos fortes quanto dos pontos não fortes conseguiram um incremento maior no desempenho do que aqueles que só receberam feedback dos pontos fortes. Esses estudos indicam que a melhor forma de feedback envolve um foco primordial em desenvolver os pontos fortes, junto com uma conscientização e discussão sobre como gerir os pontos não fortes para que eles não se tornem pontos fracos.

Além disso, os dados do Gallup indicam que hoje em dia os funcionários esperam que o gestor atue como coach de pontos fortes.

ASPLUND, J. A.; AGRAWAL, S. *The effect of CliftonStrengths 34 feedback on employee engagement and sales: 2018 CliftonStrengths meta-analysis*. 2018. Disponível em: https://www.gallup.com/workplace/243827/cliftonstrengths-meta-analysis-2018-effects-of-cliftonstrengths-34-feedback.aspx. Acesso em: 10 dez. 2018.

ASPLUND, J. et al. *The relationship between strengths-based employee development and organizational outcomes 2015 strengths meta-analysis*. 2015. Disponível em: https://news.gallup.com/reports/193427/strengths-meta-analysis-2015.aspx. Acesso em: 10 dez. 2018.

HARTER, J. K.; STONE, A. A. Engaging and disengaging work conditions, momentary experiences and cortisol response. *Motivation and Emotion*, v. 36, n. 2, p. 104-113, 2012.

RIGONI, B.; ASPLUND, J. *Strengths-based employee development: The business results*. Gallup.com, 7 jul. 2016. Disponível em: https://www.gallup.com/workplace/236297/strengths-based-employee-development-business-results.aspx. Acesso em: 10 dez. 2018.

CAPÍTULO 15: A história do teste *CliftonStrengths*

ASPLUND, J. et al. *The Clifton StrengthsFinder 2.0 technical report: Development and validation*. Omaha, Nebraska: Gallup, mar. 2014.

CLIFTON, D. O.; HARTER, J. K. Investing in strengths. In: CAMERON, K. S.; DUTTON, J. E.; QUINN, R. E. (Orgs.). *Positive organizational scholarship: Foundations of a new discipline*. São Francisco: Berrett-Koehler, 2003. p. 111-121.

HODGES, T. D.; CLIFTON, D. O. Strengths-based development in practice. In: LINLEY, P. A.; JOSEPH, S. (Orgs.). *Positive psychology in practice*. Hoboken: John Wiley and Sons, 2004.

NEBRASKA HUMAN RESOURCES INSTITUTE. *History of NHRRF: The Nebraska Human Resources Research Foundation*. Disponível em: https://alec.unl.edu/nhri/history-nhrrf. Acesso em: 10 dez. 2018.

PIERSOL, R. Gallup's Clifton dies at age 79. *Lincoln Journal Star*, 1 jun. 2015. Disponível em: https://journalstar.com/gallup-s-clifton-dies-at-age-this-story-ran-in/article_cb-499250-04a5-5852-b48f-282c047ff505.html. Acesso em: 10 dez. 2018.

CAPÍTULO 16: Cinco etapas para construir uma cultura baseada em pontos fortes

1. *Comece pelo CEO ou não vai dar certo.* Embora esse seja o ponto de partida ideal, a maioria das organizações com as quais o Gallup trabalhou começam pela abordagem baseada em pontos fortes nas divisões ou departamentos, criando na organização uma subcultura com base em pontos fortes. Nesses casos, para obter a adesão dos executivos, as organizações precisam tratar essas subculturas como casos-teste para demonstrar o retorno sobre o investimento proveniente do estudo – tanto quantitativo quanto qualitativo – de como uma abordagem com base nos pontos fortes está ligada à obtenção de resultados organizacionais.
2. *Peça a cada funcionário que descubra seus pontos fortes.* Em algumas organizações, a descoberta dos pontos fortes ocorre de forma orgânica, à medida que abordagens baseadas em pontos fortes vão sendo acrescentadas a programas variados ao longo do tempo. O ideal é que cada funcionário descubra seus pontos fortes o quanto antes.
3. *Crie uma rede interna de coaches de pontos fortes.* Embora o RH seja vital para implementar e apoiar uma cultura com base em pontos fortes, o Gallup concluiu que as adoções mais naturais ocorrem quando pessoas do próprio negócio e de outras áreas funcionais se tornam coaches de pontos fortes. Não é preciso que seja uma função em tempo integral. Quanto mais integrados os coaches de pontos fortes estiverem na organização convencional, mais eficazes serão.
4. *Integre os pontos fortes na gestão do desempenho.* Para que os gestores sejam mais eficientes como coaches, primeiro precisam saber como usar os próprios pontos fortes. E precisam estar engajados – precisam ter, eles mesmos, uma ótima experiência como funcionário. Comece pelos gestores, e, quando eles perceberem o impacto de uma abordagem com base nos pontos fortes sobre a própria vida, serão mais eficazes na mentoria das equipes.
5. *Transforme seus programas de aprendizado.* A maioria das organizações terá alguns programas ou treinamentos que tratam da correção de pontos fracos. Em alguns casos, é essencial conscientizar as pessoas para seus pontos cegos por meio de *compliance* e treinamento ético.

CRABTREE, S. *Strengths-based cultures are vital to the future of work*. Gallup.com, 13 fev. 2018. Disponível em: https://www.gallup.com/workplace/236177/strengths-based-cultures-vital-future-work.aspx. Acesso em: 10 dez. 2018.

GALLUP. *Strengths-based workplaces: The replacement for annual reviews*. Disponível em: https://www.gallup.com/services/192827/organization-greatest-potential-unlocked.aspx. Acesso em: 10 dez. 2018.

RIGONI, B.; ASPLUND, J. *Strengths-based development: Leadership's role.* Gallup.com, 29 set. 2016. Disponível em: https://www.gallup.com/workplace/236378/strengths-based--development-leadership-role.aspx. Acesso em: 10 dez. 2018.

RIGONI, B.; ASPLUND, J. *Strengths-based cultures attract top talent.* Gallup.com, 3 jan. 2017. Disponível em: https://www.gallup.com/workplace/236270/strengths-based-cultures-attract-top-talent.aspx. Acesso em: 10 dez. 2018.

CAPÍTULO 17: As expectativas certas – Competências 2.0

STREUR, J.; WIGERT, B.; HARTER, J. *Competencies 2.0: The 7 expectations for achieving excellence: Technical report.* Omaha, Nebraska: Gallup, 2018.

CAPÍTULO 18: Como acertar no planejamento sucessório

CASAD, B. J. Viés de confirmação [verbete]. In: *Encyclopædia Britannica.* 1 ago. 2016. Disponível em: https://www.britannica.com/science/confirmation-bias. Acesso em: 10 dez. 2018.

GREEN, B. S.; ZWIEBEL, J. *The hot hand fallacy: Cognitive mistakes or equilibrium adjustments? Evidence from baseball.* Stanford Graduate School of Business Working Paper, nov. 2013. Disponível em: https://www.gsb.stanford.edu/faculty-research/working-papers/hot-hand-fallacy-cognitive-mistakes-or-equilibrium-adjustments. Acesso em: 10 dez. 2018.

KHOURY, G.; GREEN, A. *Don't leave succession planning to chance.* Gallup.com, 9 nov. 2017. Disponível em: https://www.gallup.com/workplace/236258/don-leave-succession-planning-chance.aspx. Acesso em: 10 dez. 2018.

RATANJEE, V.; GREEN, A. *How to reduce bias in your succession and promotion plans.* Gallup.com, 14 jun. 2018. Disponível em: https://www.gallup.com/workplace/235970/reduce-bias-succession-promotion-plans.aspx. Acesso em: 10 dez. 2018.

VIÉS DE RECÊNCIA [verbete]. In: *Oxford Reference.* [s.d.]. Disponível em: http://www.oxfordreference.com/view/10.1093/oi/authority.20110803100407676. Acesso em: 10 dez. 2018.

CAPÍTULO 19: A saída

Em um estudo Gallup de 2018 com 4 mil funcionários em tempo integral e em tempo parcial na França, na Alemanha, na Espanha e no Reino Unido, constatamos uma variação substancial entre países nas intenções declaradas pelos funcionários de permanecer com o empregador atual. Por exemplo, 65% dos funcionários na Alemanha e 60% na Espanha "concordaram muito" que planejam estar na empresa atual daqui a três anos. Apenas 38% no Reino Unido e 36% na França "concordaram muito".

GALLUP. *State of the American workplace.* 2017. Disponível em https://www.gallup.com/workplace/238085/state-american-workplace-report-2017.aspx. Acesso em: 7 dez. 2018.

GALLUP. *Gallup's perspective on exit programs that retain stars and build brand ambassadors.* Omaha, Nebraska: Gallup, 2018.

DE CHEFE A MENTOR

CAPÍTULO 20: As três exigências da mentoria

Em um estudo Gallup de 2018 com 4 mil funcionários em tempo integral e em tempo parcial, 34% dos funcionários no Reino Unido "concordaram muito" que seus gestores os incluem na definição das metas. Esse percentual é inferior na Alemanha (29%), na França (25%) e na Espanha (19%). Em todos os quatro países, 30% ou menos dos funcionários "concordaram muito" que o desempenho é gerido de uma forma que os motiva a fazer um trabalho notável.

GALLUP. *State of the American workplace.* 2017. Disponível em: https://www.gallup.com/workplace/238085/state-american-workplace-report-2017.aspx. Acesso em: 7 dez. 2018.

WIGERT, B.; HARTER, J. *Re-engineering performance management.* Gallup Position Paper. Omaha, Nebraska: Gallup, 2017.

CAPÍTULO 21: As cinco conversas de mentoria

Em um estudo Gallup de 2018 com 4 mil funcionários em tempo integral e em tempo parcial na Europa, 22% dos funcionários na Alemanha, 24% no Reino Unido, 22% na França e 12% na Espanha "concordaram muito" ter recebido feedback significativo na semana anterior.

BROWN, T. C.; LATHAM, G. P. The effects of behavioural outcome goals, learning goals, and urging people to do their best on an individual's teamwork behaviour in a group problem-solving task. *Canadian Journal of Behavioural Science,* v. 34, n. 4, p. 276-285, 2002.

CAWLEY, B. D.; KEEPING, L.; LEVY, P. E. Participation in the performance appraisal process and employee reactions: A meta-analytic review of field investigations. *Journal of Applied Psychology,* v. 83, n. 4, p. 615-633, 1998.

CHEN, S.; ZHANG, G.; ZHANG, A.; Xu, J. Collectivism-oriented human resource management and innovation performance: An examination of team reflexivity and team psychological safety. *Journal of Management & Organization,* v. 22, n. 4, p. 535-548, 2016.

COLQUITT, J. A.; CONLON, D. E.; WESSON, M. J.; PORTER, C. O. L. H.; Ng, K. Y. Justice at the millennium: A meta-analytic review of 25 years of organizational justice research. *Journal of Applied Psychology,* v. 86, n. 3, p. 425-445, 2001.

COURTRIGHT, S. H.; THURGOOD, G. R.; STEWART, G. L.; PIEROTTI, A. J. Structural interdependence in teams: An integrative framework and meta-analysis. *Journal of Applied Psychology,* v. 100, n. 6, p. 1825-1846, 2015.

HARKIN, B. et al. Does monitoring goal progress promote goal attainment? A meta-analysis of the experimental evidence. *Psychological Bulletin,* v. 142, n. 2, p. 198-229, 2016.

JEFFREY, S. A.; SCHULZ, A.; WEBB, A. The performance effects of an ability-based approach to goal assignment. *Journal of Organizational Behavior Management,* v. 32, n. 3, p. 221-241, 2012.

KLEIN, H. J.; WESSON, M. J.; HOLLENBECK, J. R., ALGE, B. J. Goal commitment and the goal-setting process: Conceptual clarification and empirical synthesis. *Journal of Applied Psychology*, v. 84, n. 6, p. 885-896, 1999.

KLUGER, A. N.; DENISI, A. S. The effects of feedback interventions on performance: A historical review, a meta-analysis, and a preliminary feedback intervention theory. *Psychological Bulletin*, v. 119, n. 2, p. 254-284, 1996.

KOESTNER, R.; LEKES, N.; POWERS, T. A.; CHICOINE, E. Attaining personal goals: Self-concordance plus implementation intentions equals success. *Journal of Personality and Social Psychology*, v. 83, n. 1, p. 231-244, 2002.

KONRADT, U.; OTTE, K. P.; SCHIPPERS, M. C.; STEENFATT, C.. Reflexivity in teams: A review and new perspectives. *The Journal of Psychology*, v. 150, n. 2, p. 153-174, 2016.

LOCKE, E. A.; LATHAM, G. P. Building a practically useful theory of goal setting and task motivation: A 35-year odyssey. *American Psychologist*, v. 57, n. 9, p. 705-717, 2002.

McEWAN, D. et al. The effectiveness of multi-component goal setting interventions for changing physical activity behaviour: A systematic review and meta-analysis. *Health Psychology Review*, v. 10, n. 1, p. 67-88, 2015.

MONE, M. A.; SHALLEY, C. E. Effects of task complexity and goal specificity on change in strategy and performance over time. *Human Performance*, v. 8, n. 4, p. 243-262, 1995.

PEARSALL, M. J.; CHRISTIAN, M. S.; ELLIS, A. P. J. Motivating interdependent teams: Individual rewards, shared rewards, or something in between? *Journal of Applied Psychology*, v. 95, n. 1, p. 183-191, 2010.

PICHLER, S. The social context of performance appraisal and appraisal reactions: A meta--analysis. *Human Resource Management*, v. 51, n. 5, p. 709-732, 2012.

PULAKOS, E. *Embedding high-performance culture through new approaches to performance management and behavior change.* Trabalho apresentado na conferência anual da Society for Industrial-Organizational Psychology, 2015, Filadélfia, abr. 2015.

RODGERS, R.; HUNTER, J. E. Impact of management by objectives on organizational productivity. *Journal of Applied Psychology*, v. 76, n. 2, p. 322-336, 1991.

SCHIPPERS, M. C.; WEST, M. A.; DAWSON, J. F. Team reflexivity and innovation: The moderating role of team context. *Journal of Management*, v. 41, n. 3, p. 769-788, 2015.

SEIFERT, C. F.; YUKL, G.; McDONALD, R. A. Effects of multisource feedback and a feedback facilitator on the influence behavior of managers toward subordinates. *Journal of Applied Psychology*, v. 88, n. 3, p. 561-569, 2003.

SHELDON, K. M.; ELLIOT, A. J. Not all personal goals are personal: Comparing autonomous and controlled reasons for goals as predictors of effort and attainment. *Personality and Social Psychology Bulletin*, v. 24, n. 5, p. 546-557, 1998.

SMITHER, J. W.; LONDON, M.; REILLY, R. R. Does performance improve following multisource feedback? A theoretical model, meta-analysis, and review of empirical findings. *Personnel Psychology*, v. 58, p. 33-66, 2005.

WIGERT, B.; HARTER, J. *Re-engineering performance management.* Gallup Position Paper. Omaha, Nebraska: Gallup, 2017.

WINTERS, D.; LATHAM, G. P. The effect of learning versus outcome goals on a simple versus a complex task. *Group & Organization Management*, v. 21, n. 2, p. 236-250, 1996.

CAPÍTULO 22: Remuneração e promoção

BROSNAN, S. F.; DE WAAL, F. B. Monkeys reject unequal pay. *Nature*, v. 425, n. 6955, p. 297-299, 2003.

CABLE, D. M.; JUDGE, T. A. Pay preferences and job search decisions: A person-organization fit perspective. *Personnel Psychology*, v. 47, n. 2, p. 317-348, 1994.

CAWLEY, B. D.; KEEPING, L.; LEVY, P. E. Participation in the performance appraisal process and employee reactions: A meta-analytic review of field investigations. *Journal of Applied Psychology*, v. 83, n. 4, p. 615-633, 1998.

CERASOLI, C. P.; NICKLIN, J. M.; FORD, M. T. Intrinsic motivation and extrinsic incentives jointly predict performance: A 40-year meta-analysis. *Psychological Bulletin*, v. 140, n. 4, p. 980-1008, 2014.

CHAPMAN, D. S.; UGGERSLEV, K. L.; CARROLL, S. A.; PIASENTIN, K. A.; JONES, D. A. Applicant attraction to organizations and job choice: A meta-analytic review of the correlates of recruiting outcomes. *Journal of Applied Psychology*, v. 90, n. 5, p. 928-944, 2005.

DAL BÓ, E.; FINAN, F.; ROSSI, M. A. Strengthening state capabilities: The role of financial incentives in the call to public service. *The Quarterly Journal of Economics*, v. 128, n. 3, p. 1169-1218, 2013.

DECI, E. L.; KOESTNER, R.; RYAN, R. M. A meta-analytic review of experiments examining the effects of extrinsic rewards on intrinsic motivation. *Psychological Bulletin*, v. 125, n. 6, p. 627-668, 1999.

DULEBOHN, J. H.; MARTOCCHIO, J. J. Employee perceptions of the fairness of work group incentive pay plans. *Journal of Management*, v. 24, n. 4, p. 469-488, 1998.

DWECK, C. S. *Mindset: A nova psicologia do sucesso.* Rio de Janeiro: Objetiva, 2017.

FEHR, E.; GÄCHTER, S. Fairness and retaliation: The economics of reciprocity. *The Journal of Economic Perspectives*, v. 14, n. 3, p. 159-181, 2000.

FEHR, E.; GÄCHTER, S. *Do incentive contracts crowd-out voluntary cooperation?* IEER Working Paper No. 34; e USC CLEO Research Paper No. C01-3, fev. 2001.

GALLUP. *Gallup's perspective on exit programs that retain stars and build brand ambassadors.* Omaha, Nebraska: Gallup, 2018.

GRIFFETH, R. W.; HOM, P. W.; GAERTNER, S. A meta-analysis of antecedents and correlates of employee turnover: Update, moderator tests, and research implications for the next millennium. *Journal of Management*, v. 26, n. 3, p. 463-488, 2000.

JENKINS, G. D.; MITRA, A.; GUPTA, N.; SHAW, J. D. Are financial incentives related to performance? A meta-analytic review of empirical research. *Journal of Applied Psychology*, v. 83, n. 5, p. 777-787, 1998.

JUDGE, T. A; PICCOLO, R. F.; PODSAKOFF, N. P.; SHAW, J. C.; RICH, B. L. The relationship between pay and job satisfaction: A meta-analysis of the literature. *Journal of Vocational Behavior*, v. 77, n. 2, p. 157-167, 2010.

NYBERG, A. J.; PIEPER, J. R.; TREVOR, C. O. Pay-for-performance's effect on future employee performance: Integrating psychological and economic principles toward a contingency perspective. *Journal of Management*, v. 42, n. 7, p. 1753-1783, 2016.

PAYSCALE. *2018 compensation best practices report.* 2018. Disponível em: https://www.payscale.com/cbpr. Acesso em: 10 dez. 2018.

PFEFFER, J. Six dangerous myths about pay. *Harvard Business Review*, maio 1998. Disponível em: https://hbr.org/1998/05/six-dangerous-myths-about-pay. Acesso em: 10 dez. 2018.

RATH, T.; HARTER, J. *O fator bem-estar: Os cinco elementos essenciais para uma vida pessoal e profissional de qualidade*. São Paulo: Saraiva, 2011.

RYNES, S. L. Compensation strategies for recruiting. *Topics in Total Compensation*, v. 2, n. 2, p. 185, 1987.

WIERSMA, U. J. The effects of extrinsic rewards in intrinsic motivation: A meta-analysis. *Journal of Occupational and Organizational Psychology*, v. 65, n. 2, p. 101-114, 1992.

WILLIAMS, M. L.; McDANIEL, M. A.; NGUYEN, N. T. A meta-analysis of the antecedents and consequences of pay level satisfaction. *Journal of Applied Psychology*, v. 91, n. 2, p. 392-413, 2006.

CAPÍTULO 23: Avaliações de desempenho: o viés

BALZER, W. K.; SULSKY, L. M. Halo and performance appraisal research: A critical examination. *Journal of Applied Psychology*, v. 77, n. 6, p. 975-985, 1992.

CASCIO, W. F. *Managing human resources: Productivity, quality of work life, profits*. Nova York: McGraw-Hill, 1989.

HOFFMAN, B.; LANCE, C. E.; BYNUM, B.; GENTRY, W. A. Rater source effects are alive and well after all. *Personnel Psychology*, v. 63, n. 1, p. 119-151, 2010.

LUNENBURG, F. C. Performance appraisal: Methods and rating errors. *International Journal of Scholarly Academic Intellectual Diversity*, v. 14, n. 1, p. 1-9, 2012.

MOUNT, M. K.; JUDGE, T. A.; SCULLEN, S. E.; SYTSMA, M. R.; HEZLETT, S. A. Trait, rater and level effects in 360-degree performance ratings. *Personnel Psychology*, v. 51, n. 3, p. 557-576, 1998.

NEVES, P. Organizational cynicism: Spillover effects on supervisor-subordinate relationships and performance. *The Leadership Quarterly*, v. 23, n. 5, p. 965-976, 2012.

SCULLEN, S. E.; MOUNT, M. K.; GOFF, M. Understanding the latent structure of job performance ratings. *Journal of Applied Psychology*, v. 85, n. 6, p. 956, 2000.

WIGERT, B.; HARTER, J. *Re-engineering performance management*. Gallup Position Paper. Omaha, Nebraska: Gallup, 2017.

CAPÍTULO 24: Avaliações de desempenho: como consertar

WIGERT, B.; HARTER, J. *Re-engineering performance management*. Gallup Position Paper. Omaha, Nebraska: Gallup, 2017.

CAPÍTULO 25: Faça do "meu desenvolvimento" a razão para reter funcionários

Em um estudo Gallup de 2018 com 4 mil funcionários em tempo integral e em tempo parcial na Europa, menos de um em cada quatro funcionários na França (23%), Alemanha (23%), Reino Unido (17%) e Espanha (17%) "concordou muito" existirem oportunidades claras de progresso na carreira em seu atual empregador.

BENKO, C.; ANDERSON, M. *The corporate lattice: Achieving high performance in the changing world of work*. Boston: Harvard Business Review Press, 2010.

BIRON, M. M.; ESHED, R. Gaps between actual and preferred career paths among professional employees: Implications for performance and burnout. *Journal of Career Development*, v. 44, n. 3, p. 224-238, 2017.

CRAWSHAW, J. R.; VAN DICK, R.; BRODBECK, F. C. Opportunity, fair process and relationship value: Career development as a driver of proactive work behaviour. *Human Resource Management Journal*, v. 22, n. 1, p. 4-20, 2012.

GALLUP. *How millennials want to work and live.* 2016. Disponível em: https://www.gallup.com/workplace/238073/millennials-work-live.aspx. Acesso em: 7 dez. 2018.

GALLUP. *State of the American workplace.* 2017. Disponível em: https://www.gallup.com/workplace/238085/state-american-workplace-report-2017.aspx. Acesso em: 7 dez. 2018.

CAPÍTULO 26: Moneyball no local de trabalho

GALLUP. *The relationship between engagement at work and organizational outcomes: 2016 $Q^{12®}$ meta-analysis: ninth edition.* 2016. Disponível em: https://news.gallup.com/reports/191489/q12-meta-analysis-report-2016.aspx. Acesso em: 7 dez. 2018.

GLOBAL HAPPINESS COUNCIL. Work and well-being: A global perspective. *Global Happiness Policy Report 2018.* 2018. Disponível em: https://s3.amazonaws.com/ghc-2018/GlobalHappinessPolicyReport2018.pdf. Acesso em: 10 dez. 2018.

HARTER, J. K.; SCHMIDT, F. L.; AGRAWAL, S.; PLOWMAN, S.; BLUE, A. T. *Increased business value for positive job attitudes during economic recessions: A meta-analysis and SEM analysis.* Gallup Working Paper. Omaha, Nebraska: Gallup, 2018.

HARTER, J. K.; SCHMIDT, F. L.; ASPLUND, J. W.; KILLHAM, E. A.; AGRAWAL, S. Causal impact of employee work perceptions on the bottom line of organizations. *Perspectives on Psychological Science*, v. 5, n. 4, p. 378-389, 2010.

HARTER, J. K.; SCHMIDT, F. L.; HAYES, T. L. Business-unit-level relationship between employee satisfaction, employee engagement, and business outcomes: A meta-analysis. *Journal of Applied Psychology*, v. 87, n. 2, p. 268-279, 2002.

KORNHAUSER, J. *Chicago Cubs utilizing "Moneyball" approach for early success.* Rants Sports. Disponível em: http://www.rantsports.com/mlb/2015/04/23/chicago-cubs-utilizing-moneyball-approach-for-early-success/. Acesso em: 10 dez. 2018.

LEWIS, M. *Moneyball: O homem que mudou o jogo.* Rio de Janeiro: Intrínseca, 2015.

REITER, B. Houston's grand experiment. *Sports Illustrated*, 30 jun. 2014. Disponível em: https://www.si.com/vault/2014/06/30/106479598/astromatic-baseball-houstons-grand-experiment. Acesso em: 10 dez. 2018.

ST. JOHN, A. *Powered by Bill James and friends, the Red Sox win (another) Moneyball World Series.* Forbes, 31 out. 2013. Disponível em: https://www.forbes.com/sites/allenstjohn/2013/10/31/powered-by-bill-james-and-friends-the-red-sox-win-another-moneyball-world-series/. Acesso em: 10 dez. 2018.

CAPÍTULO 27: O líder de equipe decisivo

Os 34 temas do teste *CliftonStrengths* divididos em quatro domínios de pontos fortes

EXECUÇÃO	INFLUÊNCIA	CONSTRUÇÃO DE RELACIONAMENTOS	PENSAMENTO ESTRATÉGICO
Crença	Ativação	Adaptabilidade	Analítico
Disciplina	Autoafirmação	Conexão	Contexto
Foco	Carisma	Desenvolvimento	Estudioso
Imparcialidade	Comando	Empatia	Futurista
Organização	Competição	Harmonia	Ideativo
Prudência	Comunicação	Inclusão	Input
Realização	Excelência	Individualização	Intelecção
Responsabilidade	Significância	Positivo	Pensamento Estratégico
Restauração		Relacionamento	

Em um estudo com 159 equipes de atendimento ao cliente, os pesquisadores concluíram que as equipes com níveis mais altos de engajamento do cliente tinham pelo menos uma pessoa na equipe com alta "centralidade" para o restante da organização. Aqueles que têm alta centralidade estão conectados a outros na organização que são altamente influentes. A análise das redes sociais calcula a centralidade de cada pessoa para a rede social geral levando em conta as conexões de primeiro, segundo e terceiro graus.

Em outro estudo com 821 funcionários, os pesquisadores concluíram que os indivíduos de mais alto engajamento tendiam a ter gestores com alta centralidade da rede social em relação ao restante da organização.

O termo "inteligência coletiva" faz parte de uma ampla literatura acadêmica, que inclui "modelos mentais compartilhados" e "cognição compartilhada". Em geral, as equipes têm melhor desempenho quando seus membros estão na mesma página ou quando pensam de forma diferente, mas complementam uns aos outros.

DeCHURCH, L. A.; MESMER-MAGNUS, J. R. The cognitive underpinnings of effective teamwork: A meta-analysis. *Journal of Applied Psychology*, v. 95, n. 1, p. 32-53, 2010.

GALLUP. *Estimating the influence of the local manager on team engagement: Technical report*. Omaha, Nebraska: Gallup, 2014.

MANN, A.; McCARVILLE, B. *What job-hopping employees are looking for*. Gallup.com, 13 nov. 2015. Disponível em: https://news.gallup.com/businessjournal/186602/job-hopping-employees-looking.aspx. Acesso em: 10 dez. 2018.

MATHIEU, J. E.; HOLLENBECK, J. R.; VAN KNIPPENBERG, D.; ILGEN, D. R. A century of work teams in the Journal of Applied Psychology. *Journal of Applied Psychology*, v. 102, n. 3, p. 452-467, 2017.

WOOLLEY, A. W.; AGGARWAL, I.; MALONE, T. W. Collective intelligence and group performance. *Current Directions in Psychological Science*, v. 24, n. 6, p. 420-424, 2015.

CAPÍTULO 28: Por que os programas de engajamento de funcionários não dão certo

Com base em um estudo Gallup de resultados de desempenho de unidades de negócio em 82.248 unidades de negócio de 230 empresas, combinar os percentuais de notas 4 e de notas 5 em uma escala de concordância de 5 pontos produz uma métrica menos eficaz do que ficar no percentual de notas 5 (forte concordância). Uma melhoria de 10 pontos percentuais na métrica do percentual de notas 5 (concorda muito) quase duplica a melhora nos resultados da empresa (lucro, produtividade, lealdade dos clientes, rotatividade e segurança), em comparação com uma melhoria de 10 pontos percentuais no percentual de notas 4 (concordância geral).

EMOND, L. *2 reasons why employee engagement programs fall short*. Gallup.com, 15 ago. 2017. Disponível em: https://www.gallup.com/workplace/236147/reasons-why-employee-engagement-programs-fall-short.aspx. Acesso em: 10 dez. 2018.

GALLUP. *State of the global workplace*. Nova York: Gallup Press, 2017.

HARTER, J. *Dismal employee engagement is a sign of global mismanagement*. Gallup.com. Disponível em: https://www.gallup.com/workplace/231668/dismal-employee-engagement-sign-global-mismanagement.aspx. Acesso em: 10 dez. 2018.

HARTER, J. *Employee engagement on the rise in the U.S.* Gallup.com, 26 ago. 2018. Disponível em: https://news.gallup.com/poll/241649/employee-engagement-rise.aspx. Acesso em: 10 dez. 2018.

PENDELL, R. *10 ways to botch employee surveys*. Gallup.com, 28 ago. 2018. Disponível em: https://www.gallup.com/workplace/241253/ways-botch-employee-surveys.aspx. Acesso em: 10 dez. 2018.

CAPÍTULO 29: Como criar uma cultura de alto desenvolvimento

FLADE, P.; HARTER, J.; ASPLUND, J. *Seven things great employers do (that others don't): Unusual, innovative, and proven tactics to create productive and profitable working environments*. Gallup.com, 15 abr. 2014. Disponível em: https://news.gallup.com/businessjournal/168407/seven-things-great-employers-others-don.aspx. Acesso em: 10 dez. 2018.

HARTER, J. *Who drives employee engagement – manager or CEO?* Gallup.com, 4 nov. 2015. Disponível em: https://news.gallup.com/opinion/gallup/186503/drives-employees-engagement-manager-ceo.aspx. Acesso em: 10 dez. 2018.

O'BOYLE, E.; HARTER, J. *39 organizations create exceptional workplaces*. Gallup.com, 18 abr. 2018. Disponível em: https://www.gallup.com/workplace/236117/organizations-create-exceptional-workplaces.aspx. Acesso em: 10 dez. 2018.

CAPÍTULO 30: As cinco características dos grandes gestores

Com centenas de estudos aprofundados na base de dados do Gallup abrangendo cinco décadas, nossa equipe de pesquisa analisou as mudanças no perfil da gestão de alta qualidade ao longo do tempo. Cada um dessas centenas de estudos proporcionou insights em relação às características que permitem prever o sucesso no período específico em que o estudo foi realizado. Definimos "sucesso" como alta produtividade, engajamento, taxa de retenção, avaliação do atendimento ao cliente e lucratividade da equipe.

Agrupamos os estudos por década para compreender o que mudou e o que não mudou. Constatamos uma consistência substancial em muitas características básicas que permitiam prever o desempenho bem-sucedido de uma equipe. Muitas das mesmas características que permitiam prever o sucesso nos anos 1970 e 1980 ainda preveem o sucesso hoje: os gestores bem-sucedidos *são impelidos a alcançar resultados de desempenho e constroem relacionamentos individuais próximos com outros funcionários* para atingir esses resultados.

Concluímos que as mesmas dimensões gerais relacionadas no Capítulo 30 (motivação, estilo de trabalho, iniciativa, colaboração e processo mental) estavam presentes nos gestores bem-sucedidos ao longo do tempo. Mas também encontramos importantes diferenças em *como* os grandes gestores de hoje *geram iniciativa* em suas equipes e em como resolvem problemas e tomam decisões por meio de seu processo mental.

Eis duas importantes diferenças que nossa equipe revelou com essa pesquisa:

1. Os gestores do passado conseguiam influenciar os outros impondo a lei e exercendo o *controle* sobre os funcionários. Esses gestores precisavam ser a figura central e o arquiteto de como o trabalho deveria ser feito. Hoje em dia, os gestores desempenham o papel de *facilitadores* ou *mentores* para seus funcionários. Podemos pensar nesses gestores como coordenadores ou orquestradores. Eles precisam falar com autoridade, mas ao mesmo tempo estar abertos às contribuições dos funcionários. Os gestores de hoje precisam definir sistemas claros de cobrança de responsabilidade em um mundo onde o tempo e o espaço são flexíveis e onde o trabalho e a vida pessoal se fundem.
2. Os gestores do passado resolviam os problemas tentando compreender o contexto em que suas equipes estavam trabalhando e tomando consciência das circunstâncias mais amplas em que as decisões são tomadas. Isso deu aos gestores uma *perspectiva informada* ao tomar decisões. Hoje em dia, os gestores são mais *tomadores de decisão analíticos*. Decididamente, eles estão mais focados no futuro e orientados para sistemas, com uma curiosidade natural por novas ideias e possibilidades, e solucionadores de problemas e consumidores de dados mais objetivos e empiricamente realistas.

Essas duas diferenças entre os gestores do passado e os do presente são reflexo das mudanças no ambiente de trabalho moderno – maior independência do trabalhador e avanços substanciais no acesso às informações. Novos perfis de seleção de gestores que lideram equipes de alto desempenho devem levar essas mudanças em consideração. O Gallup calibrou nossas análises de contratação para refletir essas mudanças.

BOUCHARD, T. J.; LYKKEN, D. T.; McGUE, M.; SEGAL, N. L.; TELLEGEN, A.. Sources of human psychological differences: The Minnesota study of twins reared apart. *Science*, v. 250, n. 4978, p. 223-228, 1990.

HARTER, J. K. Managerial talent, employee engagement, and business-unit performance. *The Psychologist-Manager Journal*, v. 4, n. 2, p. 215, 2000.

JANG, K. L.; LIVESLEY, W. J.; VEMON, P. A. Heritability of the big five personality dimensions and their facets: A twin study. *Journal of Personality*, v. 64, n. 3, p. 577-592, 1996.

PLOMIN, R.; DeFRIES, J. C.; McCLEARN, G. E. *Behavioral genetics*. Macmillan, 2008.

SEGAL, N. L. *Born together – reared apart: The landmark Minnesota twin study*. Cambridge (EUA): Harvard University Press, 2012.

YANG, Y. et al. *The Gallup manager assessment: Technical report*. Omaha, Nebraska: Gallup, 2013.

CAPÍTULO 31: Como desenvolver seus gestores

Os pesquisadores do Gallup estudaram 581 organizações que tinham (n = 309) ou não tinham (n = 272) investido em treinamento Gallup entre a primeira e a segunda administração das medições de engajamento dos funcionários. Isso incluiu dados de 2,5 milhões de indivíduos que participaram na medição do engajamento dos funcionários de 2000 a 2016. O treinamento incluiu educação baseada em pontos fortes, educação para engajamento dos funcionários e educação dos gestores.

As empresas que investiram em treinamento dos pontos fortes tiveram um aumento médio de 17% nos funcionários engajados em comparação com um aumento de 8% naquelas que apenas mediram o Q12, sem treinamento. As organizações que utilizaram um treinamento de engajamento dos funcionários sem um treinamento de pontos fortes alcançaram uma melhoria de 12 pontos percentuais. Para uma grande organização com 10 mil pessoas, por exemplo, o treinamento de pontos fortes gerou 23,3 milhões de dólares em ganhos estimados de produtividade por funcionário no primeiro ano a partir de um valor de base – ou um ganho líquido de 12,1 milhões de dólares em comparação com as empresas que não fizeram treinamento e um ganho líquido de 8,6 milhões de dólares em relação àquelas que usaram o treinamento de engajamento sem o treinamento de pontos fortes.

MEINERT, D. *Leadership development spending is up*. SHRM, 22 jul. 2014. Disponível em: https://www.shrm.org/hr-today/news/hr-magazine/pages/0814-execbrief.aspx. Acesso em: 10 dez. 2018.

WIGERT, B.; AGRAWAL, S. *Employee burnout, part 2: What managers can do*. Gallup.com, 16 jul. 2018. Disponível em: https://www.gallup.com/workplace/237119/employee-burnout-part-2-managers.aspx. Acesso em: 10 dez. 2018.

WIGERT, B.; MAESE, E. *The manager experience study*. Gallup Working Paper. Omaha, Nebraska: Gallup, 2018.

O FUTURO DO TRABALHO

CAPÍTULO 32: Uma avaliação rápida do que mudou no ambiente de trabalho

GALLUP. *How millennials want to work and live*. 2016. Disponível em: https://www.gallup.com/workplace/238073/millennials-work-live.aspx. Acesso em: 7 dez. 2018.

GALLUP. *State of the American workplace*. 2017. Disponível em: https://www.gallup.com/workplace/238085/state-american-workplace-report-2017.aspx. Acesso em: 7 dez. 2018.

HARTER, J. *Should employers ban email after work hours?* Gallup.com, 9 set. 2014. Disponível em: https://www.gallup.com/workplace/236519/employers-ban-email-work-hours.aspx. Acesso em: 10 dez. 2018.

NEWPORT, F. *Email outside of working hours not a burden to U.S. workers*. Gallup.com, 10 maio 2017. Disponível em: https://news.gallup.com/poll/210074/email-outside-working-hours-not-burden-workers.aspx. Acesso em: 10 dez. 2018.

CAPÍTULO 33: As três exigências da diversidade e inclusão

BEZRUKOVA, K; SPELL, C. S.; PERRY, J. L.; JEHN, K. A. A meta-analytical integration of over 40 years of research on diversity training evaluation. *Psychological Bulletin*, v. 142, n. 11, p. 1227-1274, 2016.

BRENAN, M. *Americans no longer prefer male boss to female boss*. Gallup.com, 16 nov. 2017. Disponível em: https://news.gallup.com/poll/222425/americans-no-longer-prefer-male-boss-female-boss.aspx. Acesso em: 10 dez. 2018.

DOWNEY, S. N.; VAN DER WERFF, L.; THOMAS, K. M.; PLAUT, V. C. The role of diversity practices and inclusion in promoting trust and employee engagement. *Journal of Applied Social Psychology*, v. 45, n. 1, p. 35-44, 2014.

GALLUP. *How millennials want to work and live*. 2016. Disponível em: https://www.gallup.com/workplace/238073/millennials-work-live.aspx. Acesso em: 7 dez. 2018.

GALLUP. *Three requirements of a diverse and inclusive culture – and why they matter for your organization*. 2018. Disponível em: https://www.gallup.com/workplace/242108/diversity-inclusion-perspective-paper.aspx. Acesso em: 10 dez. 2018.

JONES, J. M. *Majority in U.S. now say gays and lesbians born, not made*. Gallup.com, 20 maio 2015. Disponível em: https://news.gallup.com/poll/183332/majority-say-gays-lesbians-born-not-made.aspx. Acesso em: 10 dez. 2018.

KALEV, A.; DOBBIN, F.; KELLY, E. Best practices or best guesses? Assessing the efficacy of corporate affirmative action and diversity policies. *American Sociological Review*, v. 71, n. 4, p. 589-617, 2006.

SAAD, L. *Concerns about sexual harassment higher than in 1998*. Gallup.com, 3 nov. 2017. Disponível em: https://news.gallup.com/poll/221216/concerns-sexual-harassment-higher-1998.aspx. Acesso em: 10 dez. 2018.

SWIFT, A. *Americans' worries about race relations at record high*. Gallup.com, 15 mar. 2017. Disponível em: https://news.gallup.com/poll/206057/americans-worry-race-relations-record-high.aspx. Acesso em: 10 dez. 2018.

WASHINGTON, E.; PATRICK, C. *3 requirements for a diverse and inclusive culture*. Gallup.com, 17 set. 2018. Disponível em: https://www.gallup.com/workplace/242138/requirements-diverse-inclusive-culture.aspx. Acesso em: 10 dez. 2018.

CAPÍTULO 34: Diversidade e inclusão: "Trate-me com respeito"

Entre os trabalhadores nos Estados Unidos, 9% "discordam" ou "discordam muito" que são tratados com respeito no trabalho. Desses 9%, 90% indicaram ter vivenciado pelo menos uma de 35 experiências de discriminação ou assédio no trabalho.

Em um estudo Gallup de 2018 com 4 mil funcionários em tempo integral ou em tempo parcial na Europa, 3% dos funcionários no Reino Unido "discordaram" ou "discordaram muito" que sempre são tratados com respeito no trabalho; 4% na Alemanha, 10% na Espanha e 12% na França disseram o mesmo.

GALLUP. *Three requirements of a diverse and inclusive culture – and why they matter for your organization*. 2018. Disponível em: https://www.gallup.com/workplace/242108/diversity-inclusion-perspective-paper.aspx. Acesso em: 10 dez. 2018.

JONES, J. R.; HARTER, J. K. Race effects on the employee engagement-turnover intention relationship. *Journal of Leadership & Organizational Studies*, v. 11, n. 2, p. 78-88, 2005.

PORATH, C. Half of employees don't feel respected by their bosses. *Harvard Business Review*, 19 nov. 2014. Disponível em: https://hbr.org/2014/11/half-of-employees-dont-feel-respected-by-their-bosses. Acesso em: 10 dez. 2018.

CAPÍTULO 35: Diversidade e inclusão: "Valorize-me pelos meus pontos fortes"

POLZER, J. T.; MILTON, L. P.; SWARM JR., W. B. Capitalizing on diversity: Interpersonal congruence in small work groups. *Administrative Science Quarterly*, v. 47, n. 2, p. 296-324, 2002.

RIFFKIN, R.; HARTER, J. *Using employee engagement to build a diverse workforce*. Gallup.com, 21 mar. 2016. Disponível em: https://news.gallup.com/opinion/gallup/190103/using-employee-engagement-build-diverse-workforce.aspx. Acesso em: 10 dez. 2018.

WASHINGTON, E. *How to use CliftonStrengths to develop diversity and inclusion*. Gallup.com, 3 out. 2018. Disponível em: https://www.gallup.com/workplace/243251/cliftonstrengths-develop-diversity-inclusion.aspx. Acesso em: 10 dez. 2018.

CAPÍTULO 36: Diversidade e inclusão: "O líder faz o que é certo"

Em um estudo Gallup de 2018 com 4 mil funcionários em tempo integral ou em tempo parcial na Europa, 57% no Reino Unido "concordaram muito" que seu empregador faria o certo se eles apontassem uma preocupação relacionada à ética e à integridade; 36% na França, 32% na Espanha e 31% na Alemanha disseram o mesmo.

DiSCIULLO, M.; JONES, D. D. *More than 150 CEOs make unprecedented commitment to advance diversity and inclusion in the workplace*. CEO Action, 12 jun. 2017. Disponível em: https://www.ceoaction.com/media/press-releases/2017/more-than-150-ceos-make-unprecedented-commitment-to-advance-diversity-and-inclusion-in-the-workplace/. Acesso em: 10 dez. 2018.

MILLER, J. *It's not you, it's me: Supporting workplace inclusion*. Gallup.com, 19 out. 2017. Disponível em: https://www.gallup.com/workplace/236264/not-supporting-workplace-inclusion.aspx. Acesso em: 10 dez. 2018.

PENDELL, R. *How to reduce bias and hire the best candidate*. Gallup.com, 10 set. 2018. Disponível em: https://www.gallup.com/workplace/241955/reduce-bias-hire-best-candidate.aspx. Acesso em: 10 dez. 2018.

WASHINGTON, E. *Starbucks after anti-bias training: Will it last?* Gallup.com. Disponível em: https://www.gallup.com/workplace/235139/starbucks-anti-bias-training-last.aspx. Acesso em: 10 dez. 2018.

WASHINGTON, E.; NEWPORT, F. *Diversity and inclusion in the workplace after Trump election*. Gallup.com, 25 abr. 2017. Disponível em: https://www.gallup.com/workplace/236324/diversity-inclusion-workplace-trump-election.aspx. Acesso em: 10 dez. 2018.

CAPÍTULO 37: O abismo de gênero

BADAL, S.; HARTER, J. K. Gender diversity, business-unit engagement, and performance. *Journal of Leadership & Organizational Studies*, v. 21, n. 4, p. 354-365, 2014.

BRENAN, M. *Americans no longer prefer male boss to female boss*. Gallup.com, 16 nov. 2017. Disponível em: https://news.gallup.com/poll/222425/americans-no-longer-prefer-male-boss-female-boss.aspx. Acesso em: 10 dez. 2018.

GALLUP. *Women in America: Work and life well-lived*. 2016. Disponível em: https://www.gallup.com/workplace/238070/women-america-work-life-lived-insights-business-leaders.aspx. Acesso em: 10 dez. 2018.

GALLUP; ORGANIZAÇÃO INTERNACIONAL DO TRABALHO. *Towards a better future for women and work: Voices of women and men*. Disponível em: https://news.gallup.com/reports/204785/ilo-gallup-report-towards-better-future-women-work-voices-women-men.aspx. Acesso em: 10 dez. 2018.

MILLER, J. *The dwindling female labor force in the U.S.* Gallup.com, 17 jan. 2017. Disponível em: https://news.gallup.com/businessjournal/201719/dwindling-female-labor-force.aspx. Acesso em: 10 dez. 2018.

RAY, J.; ESIPOVA, N. *Millions of women worldwide would like to join the workforce*. Gallup.com, 8 mar. 2017. Disponível em: https://news.gallup.com/poll/205439/millions-women-worldwide-join-workforce.aspx. Acesso em: 10 dez. 2018.

CAPÍTULO 38: A mulher no trabalho: a era do #MeToo

GALLUP; ORGANIZAÇÃO INTERNACIONAL DO TRABALHO. *Op. cit.*

NEWPORT, F.; SAAD, L. *How widespread is sexual harassment in the U.S.?* Gallup.com, 14 nov. 2017. Disponível em: https://news.gallup.com/podcast/222344/widespread-sexual-harassment.aspx. Acesso em: 10 dez. 2018.

SAAD, L. *Concerns about sexual harassment higher than in 1998*. Gallup.com, 3 nov. 2017. Disponível em: https://news.gallup.com/poll/221216/concerns-sexual-harassment-higher-1998.aspx. Acesso em: 10 dez. 2018.

CAPÍTULO 39: A mulher no trabalho: por que o abismo salarial?

BERTRAND, M.; GOLDIN, C.; KATZ, L. F. Dynamics of the gender gap for young professionals in the financial and corporate sectors. *American Economic Journal: Applied Economics*, v. 2, n. 3, p. 228-255, 2010.

BUREAU OF LABOR STATISTICS. Women's earnings 83 percent of men's, but vary by occupation. *TED: The Economics Daily*, 15 jan. 2016. Disponível em: https://www.bls.gov/opub/ted/2016/womens-earnings-83-percent-of-mens-but-vary-by-occupation.htm. Acesso em: 10 dez. 2018.

COOK, C.; DIAMOND, R.; HALL, J.; LIST, J. A.; OYER, P. *The gender earnings gap in the gig economy: Evidence from over a million rideshare drivers*. 2018. Disponível em: https://www.gsb.stanford.edu/faculty-research/working-papers/gender-earnings-gap-gig-economy-evidence-over-million-rideshare. Acesso em: 10 dez. 2018.

GALLUP; ORGANIZAÇÃO INTERNACIONAL DO TRABALHO. *Op. cit.*

GOLDIN, C. A grand gender convergence: Its last chapter. *American Economic Review*, v. 104, n. 4, p. 1091-1119, 2014.

GOLDIN, C. How to achieve gender equality in pay. *Milken Institute Review*, 27 jul. 2015. Disponível em: http://www.milkenreview.org/articles/how-to-achieve-gender-equality-in-pay. Acesso em: 10 dez. 2018.

GOLDIN, C.; DEVANI, T. Narrowing the wage gap: An interview with Claudia Goldin. *Harvard International Review*, 7 ago. 2017. Disponível em: http://hir.harvard.edu/article/?a=14544. Acesso em: 10 dez. 2018.

PLUMB, E. *The gender pay gap: An interview with Harvard economist Claudia Goldin*. Work Flexibility, 15 nov. 2016. Disponível em: https://www.workflexibility.org/gender-pay-gap-interview-economist-claudia-goldin/. Acesso em: 10 dez. 2018.

CAPÍTULO 40: A mulher no trabalho: a flexibilidade entre trabalho e vida pessoal

GALLUP. *Women in America: Work and life well-lived*. 2016. Disponível em: https://www.gallup.com/workplace/238070/women-america-work-life-lived-insights-business-leaders.aspx. Acesso em: 10 dez. 2018.

GALLUP; ORGANIZAÇÃO INTERNACIONAL DO TRABALHO. *Op. cit.*

CAPÍTULO 41: Os baby-boomers viraram um fardo?

ARNOLD, J.; CLARK, M. Running the penultimate lap of the race: A multimethod analysis of growth, generativity, career orientation, and personality amongst men in mid/late career. *Journal of Occupational and Organizational Psychology*, v. 89, n. 2, p. 308-329, 2016.

CASE, A.; DEATON, A. Rising morbidity and mortality in midlife among white non-Hispanic Americans in the 21st century. *Proceedings of the National Academy of Sciences*, v. 112, n. 49, p. 15078-15083, 2015.

GALLUP. *Gallup's perspective on transitioning baby boomer employees*. Gallup Working Paper. Omaha, Nebraska: Gallup, 2019.

HARTER, J.; AGRAWAL, S. *Older baby boomers more engaged at work than younger boomers*. Gallup.com, 27 jan. 2015. Disponível em: https://news.gallup.com/poll/181298/older-baby-boomers-engaged-work-younger-boomers.aspx. Acesso em: 10 dez. 2018.

NEWPORT, F. *Update: Americans' concerns about retirement persist*. Gallup.com, 9 maio 2018. Disponível em: https://news.gallup.com/poll/233861/update-americans-concerns-retirement-persist.aspx. Acesso em: 10 dez. 2018.

NEWPORT, F. *Snapshot: Average American predicts retirement age of 66*. Gallup.com, 10 maio 2018. Disponível em: https://news.gallup.com/poll/234302/snapshot-americans-project-average-retirement-age.aspx. Acesso em: 10 dez. 2018.

NORMAN, J. *Economic turmoil stirs retirement plans of young, old*. Gallup.com, 3 maio 2016. Disponível em: https://news.gallup.com/poll/191297/economic-turmoil-stirred-retirement-plans-young-old.aspx. Acesso em: 10 dez. 2018.

SAAD, L. *Three in 10 U.S. workers foresee working past retirement age*. Gallup.com, 13 maio 2016. Disponível em: https://news.gallup.com/poll/191477/three-workers-foresee-working-past-retirement-age.aspx. Acesso em: 10 dez. 2018.

SWIFT, A. *Most U.S. employed adults plan to work past retirement age*. Gallup.com, 8 maio

2017. Disponível em: https://news.gallup.com/poll/210044/employed-adults-plan-work-past-retirement-age.aspx. Acesso em: 10 dez. 2018.

CAPÍTULO 42: Benefícios, vantagens e horário flexível: o que é realmente importante para os funcionários?

GALLUP. *How millennials want to work and live.* 2016. Disponível em: https://www.gallup.com/workplace/238073/millennials-work-live.aspx. Acesso em: 7 dez. 2018.

GALLUP. *State of the American workplace.* 2017. Disponível em: https://www.gallup.com/workplace/238085/state-american-workplace-report-2017.aspx. Acesso em: 7 dez. 2018.

CAPÍTULO 43: Como o horário flexível e o alto desempenho andam juntos

DVORAK, N. *The working vacation.* Gallup.com, 15 set. 2017. Disponível em: https://news.gallup.com/opinion/gallup/218015/working-vacation.aspx. Acesso em: 10 dez. 2018.

GALLUP. *Engagement at work: Working hours, flextime, vacation time, and well-being.* 2012. Disponível em: https://www.gallup.com/services/176339/engagement-work-working-hours-flextime-vacation-time-wellbeing.aspx. Acesso em: 10 dez. 2018.

MANN, A.; NELSON, B. *Thinking flexibly about flexible work arrangements.* Gallup.com, 12 dez. 2017. Disponível em: https://www.gallup.com/workplace/236183/thinking-flexibly-flexible-work-arrangements.aspx. Acesso em: 10 dez. 2018.

CAPÍTULO 44: O novo local de trabalho

DVORAK, N.; SASAKI, J. *Employees at home: Less engaged.* Gallup.com, 30 mar. 2017. Disponível em: https://news.gallup.com/businessjournal/207539/employees-home-less-engaged.aspx. Acesso em: 10 dez. 2018.

GALLUP. *State of the American workplace.* 2017. Disponível em: https://www.gallup.com/workplace/238085/state-american-workplace-report-2017.aspx. Acesso em: 7 dez. 2018.

HICKMAN, A. *Why friendships among remote workers are crucial.* Gallup.com, 29 mar. 2018. Disponível em: https://www.gallup.com/workplace/236072/why-friendships-among-remote-workers-crucial.aspx. Acesso em: 10 dez. 2018.

HICKMAN, A.; FREDSTROM, T. *How to build trust with remote employees.* Gallup.com, 7 fev. 2018. Disponível em: https://www.gallup.com/workplace/236222/build-trust-remote-employees.aspx. Acesso em: 10 dez. 2018.

HICKMAN, A.; PENDELL, R. *The end of the traditional manager.* Gallup.com, 31 maio 2018. Disponível em: https://www.gallup.com/workplace/236108/end-traditional-manager.aspx. Acesso em: 10 dez. 2018.

HICKMAN, A.; SASAKI, J. *Can you manage employees you rarely see?* Gallup.com, 5 abr. 2017. Disponível em: https://www.gallup.com/workplace/236372/manage-employees-rarely.aspx. Acesso em: 10 dez. 2018.

KRUEGER, J.; KILLHAM, E. *Why Dilbert is right: Uncomfortable work environments make for disgruntled employees – just like the cartoon says.* Gallup.com, 9 mar. 2006. Disponível em: https://news.gallup.com/businessjournal/21802/Why-Dilbert-Right.aspx. Acesso em: 10 dez. 2018.

MANN, A. *How to make an open office floor plan work*. Gallup.com, 22 jun. 2017. Disponível em: https://www.gallup.com/workplace/236219/open-office-floor-plan-work.aspx. Acesso em: 10 dez. 2018.

MANN, A. *3 ways you are failing your remote workers*. Gallup.com, 1 ago. 2017. Disponível em: https://www.gallup.com/workplace/236192/ways-failing-remote-workers.aspx. Acesso em: 10 dez. 2018.

MANN, A.; ADKINS, A. *America's coming workplace: Home alone*. Gallup.com, 15 mar. 2017. Disponível em: https://news.gallup.com/businessjournal/206033/america-coming-workplace-home-alone.aspx. Acesso em: 10 dez. 2018.

MANN, A.; ADKINS, A. *How engaged is your remote workforce?* Gallup.com, 22 mar. 2017. Disponível em: https://www.gallup.com/workplace/236375/engaged-remote-workforce.aspx. Acesso em: 10 dez. 2018.

MIKEBLOOMBERG. I've always believed that open, collaborative workspaces make a difference – in businesses and city halls alike. Glad to see this idea spreading to @BloombergDotOrg #iteams around the world [tuíte], 28 fev. 2018. Disponível em: https://twitter.com/MikeBloomberg/status/968952708542730241. Acesso em: 10 dez. 2018.

CAPÍTULO 45. Inovação corporativa: como gerenciar – e fomentar – a criatividade

Em um estudo Gallup de 2018 com 4 mil funcionários em tempo integral e em tempo parcial na Europa, 55% dos funcionários no Reino Unido disseram que lhes é concedido tempo para pensar criativamente ou discutir novas ideias no trabalho pelo menos algumas vezes por semana; 48% na França e 38% tanto na Espanha quanto na Alemanha disseram o mesmo. Na Alemanha, 41% dos funcionários "concordaram muito" que se sentem incentivados a propor formas novas e melhores de fazer as coisas; 36% no Reino Unido, 30% na França e 20% na Espanha disseram o mesmo.

Segundo um estudo com 25.257 funcionários maiores de 18 anos nos Estados Unidos, um engajamento maior leva a mais ideias:

- "Nos últimos doze meses, você ou sua equipe de trabalho teve alguma ideia para melhorar sua empresa ou organização?"
    - 61% responderam que sim
- "Qual é a situação atual da implementação da sua ideia?"
    - 46% responderam que tiveram uma ideia e que ela foi implementada
- "Sua ideia levou a economia de custos, aumento da receita ou aumento da eficiência para sua equipe ou sua empresa/organização?"
    - 20% responderam que tiveram uma ideia, que ela foi implementada e que levou a uma melhoria
- Funcionários engajados têm:
    - 20% maior probabilidade do que o funcionário médio – e 66% maior probabilidade do que o funcionário "ativamente desengajado" – de dizer que ele (ou a própria equipe) teve uma ideia
    - 2,4 vezes mais probabilidade do que o funcionário médio – e 7,8 vezes mais probabilidade do que o funcionário "ativamente desengajado" – de dizer que teve uma ideia, que ela foi implementada e que levou a uma melhoria

GALLUP. *Innovation: The new frontier for quality: Companies should use the tools they once used to prevent defects to promote fast, transformational change*. 30 jan. 2014. Disponível em: https://news.gallup.com/businessjournal/166958/innovation-new-frontier-quality.aspx. Acesso em: 10 dez. 2018.

REITER-PALMON, R.; WIGERT, B.; DE VREEDE, T. Team creativity and innovation: The effect of team composition, social processes and cognition. In: MUMFORD, M. (Org.). *Handbook of organizational creativity*. Cambridge: Academic Press, 2011. p. 295-326.

WIGERT, B. Constructing an evidence-based model for managing creative performance. In: REITER-PALMON, R.; KENNEL, V. L.; KAUFMAN, J. C. (Orgs.). *Individual creativity in the workplace*. Cambridge: Academic Press, 2018. p. 339-369.

CAPÍTULO 46: Não é possível ser "ágil" sem grandes gestores

Em um estudo Gallup de 2018 com 4 mil funcionários em tempo integral e em tempo parcial na Europa, cerca de um em cada quatro funcionários no Reino Unido, na Alemanha, na França e na Espanha "concordou muito" que dispõe das ferramentas e procedimentos adequados para reagir rapidamente às necessidades do negócio. Aproximadamente a mesma proporção "concordou muito" estar satisfeita com a cooperação entre o próprio departamento e os demais.

EMOND, L. *Agility is both structural and cultural at Roche*. Gallup.com, 1 out. 2018. Disponível em: https://www.gallup.com/workplace/243167/agility-structural-cultural-roche.aspx. Acesso em: 10 dez. 2018.

GALLUP. *What does agility mean for business leaders?* 29 ago. 2018. Disponível em: https://www.gallup.com/workplace/241250/agility-mean-business-leaders.aspx. Acesso em: 10 dez. 2018.

GALLUP. *3 steps on the path to agility*. 7 set. 2018. Disponível em: https://www.gallup.com/workplace/241793/steps-path-agility.aspx. Acesso em: 10 dez. 2018.

GALLUP. *2 key strategies for managing agile teams*. 25 set. 2018. Disponível em: https://www.gallup.com/workplace/242387/key-strategies-managing-agile-teams.aspx. Acesso em: 10 dez. 2018.

KRIEGER, J. *Creating a culture of innovation*. Gallup.com, 5 out. 2010. Disponível em: https://news.gallup.com/businessjournal/143282/Creating-Culture-Innovation.aspx. Acesso em: 10 dez. 2018.

RATANJEE, V.; DVORAK, N. *Mastering matrix management in the age of agility*. Gallup.com, 18 set. 2018. Disponível em: https://www.gallup.com/workplace/242192/mastering-matrix-management-age-agility.aspx. Acesso em: 10 dez. 2018.

CAPÍTULO 47: O trabalho gig: a nova relação entre empregador e empregado

GALLUP. *Gallup's perspective on the gig economy and alternative work arrangements*. 2018. Disponível em: https://www.gallup.com/workplace/240878/gig-economy-paper-2018.aspx. Acesso em: 10 dez. 2018.

KATZ, L. F.; KRUEGER, A. B. *The rise and nature of alternative work arrangements in the United States, 1995-2015*. National Bureau of Economic Research, Working Paper n. w22667, 2016.

McFEELY, S. *Is the growing Uber-economy a threat to small businesses?* Gallup.com, 5 jun. 2017. Disponível em: https://news.gallup.com/opinion/gallup/211739/growing-uber-economy-threat-small-businesses.aspx. Acesso em: 10 dez. 2018.

McFEELY, S. *7 ways your organization can capitalize on the gig economy.* Gallup.com, 30 ago. 2018. Disponível em: https://www.gallup.com/workplace/241769/ways-organization-capitalize-gig-economy.aspx. Acesso em: 10 dez. 2018.

McFEELY, S.; PENDELL, R. *What workplace leaders can learn from the real gig economy.* Gallup.com, 16 ago. 2018. Disponível em: https://www.gallup.com/workplace/240929/workplace-leaders-learn-real-gig-economy.aspx. Acesso em: 10 dez. 2018.

NEWPORT, F.; McFEELY, S. *What is the future of the U.S. gig economy?* Gallup.com, 19 set. 2018. Disponível em: https://news.gallup.com/podcast/242315/future-gig-economy.aspx. Acesso em: 10 dez. 2018.

CAPÍTULO 48: O trabalhador gig: desesperado ou satisfeito?

DEUTSCHKRON, S.; PEARCE, C. *Freelancers predicted to become the U.S. workforce majority within a decade, with nearly 50% of millennial workers already freelancing, annual "Freelancing in America" study finds.* Upwork, 17 out. 2017. Disponível em: https://www.upwork.com/press/2017/10/17/freelancing-in-america-2017/. Acesso em: 10 dez. 2018.

GALLUP. *Gallup's perspective on the gig economy and alternative work arrangements. Op. cit.*

MANYIKA, J.; LUND, S.; BUGHIN, J.; ROBINSON, K.; MISCHKE, J.; MAHAJAN, D. *Independent work: Choice, necessity, and the gig economy.* McKinsey Global Institute, out. 2016. Disponível em: https://www.mckinsey.com/featured-insights/employment-and-growth/independent-work-choice-necessity-and-the-gig-economy. Acesso em: 10 dez. 2018.

McFEELY, S.; PENDELL, R. *Op. cit.*

CAPÍTULO 49: A inteligência artificial chegou. E agora?

Em um estudo Gallup de 2018 com 4 mil funcionários em tempo integral e em tempo parcial na Europa, 37% dos trabalhadores alemães "concordaram muito" que sua empresa implementa prontamente novas tecnologias que os ajudam a serem mais produtivos; 26% na França, 21% no Reino Unido e 18% na Espanha disseram o mesmo. Assim como nos Estados Unidos, a maioria dos funcionários nesses países europeus não acredita que seu emprego será eliminado nos próximos cinco anos em razão das novas tecnologias.

BRYNJOLFSSON, E.; McAFEE, A. *Race against the machine: How the digital revolution is accelerating innovation, driving productivity, and irreversibly transforming employment and the economy.* Lexington: Digital Frontier Press, 2012.

CHANG, S. *This chart spells out in black and white just how many jobs will be lost to robots.* MarketWatch, 2 set. 2017. Disponível em: http://www.marketwatch.com/story/this-chart-spells-out-in-black-and-white-just-how-many-jobs-will-be-lost-to-robots-2017-05-31. Acesso em: 10 dez. 2018.

DAUGHERTY, P.; WILSON, H. J. *Process reimagined: Together, people and AI are reinventing business processes from the ground up.* Accenture, 2018. Disponível em: https://

www.accenture.com/t20180424T033337Z__w__/us-en/_acnmedia/PDF-76/Accenture-Process-Reimagined.pdf. Acesso em: 10 dez. 2018.

DUGAN, A.; NELSON, B. *3 trends that will disrupt your workplace forever*. Gallup.com, 8 jun. 2017. Disponível em: https://www.gallup.com/workplace/235814/trends-disrupt-workplace-forever.aspx. Acesso em: 10 dez. 2018.

FREY, C. B.; OSBORNE, M. A. The future of employment: How susceptible are jobs to computerisation? *Technological Forecasting & Social Change*, v. 114, p. 254-280, 2017.

LEVIN, S. Google to hire thousands of moderators after outcry over YouTube abuse videos. *The Guardian*, 5 dez. 2017. Disponível em: https://www.theguardian.com/technology/2017/dec/04/google-youtube-hire-moderators-child-abuse-videos. Acesso em: 10 dez. 2018.

NEWPORT, F. *One in four U.S. workers say technology will eliminate job*. Gallup.com, 17 maio 2017. Disponível em: http://www.gallup.com/poll/210728/one-four-workers-say-technology-eliminate-job.aspx. Acesso em: 10 dez. 2018.

NORTHEASTERN UNIVERSITY; GALLUP. *Optimism and anxiety: Views on the impact of artificial intelligence and higher education's response*. 2018. Disponível em: https://www.northeastern.edu/gallup/pdf/OptimismAnxietyNortheasternGallup.pdf. Acesso em: 10 dez. 2018.

PEREZ, S. *YouTube promises to increase content moderation and other enforcement staff to 10k in 2018*. TechCrunch, 2017. Disponível em: https://techcrunch.com/2017/12/05/youtube-promises-to-increase-content-moderation-staff-to-over-10k-in-2018/. Acesso em: 10 dez. 2018.

REINHART, R. *Americans upbeat on artificial intelligence, but still wary*. Gallup.com, 31 jan. 2018. Disponível em: https://news.gallup.com/poll/226502/americans-upbeat-artificial-intelligence-wary.aspx. Acesso em: 10 dez. 2018.

REINHART, R. *Most U.S. workers unafraid of losing their jobs to robots*. Gallup.com, 8 fev. 2018. Disponível em: https://news.gallup.com/poll/226841/workers-unafraid-losing-jobs-robots.aspx. Acesso em: 10 dez. 2018.

REINHART, R. *Public split on basic income for workers replaced by robots*. Gallup.com, 26 fev. 2018. Disponível em: https://news.gallup.com/poll/228194/public-split-basic-income-workers-replaced-robots.aspx. Acesso em: 10 dez. 2018.

REINHART, R. *Most Americans already using artificial intelligence products*. Gallup.com, 6 mar. 2018. Disponível em: https://news.gallup.com/poll/228497/americans-already-using-artificial-intelligence-products.aspx. Acesso em: 10 dez. 2018.

REINHART, R. *AI seen as greater job threat than immigration, offshoring*. Gallup.com, 9 mar. 2018. Disponível em: https://news.gallup.com/poll/228923/seen-greater-job-threat-immigration-offshoring.aspx. Acesso em: 10 dez. 2018.

RUGABER, C. S. *Robots and automation likely to create more jobs in e-commerce*. Inc., 30 out. 2017. Disponível em: https://www.inc.com/associated-press/e-commerce-automation-robots-create-more-jobs-amazon-effect.html. Acesso em: 10 dez. 2018.

CAPÍTULO 50: Inteligência artificial: como preparar seu ambiente de trabalho

HERWAY, J. *How to set your company apart in a tech-driven world*. Gallup.com, 19 set. 2018. Disponível em: https://www.gallup.com/workplace/242186/set-company-apart-tech-driven-world.aspx. Acesso em: 10 dez. 2018.

NORTHEASTERN UNIVERSITY; GALLUP. *Op. cit.*
REINHART, R. *U.S. workers unsure about securing training if AI takes jobs.* Gallup.com, 12 fev. 2018. Disponível em: https://news.gallup.com/poll/226868/workers-unsure-securing-training-takes-jobs.aspx. Acesso em: 10 dez. 2018.
SEMYKOZ, M. *Is your culture ready for the AI era?* Gallup.com, 26 jul. 2018. Disponível em: https://www.gallup.com/workplace/237923/culture-ready-era.aspx. Acesso em: 10 dez. 2018.
SEMYKOZ, M. *How to manage the AI disruption: A culture of purpose.* Gallup.com, 3 ago. 2018. Disponível em: https://www.gallup.com/workplace/238106/manage-disruption-culture-purpose.aspx. Acesso em: 10 dez. 2018.
SEMYKOZ, M. *Are you asking the right questions in the new AI era?* Gallup.com, 6 ago. 2018. Disponível em: https://www.gallup.com/workplace/238151/asking-right-questions-new-era.aspx. Acesso em: 10 dez. 2018.
SEMYKOZ, M. *How to build a culture of confidence in the new age of AI.* Gallup.com, 8 ago. 2018. Disponível em: https://www.gallup.com/workplace/238154/build-culture-confidence-new-age.aspx. Acesso em: 10 dez. 2018.
SEMYKOZ, M. *How to make expert ethical decisions in the AI era.* Gallup.com, 15 ago. 2018. Disponível em: https://www.gallup.com/workplace/238157/expert-ethical-decisions-era.aspx. Acesso em: 10 dez. 2018.
SEMYKOZ, M. *Learn how to cultivate a culture of trust in the AI era.* Gallup.com, 3 set. 2018. Disponível em: https://www.gallup.com/workplace/238160/learn-cultivate-culture-trust-era.aspx. Acesso em: 10 dez. 2018.
SEMYKOZ, M. *AI is not magic: How to create the right AI culture.* Gallup.com, 5 set. 2018. Disponível em: https://www.gallup.com/workplace/238163/not-magic-create-right-culture.aspx. Acesso em: 10 dez. 2018.

CAPÍTULO 51: Atualizados em tecnologia: sistemas de GCH e outras soluções

Um estudo Gallup de 2018 com 4 mil funcionários em tempo integral e em tempo parcial na Europa revelou que 55% dos funcionários na Alemanha, 51% no Reino Unido e 35% tanto na Espanha quanto na França "concordaram muito" que é fácil acessar dados que são relevantes para seu trabalho.

APPLIN, S. A.; FISCHER, M. D. Cooperation between humans and robots: Applied agency in autonomous processes. In: *10th ACM/IEEE International Conference on Human-Robot Interaction, Workshop on the Emerging Policy and Ethics of Human-Robot Interaction*, Portland, 2015.
BARAKA, K.; VELOSO, M. Adaptive interaction of persistent robots to user temporal preferences. In: TAPUS, A. et al. (Orgs.). *Social robotics*. Suíça: Springer, 2015. p. 61-71.
CARPENTER, T. J.; ZACHARY, W. W. Using context and robot-human communication to resolve unexpected situational conflicts. In: *2017 IEEE Conference on Cognitive and Computational Aspects of Situation Management (CogSIMA)*, Savannah, 2017, Savannah.
FABER, M.; BUTZLER, J.; SCHLICK, C. M. Human-robot cooperation in future production systems: Analysis of requirements for designing an ergonomic work system. *Procedia Manufacturing*, v. 3, p. 510-517, 2015.

FAGGELLA, D. *Machine learning in human resources – applications and trends*. Emerj, 29 nov. 2018. Disponível em: https://www.techemergence.com/machine-learning-in-human-resources/. Acesso em: 10 dez. 2018.

FAIRCHILD, M. *The top 5 HRIS mistakes and how to avoid them*. HR Lab. Disponível em: http://www.hrlab.com/hris-mistakes.php. Acesso em: 10 dez. 2018.

HAYES, B.; SCASSELLATI, B. Discovering task constraints through observation and active learning. In: *2014 IEEE/RSJ International Conference on Intelligent Robots and Systems*, Chicago, 2014.

JAIN, D.; SHARMA, Y. Adoption of next generation robotics: A case study on Amazon. *Perspectiva: A Case Research Journal*, v. 3, p. 9-23, 2017.

KAHNEMAN, D. *Rápido e devagar: Duas formas de pensar*. Rio de Janeiro: Objetiva, 2012.

LEITE, I.; McCOY, M.; ULLMAN, D.; SALOMONS, N.; SCASSELLATI, B. Comparing models of disengagement in individual and group interactions. In: *10th ACM/IEEE International Conference on Human-Robot Interaction, Workshop on the Emerging Policy and Ethics of Human-Robot Interaction*, Portland, 2015.

LEITE, I.; PEREIRA, A.; CASTELLANO, G.; MASCARENHAS, S.; MARTINHO, C.; PAIVA, A. Modelling empathy in social robotic companions. In: ARDISSONO, L.; KUFLIK, T. (Orgs.). *Advances in user modeling*. UMAP 2011. Lecture Notes in Computer Science, v. 7138. Berlim: Springer, 2012. p. 135-147.

LEYZBERG, D.; SPAULDING, S.; SCASSELLATI, B. Personalizing robot tutors to individuals' learning differences. In: ACM/IEEE INTERNATIONAL CONFERENCE ON HUMAN-ROBOT INTERACTION, 2014, Bielefeld. *Proceedings* [...]. Bielefeld: ACM/IEEE, 2014.

LEYZBERG, D.; SPAULDING, S.; TONEVA, M.; SCASSELLATI, B. *The physical presence of a robot tutor increases cognitive learning gains*. CogSci, 2012.

MICHALOS, G.; KARAGIANNIS, P.; MAKRIS, S.; TOKCALAR, O.; CHRYSSOLOURIS, G. Augmented reality (AR) applications for supporting human-robot interactive cooperation. *Procedia CIRP*, v. 41, p. 370-375, 2016.

SAERBECK, M.; SCHUT, T.; BARTNECK, C.; JANSE, M. D. Expressive robots in education – Varying the degree of social supportive behavior of a robotic tutor. In: *Proceedings of the 28th ACM Conference on Human Factors in Computing Systems*. Atlanta: ACM, 2010. p. 1613-1622.

SHARP, B. Policy implications of people analytics and the automated workplace. In: KIGGINS, R. (Org.). *The political economy of robots: Prospects for prosperity and peace in the automated 21st century*. Basingstoke: Palgrave Macmillan, 2018. p. 61-80.

STOLL, B.; REIG, S.; HE, L.; KAPLAN, I.; JUNG, M. F.; FUSSEL, S. R. Wait, can you move the robot?: Examining telepresence robot use in collaborative teams. In: ACM/IEEE INTERNATIONAL CONFERENCE ON HUMAN-ROBOT INTERACTION, 2018, Chicago. *Proceedings* [...]. Chicago: ACM/IEEE, 2018.

STROHKORB, S.; HUANG, C.; RAMACHANDRAN, A.; SCASSELLATI, B. Establishing sustained, supportive human-robot relationships: Building blocks and open challenges. In: *AAAI Spring Symposia*. Palo Alto: AAAI, 2016.

THOMAZ, A. L.; BREAZEAL, C. Teachable robots: Understanding human teaching behavior to build more effective robot learners. *Artificial Intelligence*, v. 172, n. 6-7, p. 716-737, 2008.

TSAROUCHI, P.; MICHALOS, P.; MAKRIS, S.; ATHANASATOS, T.; DIMOULAS, K.; CHRYSSOLOURIS, G. On a human-robot workplace design and task allocation system. *International Journal of Computer Integrated Manufacturing*, v. 30, n. 12, p. 1272-1279, 2017.

UNHELKAR, V. V.; SHAH, J. A. ConTCT: Deciding to communicate during time-critical collaborative tasks in unknown, deterministic domains. In: *Thirtieth AAAI Conference on Artificial Intelligence*. Phoenix: AAAI, 2016.

XU, A.; DUDEK, G. OPTIMo: Online Probabilistic Trust Inference Model for asymmetric human-robot collaborations. In: *10th ACM/IEEE International Conference on Human-Robot Interaction, Workshop on the Emerging Policy and Ethics of Human-Robot Interaction*, Portland: ACM/IEEE, 2015.

CAPÍTULO 52: A melhor tomada de decisões com análise de dados preditiva: Moneyball para gestores

Em um estudo Gallup de 2018 com 4 mil funcionários em tempo integral e em tempo parcial na Europa, 36% dos funcionários alemães "concordaram muito" que a empresa onde trabalham faz um bom uso dos dados disponíveis para a tomada de decisões certas; 32% na França, 31% na Espanha e 29% no Reino Unido disseram o mesmo.

GOASDUFF, L. *Gartner says business intelligence and analytics leaders must focus on mindsets and culture to kick start advanced analytics*. Gartner, 15 set. 2015. Disponível em: https://www.gartner.com/newsroom/id/3130017. Acesso em: 10 dez. 2018.

KRUSE, W. E.; DVORAK, N. *Managing employee risk demands data, not guesswork*. Gallup.com, 16 mar. 2016. Disponível em: https://news.gallup.com/businessjournal/189878/managing-employee-risk-demands-data-not-guesswork.aspx. Acesso em: 10 dez. 2018.

LEONARD, D.; NELSON, B. *Successful predictive analytics demand a data-driven workplace*. Gallup.com, 14 jul. 2018. Disponível em: https://news.gallup.com/businessjournal/193574/successful-predictive-analytics-demand-data-driven-culture.aspx. Acesso em: 10 dez. 2018.

PETTI, B. *4 keys to becoming a data-driven HR leader*. Gallup.com, 3 maio 2018. Disponível em: https://www.gallup.com/workplace/236084/keys-becoming-data-driven-leader.aspx. Acesso em: 10 dez. 2018.

PETTI, B.; WILLIAMS, S. *Use different analytics to solve different problems*. Gallup.com, 11 mar. 2015. Disponível em: https://news.gallup.com/opinion/gallup/181943/different-analytics-solve-different-problems.aspx. Acesso em: 10 dez. 2018.

SCHMARZO, B. *KPMG survey: Firms struggle with big data*. Dell EMC, 6 fev. 2014. Disponível em: https://infocus.dellemc.com/william_schmarzo/kpmg-survey-firms-struggle-with-big-data/. Acesso em: 10 dez. 2018.

PARA CONCLUIR: O papel da natureza humana nos resultados da empresa

ASPLUND, J.; HARTER, J. K.; AGRAWAL, S.; PLOWMAN, S. K. *The relationship between strengths-based employee development and organizational outcomes 2015 strengths meta-analysis*. 2015. Disponível em: https://news.gallup.com/reports/193427/strengths-meta-analysis-2015.aspx. Acesso em: 10 dez. 2018.

FLEMING, J. H.; ASPLUND, J. *Human sigma: Managing the employee-customer encounter*. Nova York: Gallup Press, 2007.

FLEMING, J. H.; COFFMAN, C.; HARTER, J. Manage your human sigma. *Harvard Business Review*, v. 83, n. 7, p. 106-114, 2005.

HARTER, J. K. Managerial talent, employee engagement, and business-unit performance. *The Psychologist-Manager Journal*, v. 4, n. 2, p. 215-224, 2000.

HARTER, J. K.; HAYES, T. L.; SCHMIDT, F. L. *Meta-analytic predictive validity of Gallup selection research instruments (SRI)*. Omaha, Nebraska: Gallup, 2004.

SCHMIDT, F. L.; OH, I. S.; SHAFFER, J. A. *The validity and utility of selection methods in personnel psychology: Practical and theoretical implications of 100 years of research findings*. 2016. Disponível em: https://www.testingtalent.net/wp-content/uploads/2017/04/2016-100-Yrs-Working-Paper-on-Selection-Methods-Schmit-Mar-17.pdf. Acesso em: 7 dez. 2018.

SCHMIDT, F. L.; RADER, M. Exploring the boundary conditions for interview validity: Meta-analytic validity findings for a new interview type. *Personnel Psychology*, v. 52, n. 2, p. 443-464, 1999.

YANG, Y. et al. *The Gallup manager assessment: Technical report*. Omaha, Nebraska: Gallup, 2013.

YU, D.; HARTER, J. K.; FLEMING, J. *The relationship between customer engagement and organizational outcomes in the business-to-consumer context: 2014 B2C customer engagement meta-analysis*. Omaha, Nebraska: Gallup, 2014.

Agradecimentos

O segredo é o gerente é o produto de décadas de trabalho realizado por cientistas do Gallup, consultores, organizações externas e cientistas renomados da comunidade acadêmica – baseado nas opiniões e comportamentos de dezenas de milhões de funcionários de locais de trabalho do mundo inteiro. Embora tenhamos extraído as conclusões e as condensado nos 52 capítulos curtos deste livro, a equipe a seguir, muito maior, proporcionou direcionamento, pensamento crítico, pesquisa e orientação editorial, e somos extremamente gratos por seus incansáveis esforços.

Editor: Geoff Brewer

Editor da Gallup Press: Seth Schuchman

Diretora de gabinete de Jim Clifton: Christine Sheehan

Revisão: Kelly Henry

Checagem de fatos: Trista Kunce

Projeto gráfico: Samantha Allemang

Contribuições redacionais e editoriais: Ryan Pendell

Apoio administrativo: Carissa Christensen, Shawna Hubbard-Thomas, Deann Wootton

Redação e edição para internet e marketing: Rachael Breck, Jessica Schatz, Kelly Slater, Jane Smith

Coordenador da Gallup Press: Christy Trout

Marketing e gestão de marketing: Jessica Kennedy

Comunicações: Ashley Anderson, Anand Madhavan, Bryany Ott, Shari Theer

Tecnologia: Katie Barton, Ryan Kronschnabel, Morgan Lubeck, Emily Ternus

Gestão interna de projetos: Chelsea Boryca, Tiffany Sailnier

Equipe científica: Sangeeta Agrawal, Jim Asplund, Kristin Barry, Anthony Blue, Nate Dvorak, Cheryl Fernandez, Ellyn Maese, Shane McFeely, Marco Nink, Stephanie Plowman, Joe Streur, Ben Wigert, Dan Witters, Daniela Yu

Revisão por pares: Jon Clifton, Larry Emond, Vipula Gandhi, Dean Jones, Emily Meyer, Jane Miller, Scott Miller, Melissa Moreno, Matt Mosser, Tom Nolan, Steve O'Brien, Ed O'Boyle, Phil Ruhlman, John Wood

Agradecimentos especiais: A moça do portão F4 da United e RaLinda

Por fim, agradecemos a nosso mentor, Don Clifton (1924-2003), o pai da psicologia dos pontos fortes e o inventor do teste *CliftonStrengths*, que nos ensinou a estudar o que vai *bem* nas pessoas.

SOBRE O GALLUP

O Gallup é uma empresa global de análise, consultoria e ensino que ajuda os líderes a resolverem os maiores problemas de suas organizações.

O Gallup sabe mais sobre as aspirações de funcionários, clientes, estudantes e cidadãos que qualquer outra organização do mundo. Oferecemos soluções, transformações e serviços em muitas áreas, entre elas:

- Mudanças de cultura
- Desenvolvimento de lideranças
- Desenvolvimento de gestores
- Coaching e cultura baseada nos pontos fortes
- Estratégias de crescimento orgânico
- Ferramentas de software "de chefe a mentor"
- Atração e recrutamento de membros de equipe estrelas
- Planejamento sucessório
- Sistemas de gestão de desempenho e avaliação
- Refinamento de métricas de desempenho
- Redução de defeitos e riscos de segurança
- Avaliação de programas internos
- Engajamento e experiência de funcionários
- Avaliações preditivas de recrutamento
- Previsão de retenção
- Criação de equipes ágeis
- Melhoria da experiência do cliente (B2B)
- Diversidade e inclusão
- Iniciativas de bem-estar

Para saber mais, contate o Gallup em https://www.gallup.com/contact.

CONHEÇA ALGUNS DESTAQUES DE NOSSO CATÁLOGO

- Augusto Cury: Você é insubstituível (2,8 milhões de livros vendidos), Nunca desista de seus sonhos (2,7 milhões de livros vendidos) e O médico da emoção
- Dale Carnegie: Como fazer amigos e influenciar pessoas (16 milhões de livros vendidos) e Como evitar preocupações e começar a viver
- Brené Brown: A coragem de ser imperfeito – Como aceitar a própria vulnerabilidade e vencer a vergonha (900 mil livros vendidos)
- T. Harv Eker: Os segredos da mente milionária (3 milhões de livros vendidos)
- Gustavo Cerbasi: Casais inteligentes enriquecem juntos (1,2 milhão de livros vendidos) e Como organizar sua vida financeira
- Greg McKeown: Essencialismo – A disciplinada busca por menos (700 mil livros vendidos) e Sem esforço – Torne mais fácil o que é mais importante
- Haemin Sunim: As coisas que você só vê quando desacelera (700 mil livros vendidos) e Amor pelas coisas imperfeitas
- Ana Claudia Quintana Arantes: A morte é um dia que vale a pena viver (650 mil livros vendidos) e Pra vida toda valer a pena viver
- Ichiro Kishimi e Fumitake Koga: A coragem de não agradar – Como se libertar da opinião dos outros (350 mil livros vendidos)
- Simon Sinek: Comece pelo porquê (350 mil livros vendidos) e O jogo infinito
- Robert B. Cialdini: As armas da persuasão (500 mil livros vendidos)
- Eckhart Tolle: O poder do agora (1,2 milhão de livros vendidos)
- Edith Eva Eger: A bailarina de Auschwitz (600 mil livros vendidos)
- Cristina Núñez Pereira e Rafael R. Valcárcel: Emocionário – Um guia lúdico para lidar com as emoções (800 mil livros vendidos)
- Nizan Guanaes e Arthur Guerra: Você aguenta ser feliz? – Como cuidar da saúde mental e física para ter qualidade de vida
- Suhas Kshirsagar: Mude seus horários, mude sua vida – Como usar o relógio biológico para perder peso, reduzir o estresse e ter mais saúde e energia

sextante.com.br